U0830235

区域教育治理现代化丛书 / 总主编 卢晓中

2021年
广东省教育事业
发展统计分析

主 编 卢晓中 卢 勃
副主编 陈 斌 魏天翔

华南理工大学出版社
SOUTH CHINA UNIVERSITY OF TECHNOLOGY PRESS
·广州·

图书在版编目（CIP）数据

2021年广东省教育事业发展统计分析/卢晓中，卢勃主编．—广州：华南理工大学出版社，2023.7

（区域教育治理现代化丛书/卢晓中总主编）

ISBN 978－7－5623－7382－7

Ⅰ．①2…　Ⅱ．①卢…　②卢…　Ⅲ．①地方教育－教育事业－统计分析－广东－2021　Ⅳ．①G527.65

中国国家版本馆CIP数据核字（2023）第119924号

2021年广东省教育事业发展统计分析

卢晓中　卢　勃　主编

出 版 人： 柯　宁

出版发行： 华南理工大学出版社

（广州五山华南理工大学17号楼，邮编510640）

http://hg.cb.scut.edu.cn　E-mail：scutc13@scut.edu.cn

营销部电话：020－87113487　87111048（传真）

责任编辑： 黄冰莹

责任校对： 王洪霞

印 刷 者： 广东虎彩云印刷有限公司

开　　本： 787mm×1092mm　1/16　**印张：** 11.5　**字数：** 225千

版　　次： 2023年7月第1版　**印次：** 2023年7月第1次

定　　价： 102.00元

版权所有　盗版必究　　印装差错　负责调换

编 委 会

主　编　卢晓中　卢　勃

副主编　陈　斌　魏天翔

编　委（按姓氏笔画排序）：

马慧雯　叶金欣　宁云华　伍希琳　李　欢

杨依思　吴　思　位璐璐　陈丽雅　陈诗晴

周子惠　周阿敏　胡　洁　胡　雷　钟财秀

谭永鹏　黎梦妮　薛晓倩

前　言

宋代思想家朱熹在《朱子语类》中说，“知之愈明，则行之愈笃；行之愈笃，则知之益明。”惟有深入全面地了解教育事业的现实发展情况，才能为其改革与进一步发展提供科学决策的支撑依据。在此背景下，广东省教育统计学会与华南师范大学区域教育治理现代化研究中心以促进广东省教育事业发展为根本目标，秉持“勤奋、严谨、求实、创新”的态度，联合编撰了此书。

本书旨在深刻反映2021年广东省各级各类教育的最新发展情况，为教育决策提供可靠支撑，本书在编写过程中着力强调并坚持以下原则：

（一）数据来源客观真实

本书案例部分由高校根据自身2021届本科毕业生就业数据撰写，涉及的数据经各校广泛收集、细致分析、认真核对；第二至第五部分则以广东省教育厅2021年教育事业统计数据为来源，择取能反映教育事业发展的关键指标开展分析，全景式展现各级各类教育的发展规模、普及水平、办学条件变化情况以及教师队伍发展情况等。所有数据都经过多轮校对、认真核对，确保客观真实。

（二）表达方式数据可视化

通过数据（由于数据按四舍五入取值，部分数据指标百分比加总可能不足100%，特此说明）、文字、图表等多种形式，全方位、多角度展示2021年全省各级各类教育事业发展的基本情况和新特点、新变化。为使读者一目了然地把握目前各级各类教育事业的发展事实，尤其是近年来教育事业发展变化的情况，今年本书对图表数据可视化效果进行了升级，部分图表增加了“与上年比较”“省均线”等。通过数据可视化，结合详实的文字说明，以“数”呈现2021年我省教育事业发展的情况，以“数”驱动我省教育决策水平的提升。

（三）编排布局点面结合

为进一步提高我省教育统计工作的水平，编者特地从全省高校中精选了三所高校的毕业生就业质量报告作为教育统计成果展现的案例。优秀案例的示范，希望能发挥“点”的作用，推动整体教育统计工作水平的提升。“面”则仍以历年广东省教育统计分析报告中各级各类教育数据为主，加强并进一步突出关键数据在教育数据分析和教育决策中的作用，希望为各地的教育统计工作和教育决策提供一定的参考。

本书是集体智慧的结晶。全书由卢晓中、卢勃统筹规划，陈斌设计并组织编写，魏天翔对全书数据的准确性和科学性进行审核。本书由两部分共七章组成，在继承以往书稿体系的同时，新增了三所高校的毕业生就业质量具体案例作为第一部分，进一步增强了本书内容对全省教育统计工作的覆盖性，案例分别由华南师范大学、岭南师范学院和广东科学技术职业学院相关部门负责人供稿，统稿人为周子惠、陈诗晴、周阿敏、钟财秀、位璐璐。第二部分为数据分析部分，依次对学前教育、义务教育、高中阶段教育和高等教育的基本情况进行分析。其中，薛晓倩、马慧雯、周阿敏、钟财秀、伍希琳负责学前教育部分的编撰工作；伍希琳、杨依思、胡雷、黎梦妮、薛晓倩负责义务教育部分的编撰工作；谭永鹏、吴思、胡洁、宁云华、薛晓倩负责高中阶段教育部分的编撰工作；马慧雯、周阿敏、钟财秀、陈诗晴、陈丽雅、叶金欣、李欢负责高等教育部分的编撰工作。

特别感谢广东省教育厅发展规划处的领导及负责人对本书编写工作的大力支持与帮助。因数据量大，统计分析工作繁杂，难免有疏漏谬误之处，敬请大家批评指正。联系电话：020－85217721，电子邮件：gdaoes@ 163. com。

广东省教育统计学会
华南师范大学区域教育治理现代化研究中心
2023 年 6 月

目　录

第一部分　毕业生就业质量数据分析案例

第一章　2021届华南师范大学本科毕业生就业质量年度报告

一、本科毕业生的规模和结构

1. 总体规模和性别结构

华南师范大学2021届本科毕业生共5952人。其中，男生2172人，占本科毕业生总人数的36.49%；女生3780人，占本科毕业生总人数的63.51%。男女性别比为0.57∶1，女生比例较高。如图1－1所示。

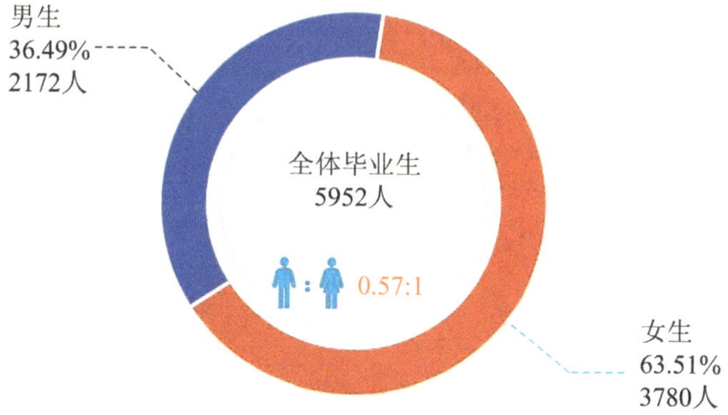

图1－1　2021届华南师范大学本科毕业生不同性别分布

（数据来源：广东省高等学校毕业生就业管理系统）

2. 生源地结构

2021届本科毕业生以省内生源为主，省内生源5210人，占本科毕业生总人数的87.53%（图1－2）；省外生源742人，占本科毕业生总人数的12.47%。省内与省外比例为7.02∶1。

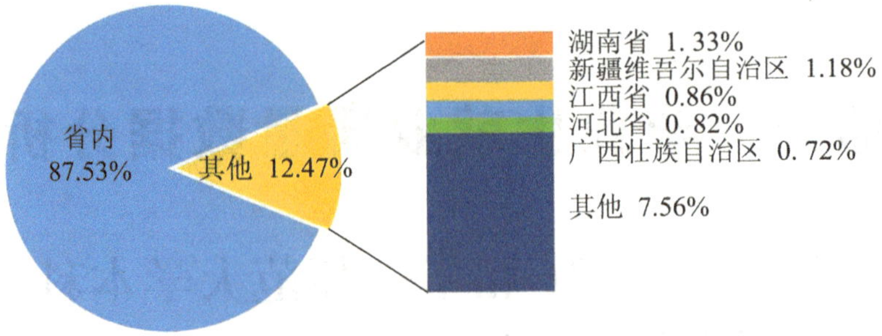

图 1－2 2021 届华南师范大学本科毕业生省内外生源分布

（数据来源：广东省高等学校毕业生就业管理系统）

广东省生源覆盖 21 个地级市，主要集中在广州市，广州市生源占广东省生源人数的 17.91%；其次是佛山市、深圳市、揭阳市、汕头市，占比分别为 9.98%、7.31%、6.76%、6.16%。广东省生源具体地级市分布详见图 1－3。

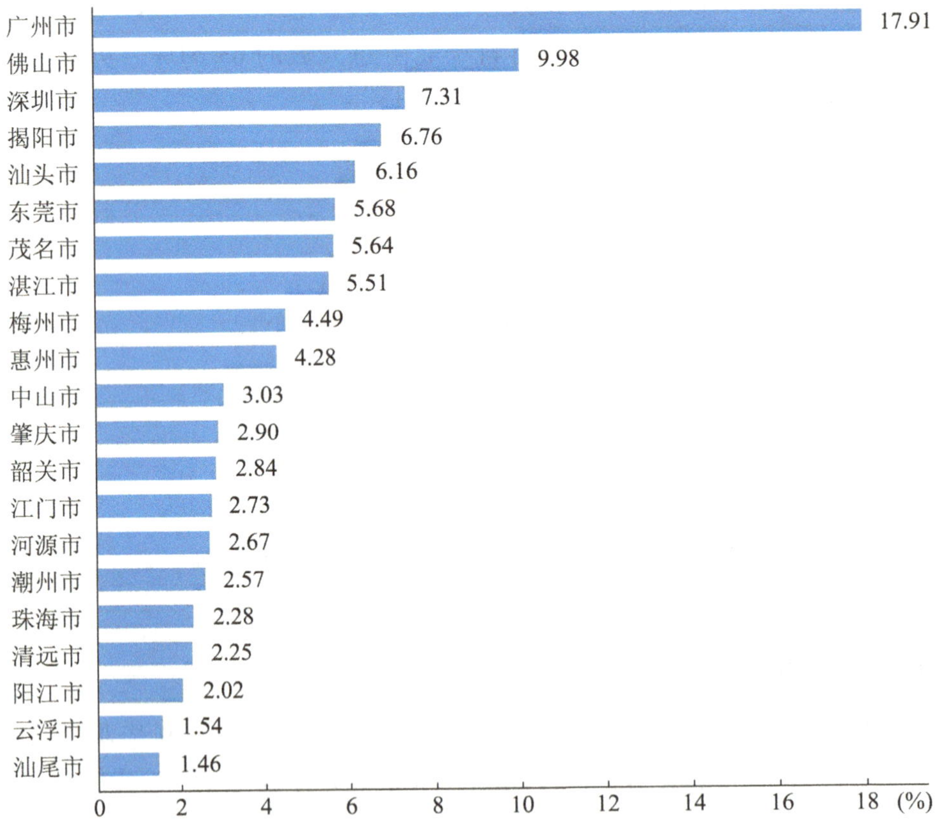

图 1－3 2021 届华南师范大学本科毕业生广东省生源分布

（数据来源：广东省高等学校毕业生就业管理系统）

3. 师范生结构

师范生结构：学校 2021 届本科毕业生中，其中师范生为 2340 人，占本科毕业生总人数的 39.31%；非师范生为 3612 人，占本科毕业生总人数的 60.69%。详见图 1－4 所示。

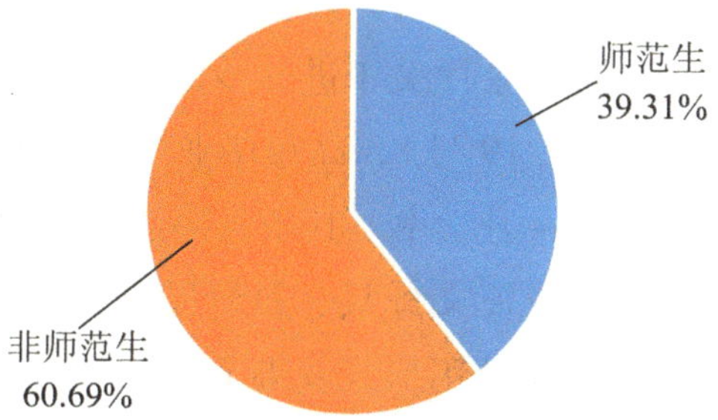

图 1－4　2021 届华南师范大学本科毕业生师范生、非师范生结构分布

（数据来源：广东省高等学校毕业生就业管理系统）

师范生专业构成：2021 届本科毕业生中，师范生共 2340 人，其中汉语言文学（师范）专业（16.58%）人数占比相对较高。具体分布详见表 1－1。

表 1－1　2021 届华南师范大学本科毕业生师范生专业构成

专业	毕业生人数（人）	占比（%）	专业	毕业生人数（人）	占比（%）
汉语言文学（师范）	388	16.58	网络工程（师范，职教师资）	48	2.05
英语（师范）	185	7.91	电子商务（师范，职教师资）	43	1.84
物理学（师范）	171	7.31	舞蹈学（师范）	38	1.62
化学（师范）	159	6.79	电子商务（职业教育师范）	37	1.58
数学与应用数学（师范）	158	6.75	计算机科学与技术（师范）	34	1.45
历史学（师范）	151	6.45	小学教育（师范）	31	1.32
生物科学（师范）	138	5.90	网络工程（职业教育师范）	31	1.32
美术学（师范）	127	5.43	学前教育（师范）	30	1.28
体育教育（师范）	104	4.44	心理学（基地班）	22	0.94
思想政治教育（师范）	98	4.19	特殊教育（师范）	22	0.94
地理科学（师范）	97	4.15	教育学（师范）	18	0.77
音乐学（师范）	81	3.46	科学教育（师范）	17	0.73
教育技术学（师范）	59	2.52	运动训练	2	0.09
心理学（师范班）	51	2.18	—	—	—

数据来源：广东省高等学校毕业生就业管理系统。

二、本科毕业生去向落实率

根据教育部发布的《教育部办公厅关于进一步做好普通高校毕业生就业统计与核查工作的通知》（教学厅〔2021〕19 号），高校毕业生的毕业去向落实率 = 协议和合同就业率 + 创业率 + 灵活就业率 + 升学率。其中，协议和合同就业包括签就业协议形式就业、签劳动合同形式就业、应征义务兵、科研助理/管理助理、国家基层项目和地方基层项目；灵活就业包括其他录用形式就业和自由职业；升学包括升学和出国、出境；未就业包括不就业拟升学、其他暂不就业和待就业。

截至 2021 年 12 月 1 日，学校 2021 届本科毕业生毕业去向落实率为 92.78%，其中协议和合同就业率为 47.72%，升学率为 25.44%，灵活就业率为 19.30%，创业率为 0.32%。如图 1－5、表 1－2 所示。

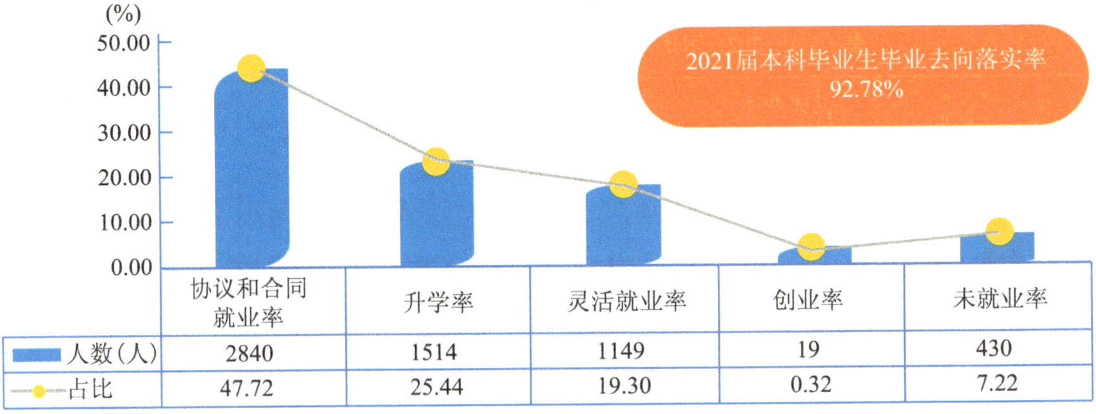

图 1－5　2021 届华南师范大学本科毕业生毕业去向落实率

表 1－2　2021 届华南师范大学本科毕业生毕业去向分布

毕业去向		毕业生人数（人）	占比（%）
协议和合同就业	签就业协议形式就业	2176	36.56
	签劳动合同形式就业	504	8.47
	国家、地方基层项目	36	0.60
	应征义务兵	3	0.05
	科研助理、管理助理	121	2.03
	小计	2840	47.72
升学	国内升学	1184	19.89
	出国（境）	330	5.54
	小计	1514	25.44

续表

毕业去向		毕业生人数（人）	占比（%）
灵活就业	其他录用形式就业	209	3.51
	自由职业	940	15.79
	小计	1149	19.30
自主创业		19	0.32
未就业		430	7.22

数据来源：广东省高等学校毕业生就业管理系统。

三、就业流向

1. 地区流向

就业区域分布：随着粤港澳大湾区一体化发展和创新驱动发展战略的深入推进，广东省就业吸纳力和人才吸引力逐渐增强。学校2021届本科毕业生主要选择在广东省内就业（91.84%），其中广东省内就业的本科毕业生主要集中于珠三角地区（80.14%），如图1－6所示；可见大部分学生毕业后选择继续为当地的经济和社会发展做贡献。省外就业人数较多的地区为新疆维吾尔自治区（1.07%）、北京市（0.80%）和上海市（0.80%）。

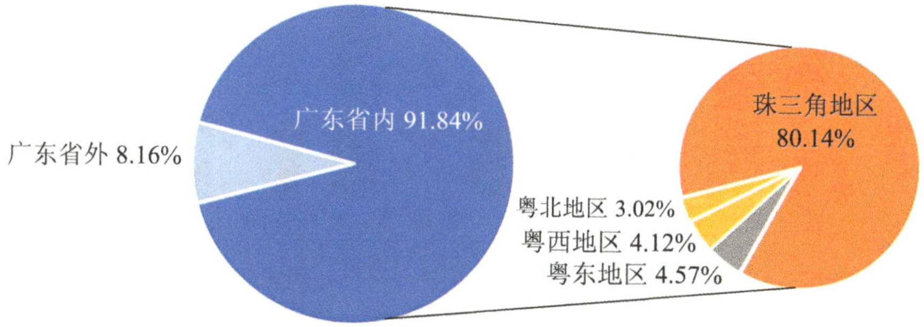

图1－6　2021届华南师范大学本科毕业生就业区域分布①

（数据来源：广东省高等学校毕业生就业管理系统）

省内就业城市：在广东省内就业的本科毕业生主要流向广州市（37.38%）、深圳市（15.59%）和佛山市（11.60%），如图1－7所示。

① 珠三角地区包括广州市、深圳市、佛山市、东莞市、中山市、珠海市、惠州市、江门市、肇庆市；粤东地区包括揭阳市、潮州市、汕头市、汕尾市；粤西地区包括湛江市、茂名市、阳江市、云浮市；粤北地区包括韶关市、清远市、梅州市、河源市。

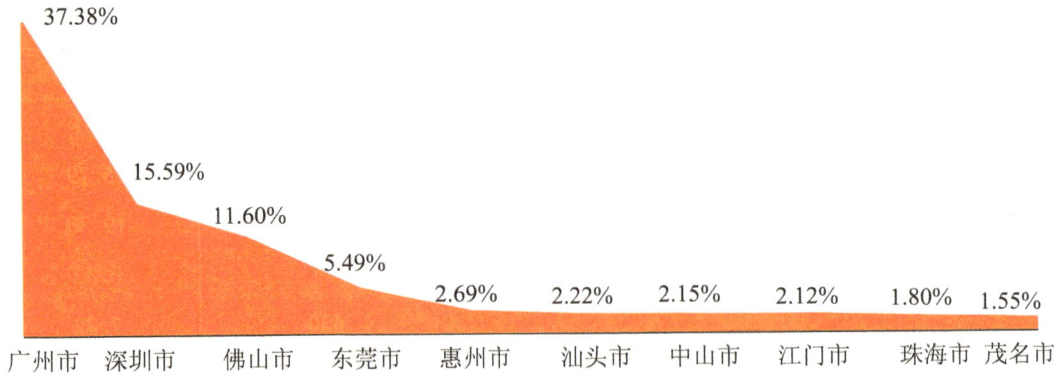

图 1－7　2021 届华南师范大学本科毕业生省内主要就业城市分布

（注：图中为就业人数排名前 10 位的省内就业城市；数据来源：广东省高等学校毕业生就业管理系统）

不同地区就业吸引力分析：来自珠三角地区的本科毕业生主要是回到生源所在区域就业，占比为 95.69%；来自粤北地区（73.72%）、粤西地区（72.27%）、粤东地区（68.95%）和省外的生源（54.04%）也主要流向了珠三角地区就业，可见经济和产业改革发展较快的珠三角地区对本校毕业生而言具有较强的就业吸引力（图 1－8）。

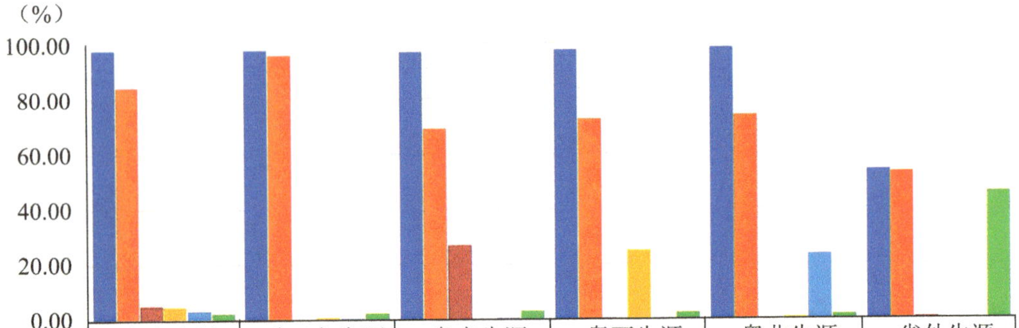

	省内生源	珠三角生源	粤东生源	粤西生源	粤北生源	省外生源
省内就业	97.48	97.49	96.82	97.57	98.22	54.04
珠三角就业	84.17	95.69	68.95	72.27	73.72	53.08
粤东就业	5.16	0.38	26.91	0.35	0.45	0.58
粤西就业	4.70	0.82	0.32	24.96	0.67	0.19
粤北就业	3.44	0.60	0.64	0.00	23.39	0.19
省外就业	2.52	2.51	3.18	2.43	1.78	45.96

图 1－8　2021 届华南师范大学本科毕业生不同生源就业地区流向分析

（数据来源：广东省高等学校毕业生就业管理系统）

2. 行业流向

2021 届本科毕业生就业行业主要集中在“教育”领域（56.06%），“信息传输、软件和信息技术服务业”（11.55%）次之。如图 1－9、表 1－3 所示。

毕业生行业流向与专业设置相契合，其中教育科学学院、历史文化学院、音乐学院等学院行业流向均集中于教育领域；计算机学院、软件学院、信息光电子科技学院行业流向集中于信息传输、软件和信息技术服务业；国际商学院行业流向集中于金融业；环境学院行业流向集中于水利、环境和公共设施管理业。

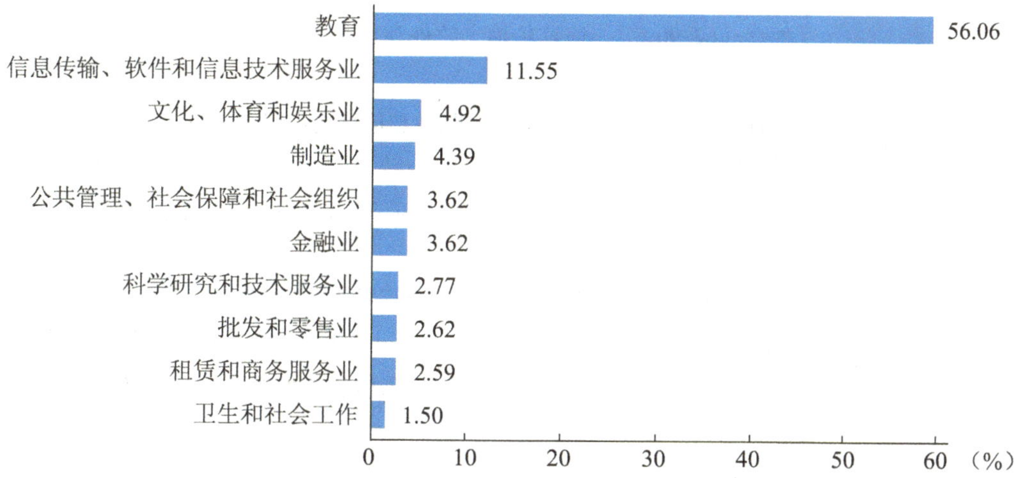

图 1－9　2021 届华南师范大学本科毕业生就业量最大的前十个行业分布

（数据来源：广东省高等学校毕业生就业管理系统）

表 1－3　华南师范大学各学院 2021 届本科毕业生主要就业行业分布

学院	主要就业行业
教育科学学院	教育（97.26%）
历史文化学院	教育（91.86%）
音乐学院	教育（88.28%），文化、体育和娱乐业（10.34%）
文学院	教育（87.12%），公共管理、社会保障和社会组织（4.11%）
哲学与社会发展学院	教育（84.78%），公共管理、社会保障和社会组织（4.35%）
数学科学学院	教育（78.45%），金融业（7.33%），信息传输、软件和信息技术服务业（6.47%）
生命科学学院	教育（77.94%），科学研究和技术服务业（10.29%），水利、环境和公共设施管理业（3.68%）
化学学院	教育（73.38%），制造业（9.35%），文化、体育和娱乐业（5.76%），科学研究和技术服务业（4.32%）
外国语言文化学院	教育（71.60%），信息传输、软件和信息技术服务业（7.60%），租赁和商务服务业（4.80%）
体育科学学院	教育（69.94%），文化、体育和娱乐业（24.54%）

续表

学院	主要就业行业
地理科学学院	教育（69.86%），科学研究和技术服务业（14.38%），公共管理、社会保障和社会组织（3.42%）
职业教育学院	教育（69.70%），信息传输、软件和信息技术服务业（8.33%）
心理学院	教育（62.90%），信息传输、软件和信息技术服务业（8.06%），制造业（4.84%）
物理与电信工程学院	教育（56.85%），信息传输、软件和信息技术服务业（23.39%），制造业（7.26%）
美术学院	教育（51.16%），文化、体育和娱乐业（30.81%），信息传输、软件和信息技术服务业（5.23%）
政治与公共管理学院	教育（46.05%），公共管理、社会保障和社会组织（12.50%），信息传输、软件和信息技术服务业（9.87%），文化、体育和娱乐业（4.61%）
教育信息技术学院	教育（42.11%），信息传输、软件和信息技术服务业（21.05%），文化、体育和娱乐业（14.29%）
计算机学院	信息传输、软件和信息技术服务业（40.00%），教育（33.85%），金融业（8.21%）
法学院	教育（27.97%），公共管理、社会保障和社会组织（19.58%），租赁和商务服务业（12.59%），居民服务、修理和其他服务业（10.49%），制造业（4.90%）
信息光电子科技学院	信息传输、软件和信息技术服务业（35.97%），教育（25.90%），制造业（11.51%），科学研究和技术服务业（7.19%）
旅游管理学院	教育（23.91%），房地产业（11.96%），文化、体育和娱乐业（10.87%），信息传输、软件和信息技术服务业（9.78%），批发和零售业（9.78%）
经济与管理学院	教育（23.83%），信息传输、软件和信息技术服务业（14.72%），金融业（10.51%），制造业（10.05%），公共管理、社会保障和社会组织（6.54%）
城市文化学院	批发和零售业（27.50%），教育（20.00%），公共管理、社会保障和社会组织（17.50%），文化、体育和娱乐业（15.00%），农、林、牧、渔业（5.00%）
软件学院	信息传输、软件和信息技术服务业（55.47%），教育（13.87%），金融业（10.22%），制造业（8.03%）
国际商学院	金融业（28.75%），制造业（17.50%），信息传输、软件和信息技术服务业（15.00%），教育（8.75%），批发和零售业（7.50%）
环境学院	水利、环境和公共设施管理业（28.57%），科学研究和技术服务业（17.86%），制造业（14.29%），公共管理、社会保障和社会组织（10.71%），教育（7.14%）

数据来源：广东省高等学校毕业生就业管理系统。

3. 单位性质流向

2021 届本科毕业生主要流向单位类型为企业单位，占比为 36.25%；其次为依靠专业知识技能获取收入的自由职业者（23.48%）、中初教育单位（22.73%）和党政机关（7.51%）。如图 1－10 所示。

4. 职业类别分布

2021 届本科毕业生所从事的职业类别主要为“教学人员”（48.55%），其次为“工程技术人员”（6.41%）和“其他专业技术人员”（5.29%）。如图 1－11 所示。

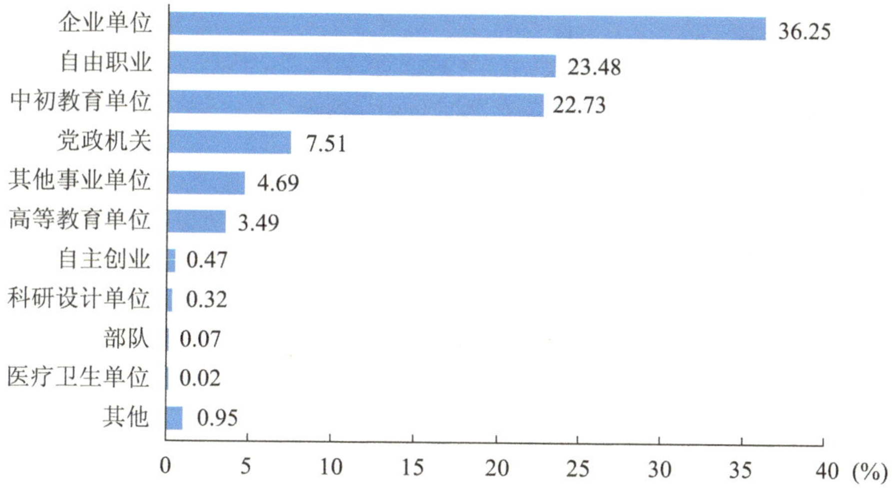

图 1－10　2021 届华南师范大学本科毕业生就业单位性质分布

（数据来源：广东省高等学校毕业生就业管理系统）

图 1－11　2021 届华南师范大学本科毕业生主要就业职业前十位分布

（数据来源：广东省高等学校毕业生就业管理系统）

从事教学人员职业类别的本科毕业生具体职业如图 1－12 所示，其中以中学教育教师和小学教育教师为主，合计占比达 87.99%；其次为中等职业教育教师和教育培训机构教师。

5. 师范生、非师范生就业流向

师范生、非师范生就业区域分布：学校 2021 届师范生、非师范生就业地区均以广东省内就业为主，占比分别为 90.51%、92.82%。省内就业地区主要流向了珠三角地区；其中非师范生流向珠三角地区就业的比例较师范生高 9.12%，师范生流向粤东地区就业的比例较非师范生高 4.76%。如图 1－13 所示。

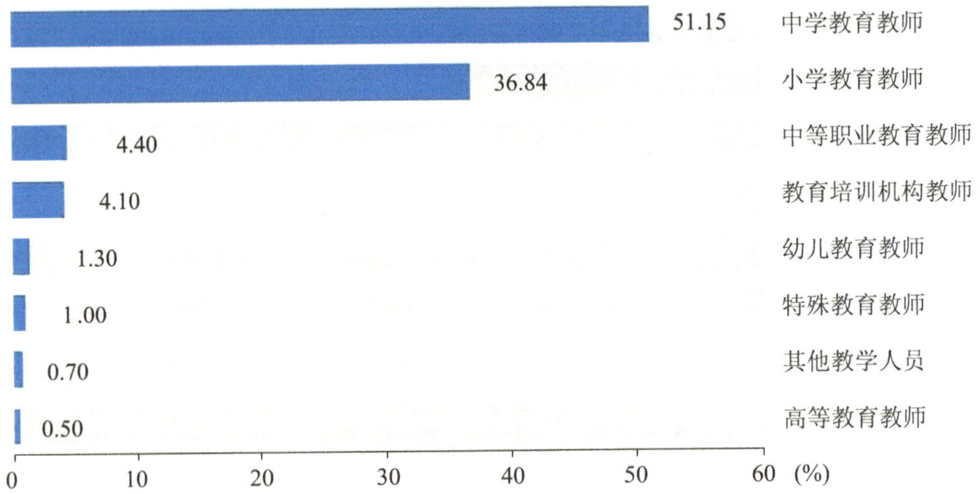

图 1－12　2021 届华南师范大学本科毕业生从事教学人员具体职业分布

（数据来源：第三方机构，2021 届本科毕业生就业与培养质量调查）

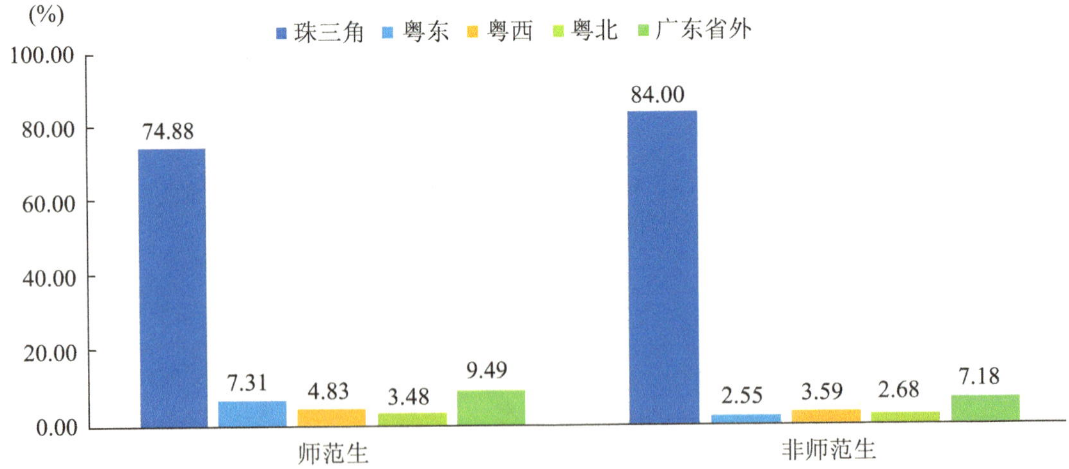

图 1－13　2021 届华南师范大学本科毕业生师范生、非师范生就业地区分布

（数据来源：广东省高等学校毕业生就业管理系统）

师范生、非师范生省内就业城市均主要集中于广州市、深圳市和佛山市。如表 1 – 4 所示。

表 1 – 4　2021 届师范生、非师范生省内就业量最大的前十个城市分布占比

（%）

师范生		非师范生	
广州市	22. 52	广州市	48. 27
深圳市	16. 51	深圳市	14. 92
佛山市	16. 16	佛山市	8. 26
东莞市	7. 25	东莞市	4. 20
汕头市	3. 89	中山市	2. 08
惠州市	3. 71	惠州市	1. 95
江门市	2. 71	江门市	1. 69
茂名市	2. 65	珠海市	1. 56
中山市	2. 24	湛江市	1. 51
珠海市	2. 12	肇庆市	1. 08

数据来源：广东省高等学校毕业生就业管理系统。

师范生、非师范生就业单位性质分布：学校 2021 届师范生流向的单位类型以中初教育单位为主（49. 17%）；非师范生流向单位类型以企业单位（包括国有企业、三资企业、民营企业等）为主，占比达到 56. 44%。如图 1 – 14 所示。

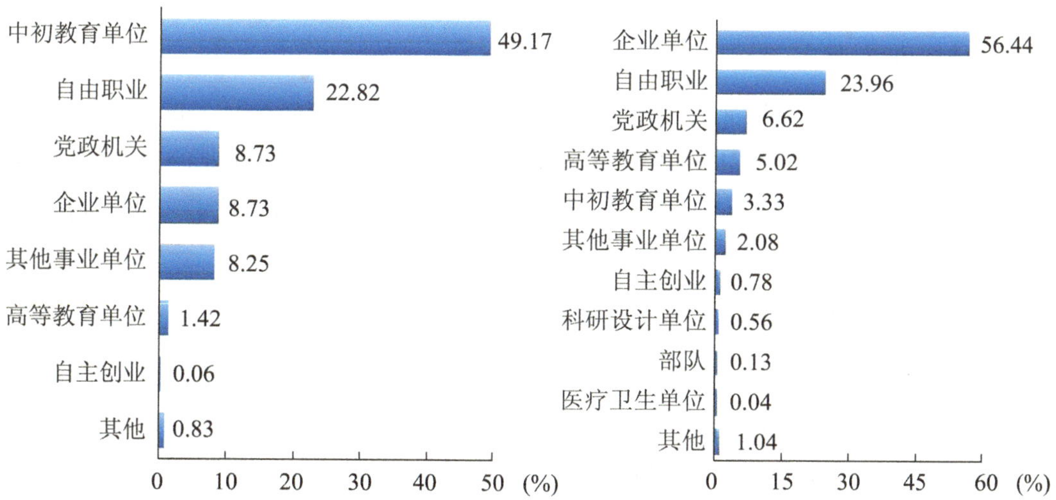

图 1 – 14　2021 届华南师范大学师范生（左图）、非师范生（右图）就业单位性质分布

（数据来源：广东省高等学校毕业生就业管理系统）

师范生、非师范生就业行业分布：师范生行业流向较为集中，90.92%的师范生均流向了教育领域；非师范生行业布局较为多元，行业流向集中于教育（30.49%）、信息传输、软件和信息技术服务业（19.16%）、制造业（7.27%）等领域。如表 1－5 所示。

表 1－5　2021 届师范生、非师范生就业量前十个行业分布占比

（%）

师范生		非师范生	
教育	90.92	教育	30.49
文化、体育和娱乐业	2.42	信息传输、软件和信息技术服务业	19.16
信息传输、软件和信息技术服务业	1.18	制造业	7.27
公共管理、社会保障和社会组织	1.12	文化、体育和娱乐业	6.75
卫生和社会工作	0.88	金融业	6.19
批发和零售业	0.65	公共管理、社会保障和社会组织	5.45
租赁和商务服务业	0.47	科学研究和技术服务业	4.54
制造业	0.47	租赁和商务服务业	4.15
科学研究和技术服务业	0.35	批发和零售业	4.07
电力、热力、燃气及水生产和供应业	0.35	房地产业	2.38

数据来源：广东省高等学校毕业生就业管理系统。

四、本科毕业生服务区域教育事业与经济建设情况

1. 本科毕业生服务湾区情况

学校立足区域优势，巩固建设粤港澳大湾区经济发展人才高地，为区域创新驱动发展提供智力支撑。学校 2021 届本科毕业生中，赴粤港澳大湾区就业的人数为 3212 人，占就业人数①的 80.14%。就业布局以服务湾区基础教育、高新技术产业、制造业等重点领域企事业单位为主流。如图 1－15 所示。

2. 本科毕业生服务教育事业发展情况

学校秉承教师教育特色，服务国家优先发展教育事业的战略需求，积极贯彻落实《中共中央国务院关于全面深化新时代教师队伍建设改革的意见》《教育部关于实施卓越教师培养计划 2.0 的意见》、教育部等五部委印发的《教师教育振兴行动计划（2018—2022 年）》、教育部等六部门印发的《关于进一步加强新时代乡村教师队伍建

① 包含协议和合同就业、灵活就业、自主创业。

设的意见》，着力培养新时代有理想信念、有道德情操、有扎实学识、有仁爱之心的"四有"好老师，为国家和广东加快实现教育现代化提供坚强的人力资源支撑。

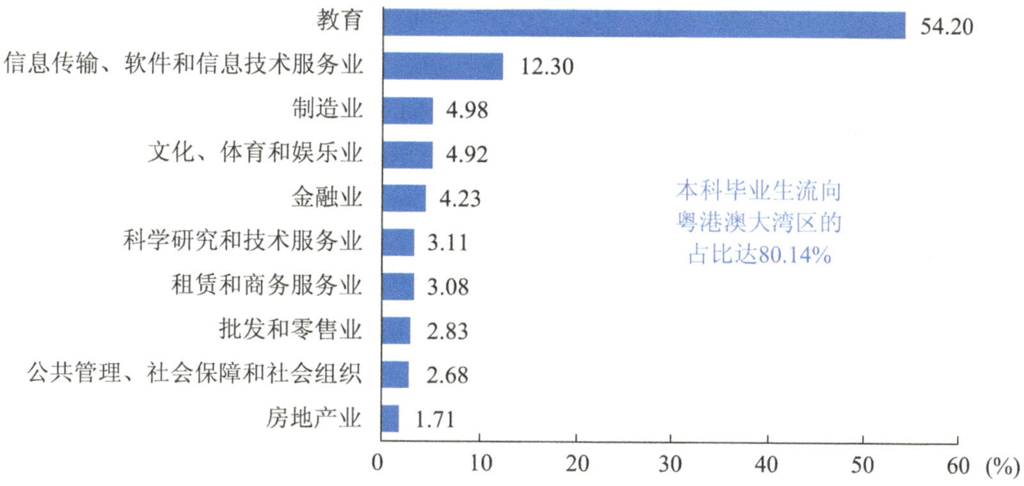

图 1－15　2021 届华南师范大学本科毕业生服务湾区主要行业领域分布

（注：图中为就业人数排名前十位的行业和职业；数据来源：广东省高等学校毕业生就业管理系统）

2021 届本科毕业生流向教育领域就业的占比达 56.06%，师范生流向教育领域就业的占比达 90.92%。从各专业本科毕业生流向教育行业就业的占比来看，其中学前教育、心理学（基地班）、小学教育、特殊教育、科学教育专业本科毕业生均流向教育行业就业；这一布局与学校师范特色及人才培养定位相符。

学校秉承教师教育传统优势，全面深化教师教育内涵发展，为地方基础教育事业发展做出积极贡献。学校 2021 届超四成毕业生教育领域就业流向了普教系统领域，其中在普教系统就业以小学（29.74%）和初中（23.09%）为主。毕业生普教系统领域主要签约单位类型分布详见图 1－16 所示。

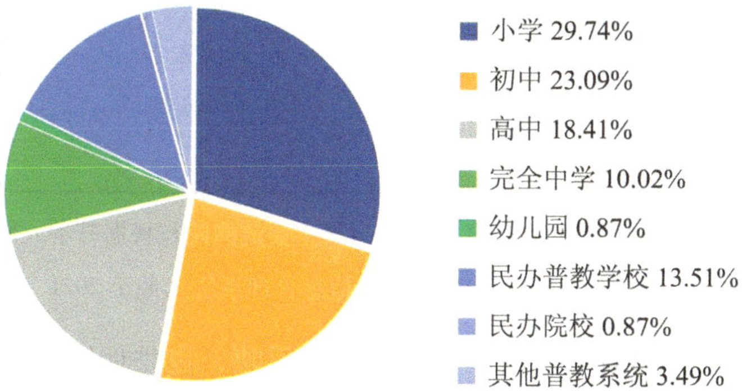

图 1－16　2021 届华南师范大学毕业生流向普教系统领域的单位分布

（注：图中不含职教系统、高教系统、教育领域机关事业单位、教育领域企业单位等；数据来源：广东省高等学校毕业生就业管理系统）

五、继续深造①

国内升学率及升学院校分析：2021届本科毕业生中，有1184名本科毕业生选择升学深造，国内升学率达到19.89%。

升学院校流向分布：92.06%的本科毕业生流向了“双一流”建设高校，其他本科毕业生流向了科研院所等，升学质量较高。本科毕业生升学主要流向院校分布详见表1-6。

表1-6　2021届本科毕业生主要升学院校流向

院校名称	人数（人）	院校名称	人数（人）
华南师范大学	628	陕西师范大学	5
中山大学	94	中南财经政法大学	5
华南理工大学	60	西南政法大学	4
暨南大学	46	中国科学院大学	4
北京师范大学	34	南方科技大学	4
华东师范大学	22	北京航空航天大学	4
华中师范大学	15	东南大学	4
厦门大学	14	哈尔滨工业大学	4
武汉大学	12	浙江大学	4
深圳大学	11	上海交通大学	4
中国科学技术大学	10	中央财经大学	4
广东外语外贸大学	9	华中科技大学	4
湖南大学	9	中国人民大学	4
复旦大学	7	天津大学	4
北京大学	6	重庆大学	4
广州美术学院	5	上海大学	4
中国传媒大学	5	—	—

注：①主要流向院校指流向该校人数≥4的院校；②主要流向院校根据升学人数降序排列。

数据来源：华南师范大学2021届本科毕业生就业信息管理系统（截至2021年8月31日）。

毕业生深造情况作为对人才培养质量的重要反映，也是促进毕业生更高质量就业的重要抓手。进一步统计分析本科毕业生升学动机、升学学科门类与专业一致性，等

① 只针对毕业去向为国内升学、出国（境）留学的本科毕业生展开分析，出国（境）就业人群不纳入。

等，具体内容如下。

升学动机：首要原因是为了“提升综合素质/能力”（78.38%），其次是“增加择业资本、站在更高的求职点”（78.19%）和“对专业感兴趣、深入学习”（65.04%），可见谋求个人事业发展的更大空间为本科毕业生的升学动力。如图 1－17 所示。

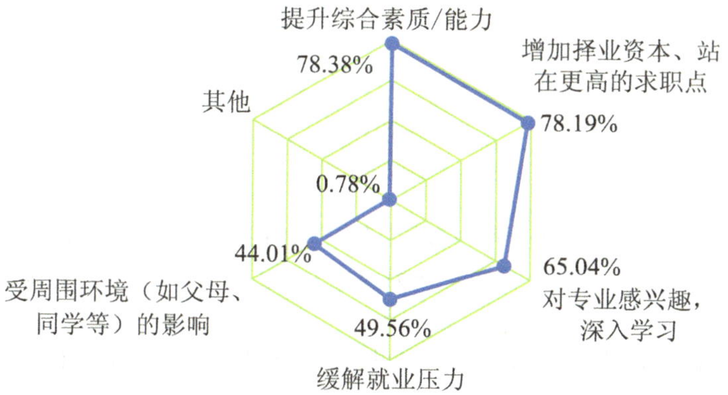

图 1－17　2021 届华南师范大学本科毕业生升学原因

（数据来源：第三方机构，2021 届本科毕业生就业与培养质量调查）

升学专业一致性及录取结果满意度：升学专业与原专业相关性处于一般及以上水平的占比达 95.03%，大部分本科毕业生仍在本专业或相关专业继续深造。对升学专业不一致的本科毕业生做进一步调查分析可知，“出于个人兴趣”为换专业的主要原因，占比为 62.75%；其次是“就业前景好”，占比为 21.57%。如图 1－18 所示。

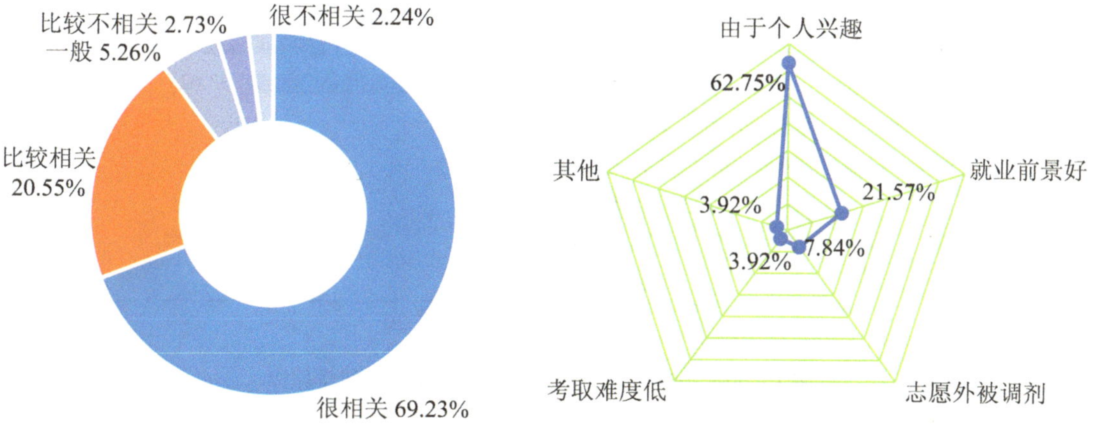

图 1－18　2021 届华南师范大学本科毕业生升学专业一致性（左图）及转专业原因分布（右图）

（注：“不相关”包括“比较不相关”和“很不相关”；数据来源：第三方机构，2021 届本科毕业生就业与培养质量调查）

升学录取结果满意度：选择国内升学深造的本科毕业生对其录取结果满意度较高，

其中“很满意”占比为33.20%，“比较满意”占比为49.27%。如图1－19所示。

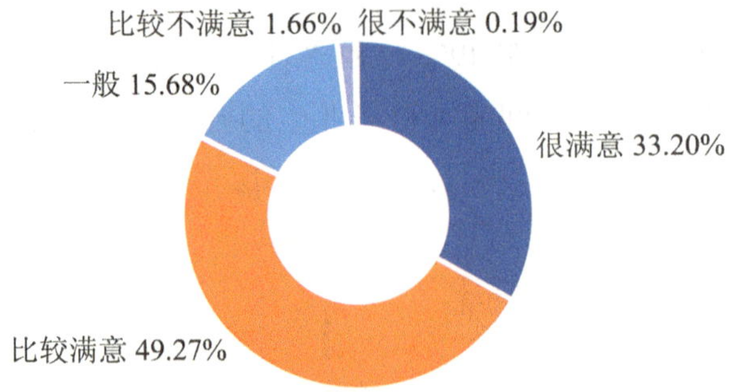

图1－19　2021届华南师范大学本科毕业生国内升学录取结果满意度

（数据来源：第三方机构，2021届本科毕业生就业与培养质量调查）

2021届本科毕业生中，有330名本科毕业生选择出国（境）留学，比例为5.54%。从出国（境）留学院校来看，主要为香港中文大学（34人）、香港大学（21人）、曼彻斯特大学（20人）、伦敦国王学院（19人）和爱丁堡大学（19人）。

进一步统计分析本科毕业生留学深造原因、获取国（境）外院校offer的核心竞争力、留学深造专业一致性及录取结果满意度，具体内容如下。

留学深造原因：“希望获得更好的教育教学条件和科研氛围”（42.67%）是本科毕业生选择留学的最主要原因，其次是“增加择业资本、增强就业竞争力”（图1－20）。

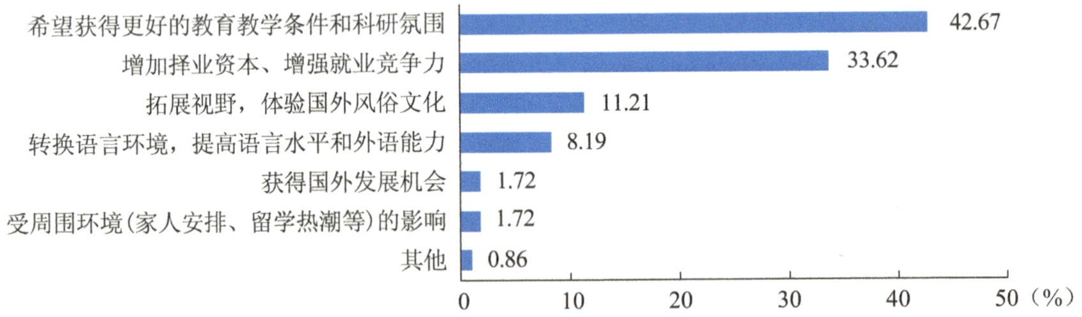

图1－20　2021届华南师范大学本科毕业生留学原因

（数据来源：第三方机构，2021届本科毕业生就业与培养质量调查）

留学深造专业一致性及录取结果满意度：专业与原专业相关性处于一般及以上水平的占比达92.67%，大部分本科毕业生仍在本专业或相关专业继续深造。选择留学深造的本科毕业生对其录取结果满意度较高，其中“很满意”占比为34.05%，“比较满意”占比为55.60%（图1－21）。

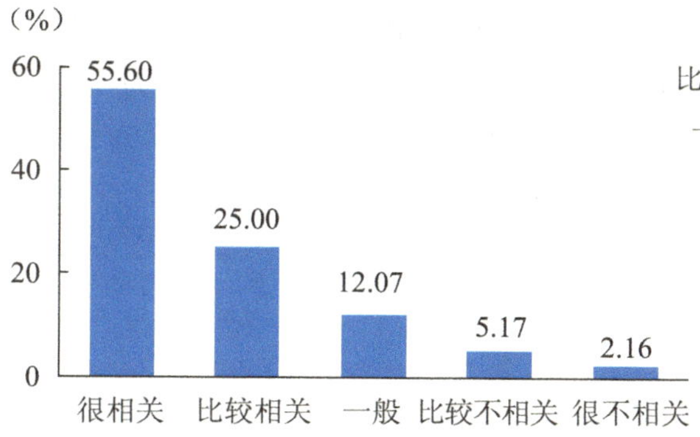

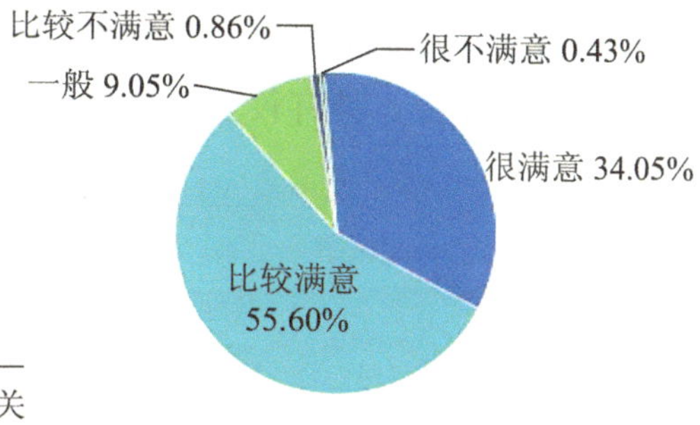

图 1－21　2021 届华南师范大学本科毕业生留学深造专业一致性（左图）及录取结果满意度（右图）
（数据来源：第三方机构，2021 届本科毕业生就业与培养质量调查）

六、自主创业

在“大众创业、万众创新”社会浪潮推动下，政府激励创业、社会支持创业的机制日趋成熟。学校持续深化创新创业教育改革，将创新精神、创业意识和创新创业能力的培养融入到人才培养的全过程中，努力培养造就“大众创业、万众创新”的生力军。针对自主创业的本科毕业生进一步调查其创业行业、创业领域与所学专业一致性、创业原因等内容，为后期学校创新创业教育与指导服务工作的改善提供一手数据和参考资料。

创业领域与所学专业一致性：2021 届本科毕业生创业领域呈多元化分布，主要集中在“教育”（27. 78%）和“文化、体育和娱乐业”（22. 22%）；其创业领域与所学专业一般或相关的比例为 66. 67%。对初创者而言，依据所学专业知识与技能实施创业是较为合理的选择。如图 1－22 所示。

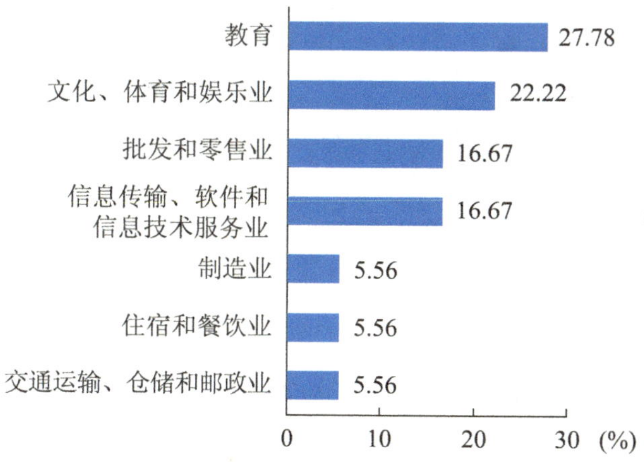

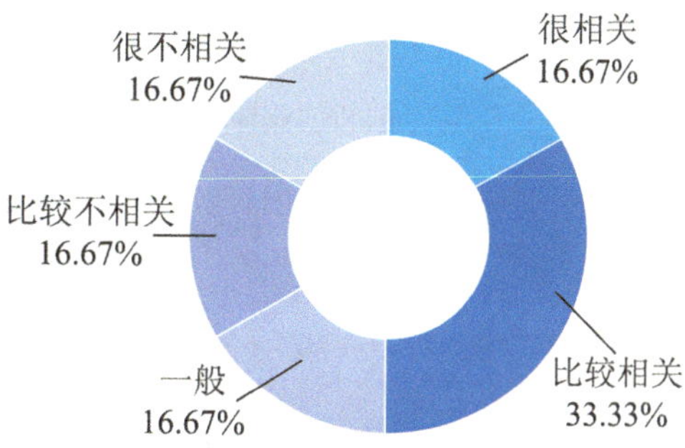

图 1－22　2021 届华南师范大学本科毕业生创业行业（左图）及其与所学专业的相关性（右图）分布
（数据来源：第三方机构，2021 届本科毕业生就业与培养质量调查）

创业动机：本科毕业生创业的主要原因为“对创业充满兴趣、激情”（50.00%），其次为“希望通过创业实现个人理想”（44.44%）。毕业生将创业过程作为实现自身理想与价值的途径，具有较为清晰合理的认知。如图 1－23 所示。

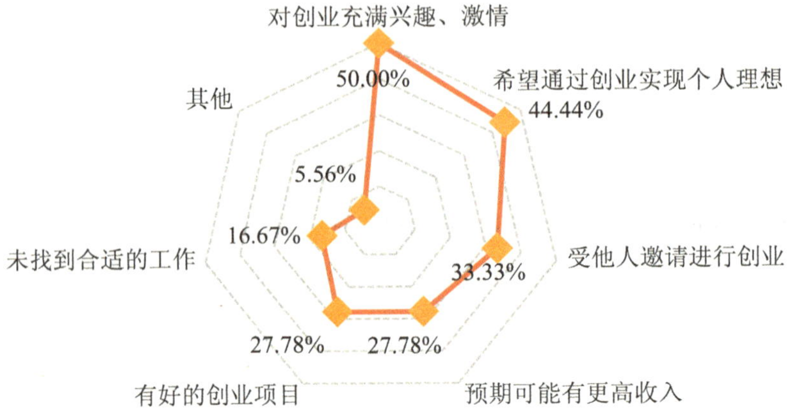

图 1－23　2021 届华南师范大学本科毕业生创业原因

（注：该题为多选题，故各选项的百分比之和不等于 100.00%；数据来源：第三方机构，2021 届本科毕业生就业与培养质量调查）

促进创业的在校活动：学校积极营造创新创业文化氛围，健全课堂教学、实训实践、指导帮扶等融为一体的创新创业教育体系，着力增强学生的创新创业能力。如图 1－24 所示，本科毕业生认为对创业帮助最大的在校活动为“顶岗实习/假期实习/课外兼职”（33.33%）和“社会实践活动”（33.33%），其次为“学生社团活动”（27.78%）和“创新创业课程或讲座”（27.78%）。

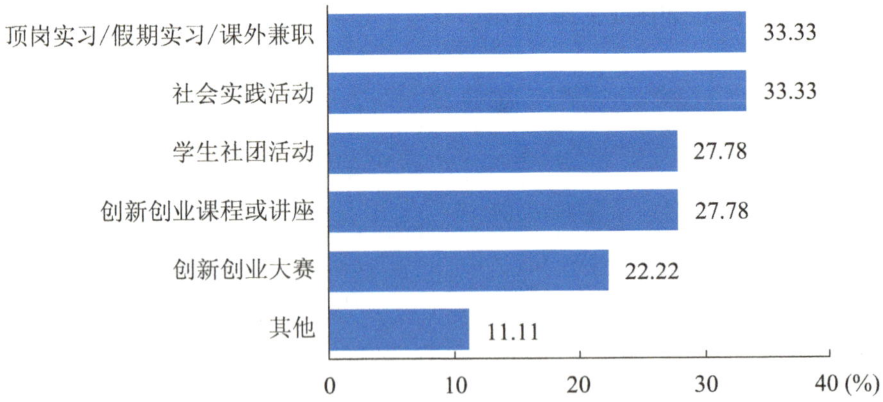

图 1－24　2021 届华南师范大学本科毕业生对促进创业的活动的评价

（注：该题为多选题，故各选项的百分比之和不等于 100.00%；数据来源：第三方机构，2021 届本科毕业生就业与培养质量调查）

附　数据统计说明

报告数据来源于两个方面：

（1）广东省高等学校毕业生就业管理系统。数据统计截止日期为2021年12月1日。使用数据主要涉及本科毕业生的规模和结构、毕业去向落实率、毕业去向、就业流向等。

（2）第三方数据调查公司。调研面向学校2021届本科毕业生，调研总人数5952人，有效问卷份数4217份，回收率为70.85%；使用数据涉及就业相关分析及对教育教学的反馈部分。

毕业去向落实率：采用派遣库数据（截止日期是2021年12月1日）；毕业去向落实率=协议和合同就业率+创业率+灵活就业率+升学率。其中，协议和合同就业包括签就业协议形式就业、签劳动合同形式就业、应征义务兵、科研助理/管理助理、国家基层项目和地方基层项目；灵活就业包括其他录用形式就业和自由职业；升学包括国内和出国、出境升学；未就业包括不就业拟升学、其他暂不就业和待就业。

专业相关度：本科毕业生对从事的工作与所学专业的相关度的评价包括“很相关、比较相关、一般、比较不相关和很不相关”，专业相关度为选择“很相关”“比较相关”和“一般”的人数占此题总人数的比例。另外，针对本科毕业生的反馈分别赋予1～5分，计算其均值。

满足度：满足度评价维度包括“很满足、比较满足、一般、比较不满足和很不满足”，满足度为选择“很满足”“比较满足”和“一般”的人数占此题总人数的比例。另外，针对本科毕业生的反馈分别赋予1～5分，计算其均值。

满意度（工作满意度、母校满意度、教育教学满意度等）：满意度评价包括“很不满意、比较不满意、一般、比较满意和很满意”，满意度为选择“很满意”、“比较满意”和“一般”的人数占此题总人数的比例。另外针对本科毕业生的反馈分别赋予1～5分，计算其均值。

第二章　2021 届岭南师范学院本科毕业生就业质量年度报告

一、毕业生的规模和结构

1. 总体规模及性别结构

岭南师范学院 2021 届本科毕业生共 7994 人。其中专科毕业生 1491 人，占毕业生总人数的 18.65%；本科毕业生 6503 人，占毕业生总人数的 81.35%。如图 2－1 所示。

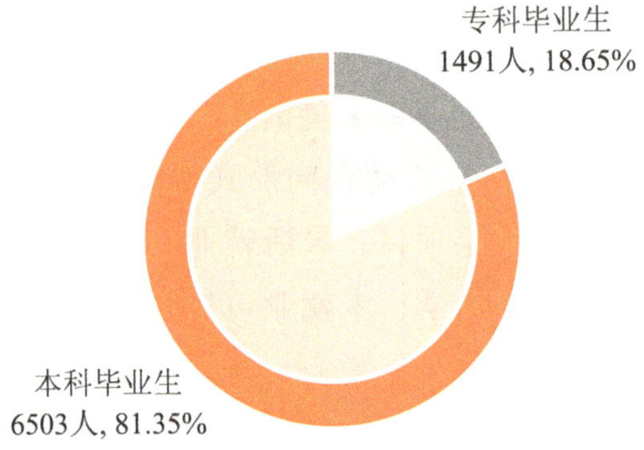

图 2－1　2021 届岭南师范学院毕业生规模及性别结构

（数据来源："广东省大学生就业在线"就业管理系统）

2. 生源地结构

生源地结构：2021 届本科毕业生以省内生源为主，省内生源 7324 人，占毕业生总人数的 91.62%；省外生源 670 人，占毕业生总人数的 8.38%。省内与省外毕业生生源比例为 10.93∶1。如图 2－2 所示。

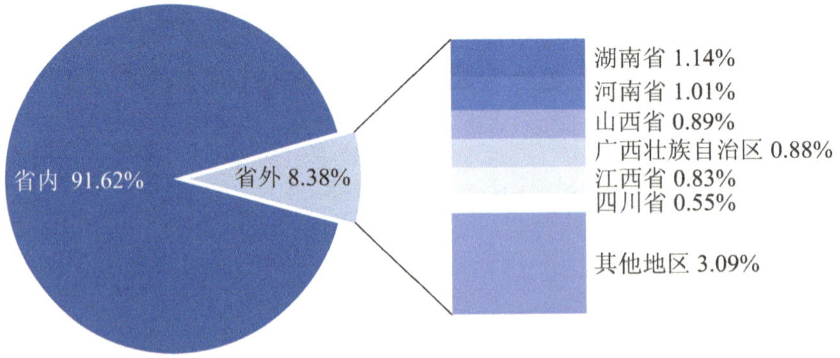

图 2－2　2021 届岭南师范学院本科毕业生省内外生源分布

（数据来源："广东省大学生就业在线"就业管理系统）

3. 师范生结构

师范生构成：学校2021届本科毕业生中，师范生4532人（占毕业生总人数的56.69%），非师范生3462人（占毕业生总人数的43.31%）。不同学历层次师范生构成分布详见表2-1。

表2-1 2021届岭南师范学院本科毕业生师范生、非师范生构成分布

师范生属性	本科毕业生		专科毕业生		总体	
	人数（人）	占比（%）	人数（人）	占比（%）	人数（人）	占比（%）
师范生	3335	51.28	1197	80.28	4532	56.69
非师范生	3168	48.72	294	19.72	3462	43.31

数据来源："广东省大学生就业在线"就业管理系统。

师范生专业构成：2021届毕业生中，师范生共4532人，其中汉语言文学专业（10.24%）、体育教育专业（8.01%）人数占比相对较高。

4. 院系（专业）结构

学校2021届本科毕业生分布在18个学院，其中本科毕业生人数占比位居前三位的学院分别为文学与传媒学院（9.95%）、商学院（7.95%）、外国语学院（7.67%）。专科毕业生分布在基础教育学院（1491人），涉及15个专业，其中人数占比位居前三位的专业分别为语文教育（15.43%）、数学教育（15.36%）和英语教育（15.36%）。

二、就业流向

1. 就业地区分布

就业区域分布：随着粤港澳大湾区一体化发展和创新驱动发展战略的深入推进，广东省就业吸纳力和人才吸引力逐渐增强。广东省内为学校2021届毕业生就业"主战场"（95.00%），其中本科毕业生省内就业占比达94.87%，专科毕业生省内就业占比达96.00%。广东省内就业的毕业生主要流向了珠三角地区（61.75%）和粤西地区（28.77%）；省外就业毕业生主要流向湖南省、浙江省等地区。

2. 就业行业分布

2021届毕业生就业行业呈现一主多元格局，主要集中在教育领域（48.35%），其次为制造业（10.23%），信息传输、软件和信息技术服务业（9.92%）。分学历层次来看，本科生和专科生均以教育领域为主，占比分别为48.57%、46.67%。

毕业生行业流向与学校师范特色及专业人才培养定位相符合。其中教育科学学院、数学与统计学院、文学与传媒学院、物理科学与技术学院流向教育行业的占比均为70.00%以上；化学化工学院、机电工程学院、电子与电气工程学院行业流向集中

于制造业；计算机与智能教育学院集中于信息传输、软件和信息技术服务业。

3. 就业单位分布

学校2021届毕业生主要流向单位类型为：企业单位占比达到62.24%；其次为中初教育单位（32.69%）。就业单位规模主要集中在51～200人（34.32%），其次是50人及以下（21.32%）。如图2-3所示。

分学历层次来看，各类企业单位为毕业生就业“主战场”，其中本科毕业生（61.25%）和专科毕业生（69.78%）主要依托企业单位就业；其次为中初教育单位，占比分别为本科毕业生33.80%、专科毕业生24.22%。

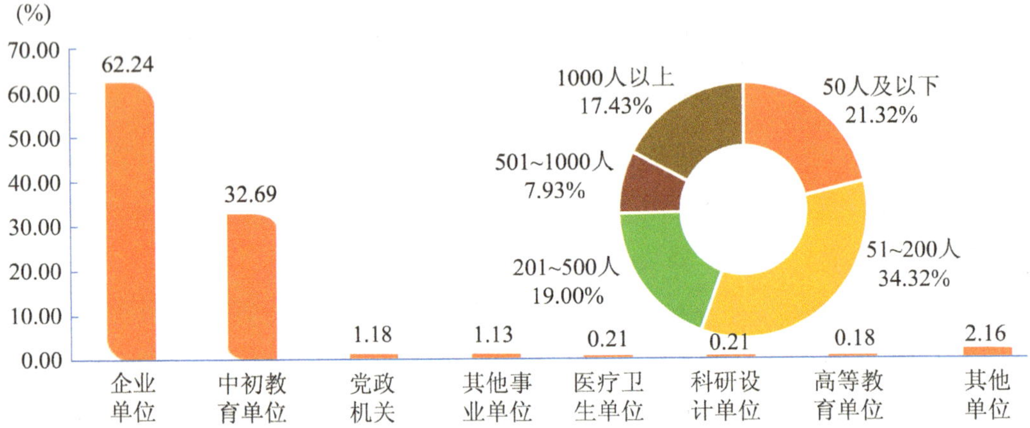

图2-3　2021届岭南师范学院毕业生流向单位占比

4. 师范生、非师范生就业流向

就业区域分布：广东省内为学校2021届师范生、非师范生就业主阵地，以服务珠三角地区和粤西地区发展为主。其中非师范生流向珠三角地区就业的比例较师范生高21.63%，师范生流向粤西地区就业的比例较非师范生高21.63%。如图2-4所示。

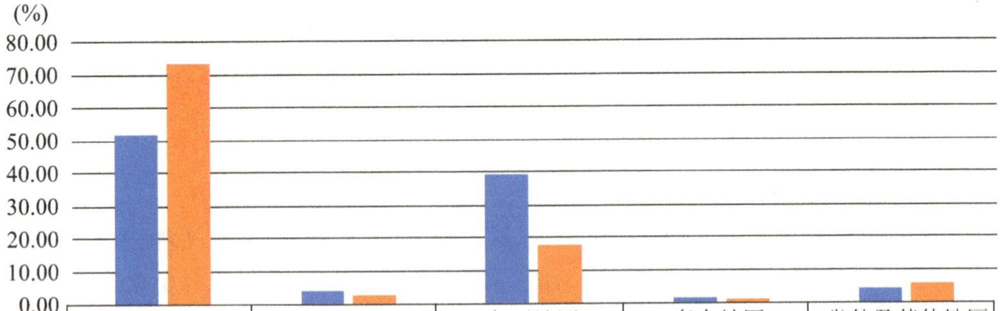

	珠三角地区	粤北地区	粤西地区	粤东地区	省外及其他地区
■ 师范生	51.52	3.71	39.00	1.42	4.35
■ 非师范生	73.15	2.89	17.37	0.87	5.72

图2-4　2021届岭南师范学院师范生/非师范生就业地区流向

从师范生/非师范生就业地区流向来看，师范生、非师范生省内生源均选择继续在生源所在地即广东省内就业，占比分别为98.35%、96.52%；师范生省外生源选择留在广东省内就业的比例（66.08%）较高，其次为回生源所在地就业（22.22%）；非师范生省外生源选择留在广东省内就业的比例较高（66.91%），其次为回生源所在地就业（17.27%）。如表2－2所示。

表2－2 2021届岭南师范学院师范生/非师范生省内、省外生源就业地区流向分析

（%）

师范生类别	生源属性	广东省内就业	回生源所在地就业	其他地区就业
师范生	省内生源	98.35	—	1.65
	省外生源	66.08	22.22	11.70
非师范生	省内生源	96.52	—	3.48
	省外生源	66.91	17.27	15.83

数据来源：“广东省大学生就业在线”就业管理系统。

三、毕业生服务区域教育事业建设情况

学校秉承教师教育传统优势，全面深化教师教育内涵发展，为地方基础教育事业发展做出积极贡献。2021届毕业生在教育系统就业以中小学（小学、初中、高中、完全中学、九年/十二年一贯制学校）为主，占比达到87.25%。如图2－5所示。

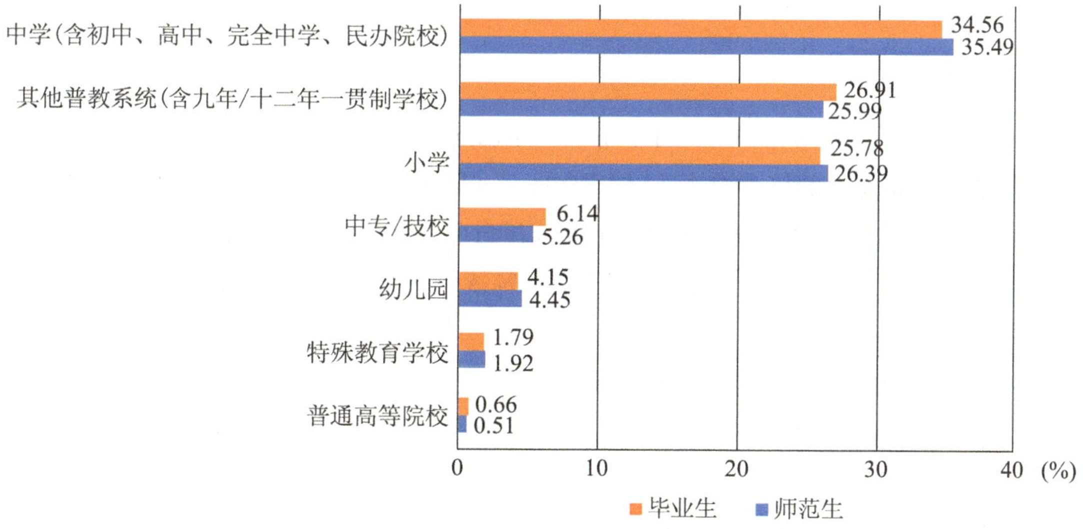

图2－5 2021届岭南师范学院毕业生在教育系统内的单位分布

（数据来源：“广东省大学生就业在线”就业管理系统）

四、国内升学及出国(境)情况

毕业生深造情况作为对人才培养质量的重要反映，也是促进毕业生更高质量就业的重要抓手。进一步统计分析毕业生升学原因、升学专业一致性及升学录取结果满意度，具体内容如下：

升学原因：首要原因是为了“提升综合素质/能力”（77.86%），其次是“增加择业资本、站在更高的求职起点”（76.40%）。可见谋求个人事业发展的更大空间及自身知识能力水平的提高为毕业生的主要升学动力。

1. 国内升学

升学率及国内升学院校分布：2021届毕业生中，有1228名毕业生的毕业去向为国内升学，占毕业生总数的15.36%。其中，本科毕业生546人选择国内升学，升学率为8.40%；专科毕业生682人选择国内升学，升学率为45.74%。2021届国内升学毕业生升学院校主要流向了岭南师范学院、肇庆学院、广东石油化工学院等高校。

2. 出国、出境

2021届毕业生中，有40名毕业生选择出国、出境，比例为0.50%。从国外、境外留学院校来看，主要为香港城市大学（4人）、香港大学（3人）、香港浸会大学（3人）和白俄罗斯国立体育大学孔子学院（3人）。

五、自主创业与基层就业

1. 自主创业

为响应国家“双创”号召，学校持续深化创新创业教育改革，将创新精神、创业意识和创新创业能力的培养融入人才培养的全过程中，努力培养造就“大众创业、万众创新”的生力军。学校2021届有34人选择自主创业，创业领域以“文化、体育和娱乐业”为主（32.35%），其次为“住宿和餐饮业”“信息传输、软件和信息技术服务业”“教育”领域。

针对自主创业毕业生进一步调查其创业领域与所学专业一致性、创业原因等内容，为后期学校创新创业教育与指导服务工作的改善提供一手数据和参考资料。具体如下：

创业行业与所学专业的一致性：毕业生创业领域与所学专业关联性较为紧密，创业行业与所学专业“相关”或“一般”的比例达83.33%；对初创者而言，依据所学专业知识与技能实施创业是较为合理的选择。

创业动机：兴趣或梦想驱动创业方能奠定成功基因，毕业生反馈其创业原因主要为“对创业充满兴趣、激情”（57.78%），其次为“希望通过创业实现个人理想”（48.89%）和“预期可能有更高收入”（43.33%）。

促进创业的在校活动：学校健全课堂教学、实训实践、指导帮扶等融为一体的创新创业教育体系，着力增强学生的创新创业能力。毕业生认为对创业帮助最大的在校活动为“创新创业课程或讲座”（41.11%），其次为“创新创业大赛”（37.78%）和“社会实践活动”（36.67%）。如图2-6所示。

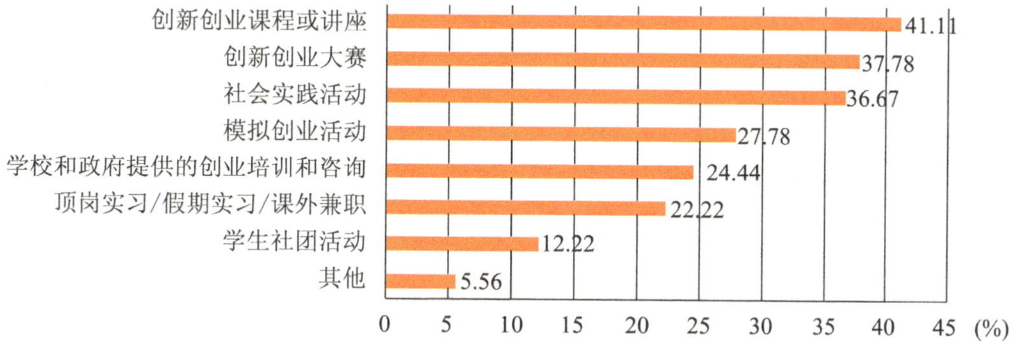

图2-6　有效促进毕业生创业的活动分布

（注：该题为多选题，故各选项的百分比之和不等于100.00%；数据来源：第三方机构，2021届毕业生就业与培养质量调查）

2. 基层就业

学校聚焦价值引领，厚植爱国主义情怀，鼓励毕业生积极投身基层建设，到国家最需要的地方建功立业。2021届毕业生中，有82人参与国家或地方基层项目，主要分布在湛江、广州、茂名等市。此外，有19人应征入伍。可见毕业生将个人发展同国家和人民需要相结合，为促进基层教育、农业、扶贫等社会事业的发展和构建社会主义和谐社会做出贡献。

六、毕业生就业质量相关分析

毕业生就业质量不仅关系到社会的和谐稳定，也关系着高校人才培养目标的顺利实现。为全面了解本校毕业生的岗位适配性与就业质量情况，引入“学生”和“用人单位”作为评估主体，构建包括毕业生求职过程、就业适配性与职业发展、工作满意度和用人单位评价等多维指标体系（具体指标内容详见图2-7），毕业生就业质量相关分析具体内容如下。

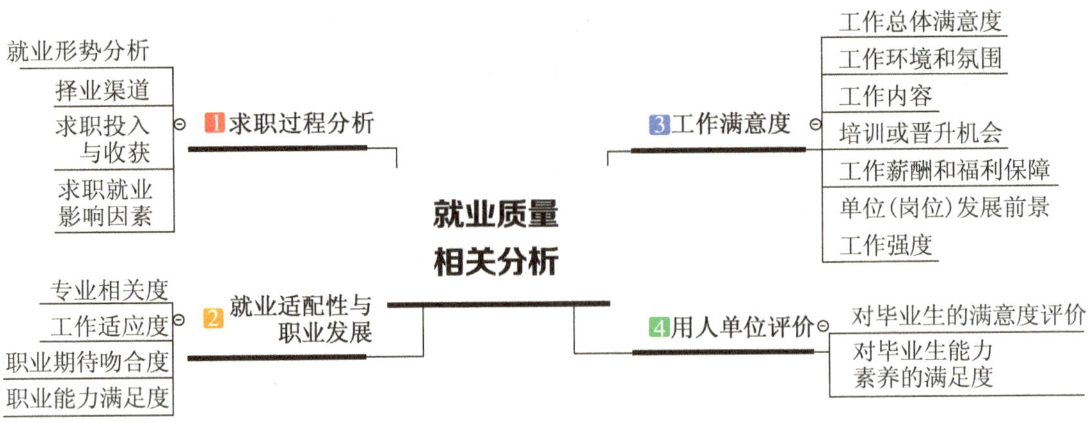

图 2-7　毕业生就业质量相关分析指标体系

七、求职过程分析

1. 就业形势分析

疫情对毕业生求职就业的影响：影响程度较高的方面主要为“求职就业难度较之前有所加大”和“专业相关领域就业岗位减少”（图 2-8）。伴随疫情防控常态化、“双减”政策与毕业生体量持续增加的叠加影响，就业承压无可避免。学校积极整合有效资源，统筹供需，不断提升就业指导服务精准化，助力毕业生顺利就业。

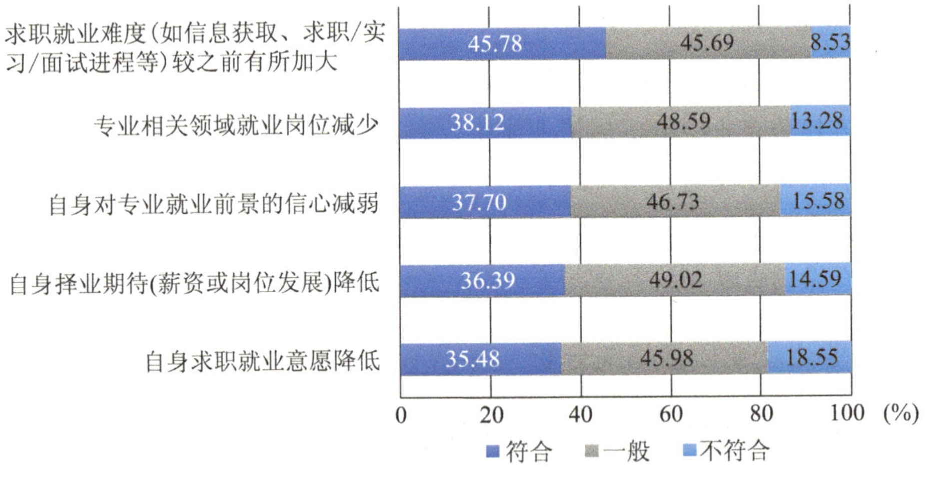

图 2-8　2021 届岭南师范学院毕业生认为疫情对自身求职就业的影响

（注：符合为选择“非常符合”和“比较符合”的人数占此题总人数的比例，不符合为选择“比较不符合”和“很不符合”的人数占此题总人数的比例）

专业就业机会：48.10% 的毕业生认为所学专业在求职过程中存在较强的优势及竞争力（较上年提升 12.48%），认为所学专业就业机会一般的占比为 40.72%，而有 11.19% 的毕业生认为所学专业就业机会少。不同学历层次毕业生对所学专业就业形势评价处于一般及以上水平的占比分别为本科毕业生 88.94%、专科毕业生 87.53%。

用人单位人才需求趋势：调研结果显示，68.63% 的受访用人单位均反馈 2021 年的招聘需求量较往年有所增加或基本持平。针对录用过本校毕业生且密切合作的用人单位，调查了解其未来三年对应届毕业生的招聘需求量及能力素养需求情况，具体内容如下：

受访用人单位表示未来三年对该校应届毕业生的招聘需求量有所增加的占比为 4.90%，招聘需求量基本持平的占比为 56.86%。对于目前工作需求而言，用人单位对毕业生能力素养关注程度位居前五位的依次为专业知识、学习能力、职业道德、专业技能和政治素养。

2. **择业渠道**

毕业生求职渠道多元，各类线上线下平台拓宽了择业渠道、增加了就业机会。其中使用比例位居前三位的依次为校园招聘会/学校线上招聘会、双选会（58.11%）、校外各类招聘网站信息（55.73%）和学校发布的招聘信息（45.87%）。可见疫情防控常态化下，学校校园招聘会/空中双选会、社会招聘网站和政府组织搭建的就业“云平台”为毕业生求职就业提供了较大的帮助。如图 2－9 所示。

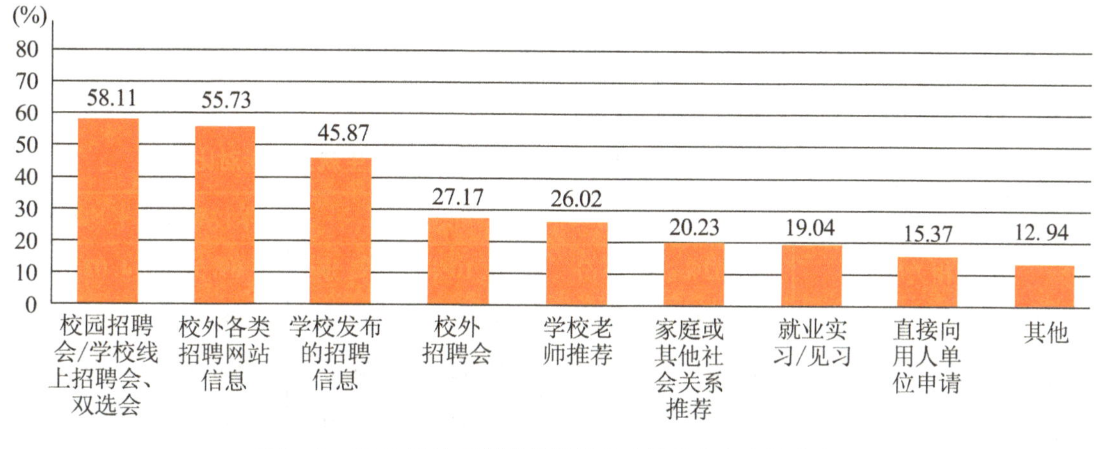

图 2－9　2021 届岭南师范学院毕业生就业信息来源分布

（注：该题为多选题，故各选项的百分比之和≠100.00%）

八、就业适配性与职业发展

1. **专业相关度**

毕业生就业岗位与所学专业的相关性评价维度包括很相关、比较相关、一般、比较不相关、很不相关，专业相关度为选择“很相关”“比较相关”和“一般”的人数占此题总人数的比例。另外针对毕业生的反馈分别赋予 1～5 分（“很不相关”＝1

分，“很相关” =5 分），计算其均值。具体内容如下：

总体专业相关度：学校 2021 届毕业生学用匹配度居于高位，近九成毕业生均可以学以致用，均值为 4.03 分（5 分制），处于“比较相关”水平。分学历层次来看，本科毕业生专业相关度为 90.04%（4.06 分），专科毕业生专业相关度为 81.69%（3.70 分）。

2. 职业期待吻合度

调查了解毕业生目前工作与自身职业期待的吻合情况，其评价维度包括很符合、比较符合、一般、比较不符合、很不符合，职业期待吻合度为选择“很符合”“比较符合”和“一般”的人数占此题总人数的比例。另外，针对毕业生的反馈分别赋予 1～5 分（“很不符合” =1 分，“很符合” =5 分），计算其均值。具体内容如下：

2021 届毕业生目前所从事的工作与自身职业期待的吻合度为 94.90%，其中“很符合”所占比例为 17.60%，“比较符合”所占比例为 44.78%；可见目前已落实的工作且整体比较符合自身的就业期望。而反馈目前工作与自身职业期待不吻合的原因主要为工作不符合自己的职业发展规划（39.32%）。

九、师范生、非师范生就业质量分析

师范生及非师范生月均收入、专业相关度、工作适应度、工作满意度和职业能力满足度方面的具体结果如表 2－3 所示。

表 2－3　2021 届岭南师范学院师范生、非师范生毕业生就业质量对比分析

就业质量	师范生	非师范生	本校毕业生平均水平
专业相关度	93.62%、4.37 分	84.10%、3.62 分	89.31%、4.03 分
工作适应度	97.42%、3.91 分	99.02%、3.92 分	98.14%、3.92 分
职业期待吻合度	94.89%、3.79 分	94.92%、3.68 分	94.90%、3.74 分
工作胜任度	98.46%、3.88 分	99.02%、3.93 分	98.71%、3.90 分
工作总体满意度	94.89%、3.66 分	96.45%、3.76 分	95.59%、3.70 分
工作内容满意度	95.20%、3.65 分	96.61%、3.73 分	95.84%、3.68 分
工作氛围满意度	95.25%、3.75 分	96.67%、3.83 分	95.89%、3.78 分
工作强度满意度	87.29%、3.47 分	93.39%、3.65 分	90.05%、3.55 分
职业发展前景满意度	92.76%、3.53 分	94.48%、3.62 分	93.54%、3.57 分
薪酬满意度	90.77%、3.49 分	92.40%、3.58 分	91.51%、3.53 分
职业能力满足度	97.06%、3.75 分	96.94%、3.75 分	97.00%、3.75 分

数据来源：第三方机构，2021 届毕业生就业与培养质量调查。

十、用人单位对毕业生的评价

将学校毕业生质量测量主体放到用人单位身上，能够比较真实地反映毕业生的质量，进而更加全面地反映学校人才培养过程中存在的问题。因此，建立毕业生质量外部测评体系，对于学校人才培养模式的改进和完善具有积极意义。针对录用本校毕业生的用人单位调查分析其对本校毕业生工作表现的满意度评价、能力满足度评价，具体结果如图 2－10 所示。

用人单位对毕业生总体评价：学校毕业生工作表现获得用人单位的广泛认可，受访用人单位对我校毕业生的工作表现感到很满意的占比为 35.29%，感到比较满意的占比为 64.71%。用人单位认为本校毕业生自身综合素质及职业技能与目前工作需求相匹配，其中“很满足”占比 35.29%，“比较满足”占比 64.71%；均值为 4.35 分（5 分制），处于“比较满足”水平。可见学校毕业生能力素质水平能够胜任目前工作岗位的要求，实现了供需畅通对接。

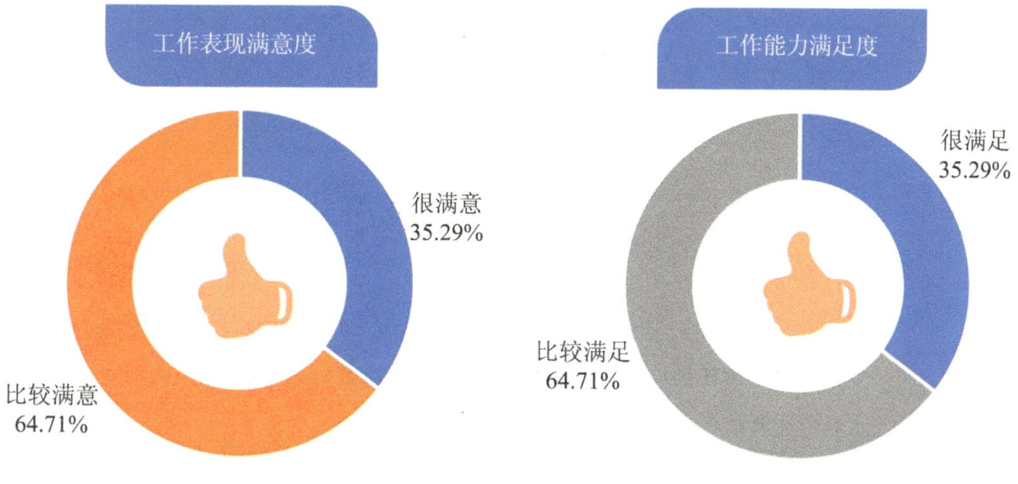

图 2－10　用人单位对岭南师范学院本科毕业生的总体评价

用人单位对毕业生各项能力素养满足度评价：对于目前工作需求而言，用人单位对岭南师范学院毕业生各项职业能力素养满足度均值均在 4.40 分以上（5 分制），处于“比较满足”水平。位居前五位的能力素养依次为政治素养、职业道德、通识性知识与技能、执行能力和自我管理能力。

第三章　2021 届广东科学技术职业学院毕业生就业质量年度报告

一、毕业生的规模和结构

1. 总体规模及性别结构

广东科学技术职业学院 2021 届毕业生共 8022 人，较上年增加 428 人。其中，男生 4027 人，占毕业生总人数的 50. 20%；女生 3995 人，占毕业生总人数的 49. 80%，男女性别比为 1. 01∶1，性别构成基本持平（图 3 –1）。

图 3 –1　2021 届广东科学技术职业学院毕业生规模及性别分布

［数据来源：广东科学技术职业学院 2021 届毕业生就业信息管理系统（截至 2021 年 8 月 31 日）］

2. 学院结构

该校 2021 届毕业生共分布在 19 个学院。其中，计算机工程技术学院、机器人学院和财会与金融学院的毕业生人数位居前三位，人数占比分别为 14. 17%、10. 56% 和 9. 39%（图 3 –2）。

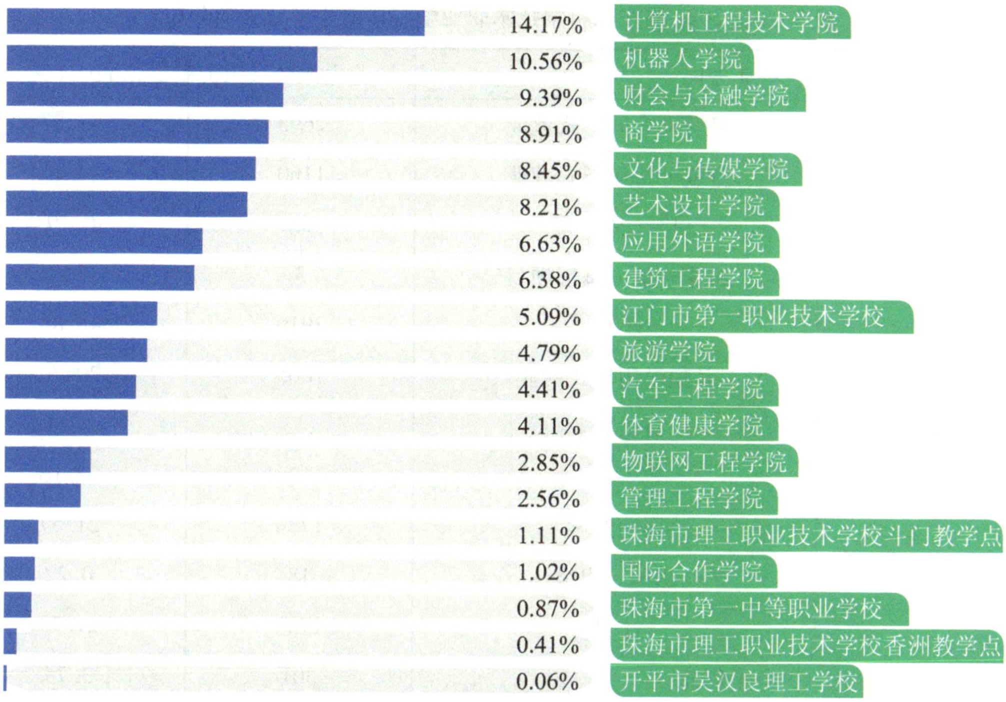

图 3－2　2021 届广东科学技术职业学院毕业生学院分布

［数据来源：广东科学技术职业学院 2021 届毕业生就业信息管理系统（截至 2021 年 8 月 31 日）］

二、毕业去向落实率

截至 2021 年 8 月 31 日，学校 2021 届毕业生的毕业去向落实率为 96.56%。其中协议和合同就业率为 48.85%、灵活就业率为 22.16%、升学率为 21.79%、创业率为 3.75%（图 3－3，表 3－1）。

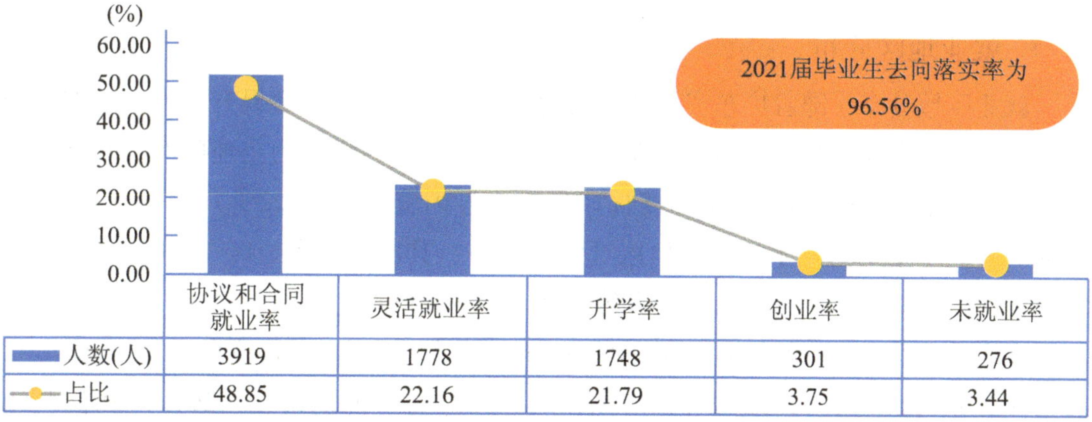

图 3－3　2021 届广东科学技术职业学院毕业生毕业去向落实率分布

［数据来源：广东科学技术职业学院 2021 届毕业生就业信息管理系统（截至 2021 年 8 月 31 日）］

表3－1　2021届广东科学技术职业学院毕业生毕业去向分布

毕业去向		毕业生人数（人）	占比（%）
协议和合同就业	签劳动合同形式就业	2693	33.57
	签就业协议形式就业	1160	14.46
	应征义务兵	63	0.79
	国家、地方基层项目	3	0.04
	小计	3919	48.85
灵活就业	其他录用形式就业	1665	20.76
	自由职业	113	1.41
	小计	1778	22.16
升学	国内升学	1730	21.57
	出国、出境	18	0.22
	小计	1748	21.79
自主创业		301	3.75
未就业		276	3.44
总计		8022	100.00

数据来源：广东科学技术职业学院2021届毕业生就业信息管理系统（截至2021年8月31日）。

三、就业流向

针对毕业去向为签就业协议形式、就业签劳动合同形式就业，其他录用形式就业的毕业生进一步统计分析其就业地区、就业行业、就业单位和职业类别分布，具体内容如下：

1. 就业地区分布

就业区域分布：随着广东省及珠三角地区综合经济实力持续提升与产业转型升级的快速发展，人才虹吸效应显著，大部分学生毕业后选择继续为当地的经济和社会发展做贡献。学校2021届毕业生主要选择在广东省内就业（96.22%），其中广东省内就业的毕业生主要集中于珠三角地区（93.78%），其次为粤东地区（3.47%）。省外主要流向了安徽省、河南省、浙江省等地区（图3－4）。

在广东省内就业的毕业生流向的城市人数占比位居前五位的分别为珠海市（30.96%）、深圳市（20.28%）、广州市（18.58%）、佛山市（7.29%）和江门市（5.77%），合计占比达82.88%（表3－2）。

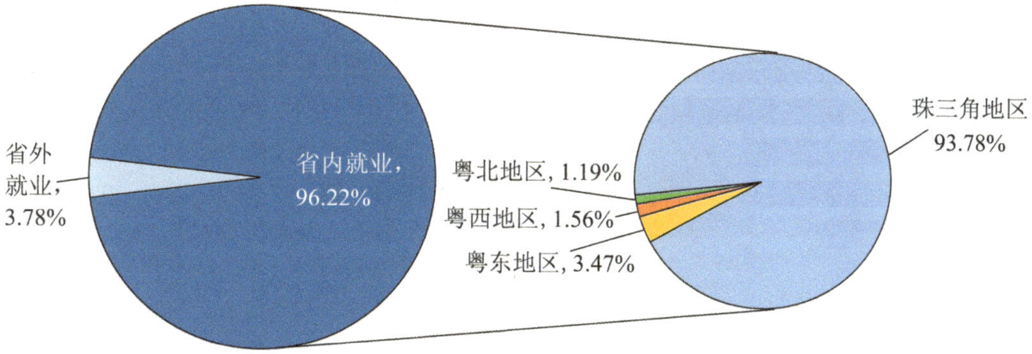

图 3－4　2021 届广东科学技术职业学院毕业生就业地区分布示意图

［数据来源：广东科学技术职业学院 2021 届毕业生就业信息管理系统（截至 2021 年 8 月 31 日）］

表 3－2　2021 届广东科学技术职业学院毕业生省内就业城市分布

省内就业城市	占比（%）	省内就业城市	占比（%）
珠海市	30. 96	揭阳市	0. 62
深圳市	20. 28	潮州市	0. 60
广州市	18. 58	阳江市	0. 47
佛山市	7. 29	清远市	0. 42
江门市	5. 77	韶关市	0. 34
东莞市	4. 67	茂名市	0. 25
中山市	3. 73	河源市	0. 24
汕头市	2. 08	梅州市	0. 20
惠州市	1. 54	汕尾市	0. 18
肇庆市	0. 96	云浮市	0. 14
湛江市	0. 69	—	—

数据来源：广东科学技术职业学院 2021 届毕业生就业信息管理系统（截至 2021 年 8 月 31 日）。

2. 就业行业分布

该校 2021 届毕业生就业行业呈现“多元化”格局，主要集中在“制造业”领域（16. 40%），其次为“批发和零售业”（15. 88%）和“信息传输、计算机服务和软件业”（14. 42%）。如图 3－5 所示。

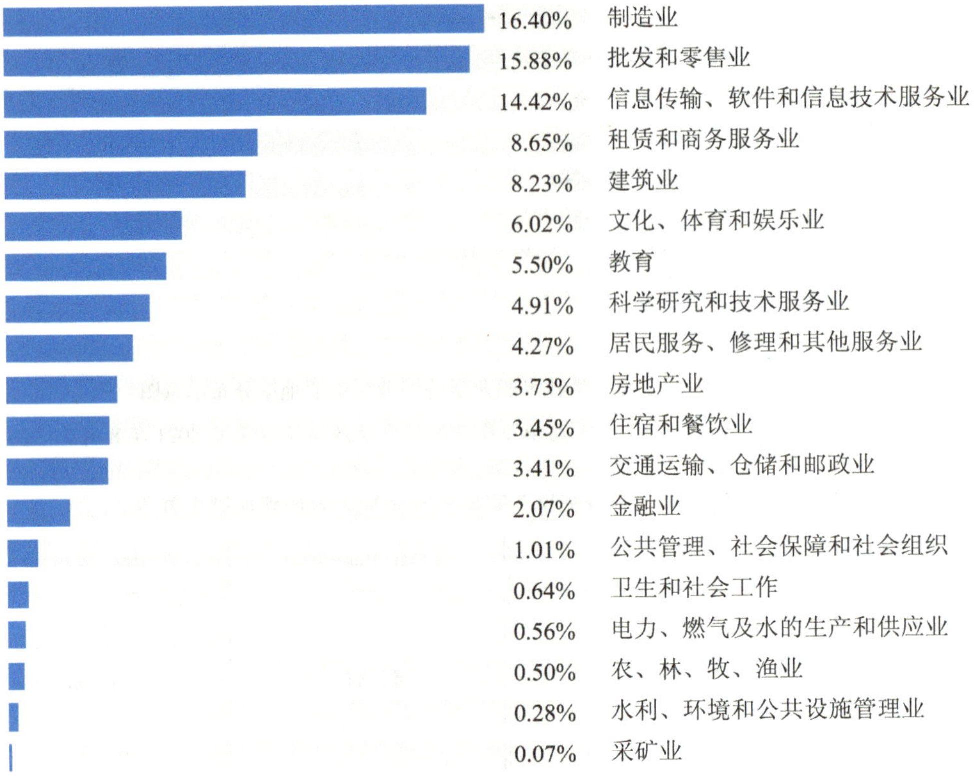

图 3－5　2021 届广东科学技术职业学院毕业生就业行业分布

［数据来源：广东科学技术职业学院 2021 届毕业生就业信息管理系统（截至 2021 年 8 月 31 日）］

毕业生行业流向与学校特色及专业人才培养定位相符合。如，建筑工程学院流向建筑业的占比达 63.09%；计算机工程技术学院流向信息传输、软件和信息技术服务业的占比达 40.49%；机器人学院流向制造业的占比达 46.26%（表 3－3）。

表 3－3　2021 届广东科学技术职业学院各学院毕业生主要就业行业分布

学院	主要就业行业
商学院	信息传输、软件和信息技术服务业（21.76%），批发和零售业（19.56%），制造业（16.45%），交通运输、仓储和邮政业（13.16%），租赁和商务服务业（8.04%）
体育健康学院	文化、体育和娱乐业（26.64%），教育（16.22%），批发和零售业（8.49%），住宿和餐饮业（7.72%），居民服务、修理和其他服务业（6.95%）
计算机工程技术学院	信息传输、软件和信息技术服务业（40.49%），批发和零售业（15.83%），制造业（9.45%），科学研究和技术服务业（7.85%），租赁和商务服务业（6.01%）

续表

学院	主要就业行业
汽车工程学院	批发和零售业（31.16%），制造业（15.58%），租赁和商务服务业（14.49%），居民服务、修理和其他服务业（10.14%），科学研究和技术服务业（5.43%）
机器人学院	制造业（46.26%），信息传输、软件和信息技术服务业（8.98%），批发和零售业（6.89%），科学研究和技术服务业（5.84%），居民服务、修理和其他服务业（4.79%）
建筑工程学院	建筑业（63.09%），房地产业（8.90%），制造业（5.50%），批发和零售业（5.24%）
应用外语学院	批发和零售业（33.16%），制造业（15.95%），租赁和商务服务业（11.65%），教育（8.61%），信息传输、软件和信息技术服务业（7.09%）
物联网工程学院	建筑业（24.19%），信息传输、软件和信息技术服务业（17.74%），科学研究和技术服务业（15.32%），批发和零售业（13.71%），租赁和商务服务业（5.65%）
文化与传媒学院	批发和零售业（16.47%），信息传输、软件和信息技术服务业（15.78%），制造业（13.46%），租赁和商务服务业（10.67%），教育（9.28%）
财会与金融学院	批发和零售业（17.47%），租赁和商务服务业（17.08%），制造业（14.01%），金融业（12.28%），信息传输、软件和信息技术服务业（7.68%）
管理工程学院	批发和零售业（23.58%），信息传输、软件和信息技术服务业（12.20%），金融业（9.76%），制造业（8.94%），租赁和商务服务业（8.94%）
艺术设计学院	批发和零售业（14.80%），建筑业（14.60%），文化、体育和娱乐业（14.20%），信息传输、软件和信息技术服务业（12.60%），制造业（11.20%）
旅游学院	租赁和商务服务业（22.95%），批发和零售业（11.07%），住宿和餐饮业（9.84%），制造业（9.43%），房地产业（9.43%）
国际合作学院	制造业（25.53%），批发和零售业（25.53%），租赁和商务服务业（14.89%），教育（6.38%）

续表

学院	主要就业行业
珠海市第一中等职业学校	批发和零售业（17.74%），制造业（12.90%），文化、体育和娱乐业（9.68%），住宿和餐饮业（8.06%），建筑业（8.06%）
珠海市理工职业技术学校斗门教学点	信息传输、软件和信息技术服务业（18.03%），批发和零售业（16.39%），租赁和商务服务业（13.11%），制造业（11.48%），居民服务、修理和其他服务业（9.84%）
珠海市理工职业技术学校香洲教学点	制造业（26.09%），住宿和餐饮业（13.04%），信息传输、软件和信息技术服务业（13.04%），教育（8.70%），电力、燃气及水的生产和供应业（8.70%）
江门市第一职业技术学校	制造业（26.62%），批发和零售业（10.65%），居民服务、修理和其他服务业（9.89%），住宿和餐饮业（8.75%），信息传输、软件和信息技术服务业（6.84%）
开平市吴汉良理工学校	住宿和餐饮业（33.33%），信息传输、软件和信息技术服务业（33.33%），公共管理、社会保障和社会组织（33.33%）

数据来源：广东科学技术职业学院2021届毕业生就业信息管理系统（截至2021年8月31日）。

3. 就业职业分布

2021届毕业生所从事的职业类别主要为商业和服务业人员（19.48%），其次为“工程技术人员”（11.44%）和“其他专业技术人员”（10.95%）（图3－6）。

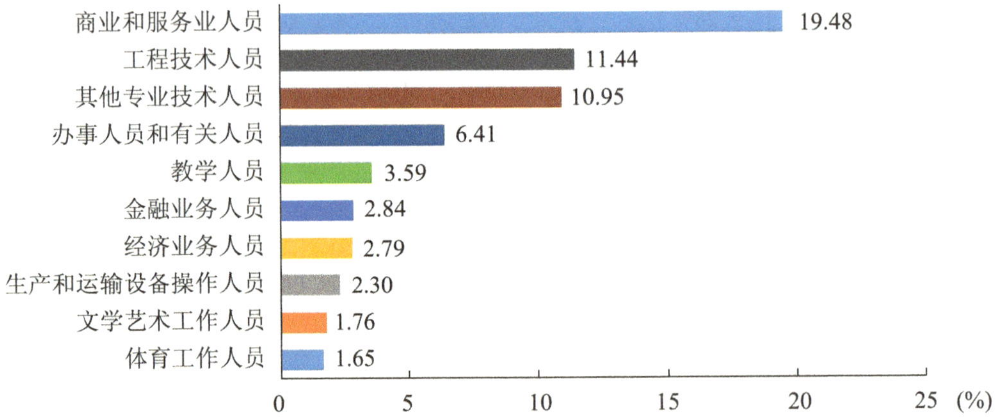

图3－6　2021届广东科学技术职业学院毕业生主要就业职业类别分布（TOP10）

数据来源：广东科学技术职业学院2021届毕业生就业信息管理系统（截至2021年8月31日）。

4. 就业单位分布

2021届毕业生主要流向单位类型为其他企业（95.33%）；其次为其他事业单位（1.29%）。就业单位规模主要集中在50人及以下（38.87%），其次是51～200人（25.60%）。可见中小微企业单位为吸纳毕业生就业的“稳压器”（图3－7）。

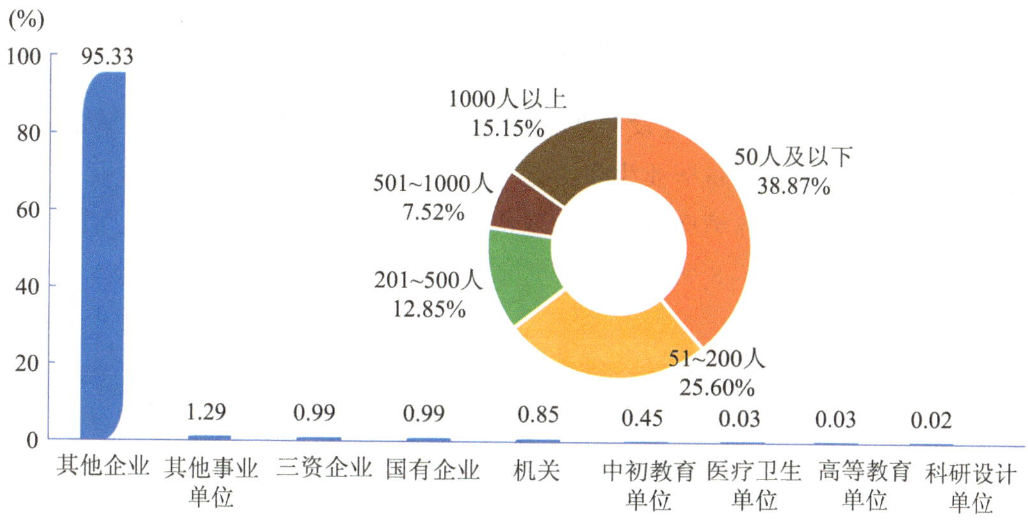

图 3－7　2021 届广东科学技术职业学院毕业生就业单位性质分布及就业单位规模分布

［注：其他企业指除国有企业和三资企业之外的所有企业。就业单位性质数据来源：广东科学技术职业学院 2021 届毕业生就业信息管理系统（截至 2021 年 8 月 31 日）；就业单位规模数据来源：第三方机构，2021 届毕业生就业与培养质量调查］

5. 主要流向单位

该校 2021 届毕业生签约单位集中于珠海、江门、广州、深圳等珠三角城市，就业领域集中于商务服务业和高新技术产业集群等，就业岗位较为优质，职业发展空间较大。主要就业单位分布如表 3－4 所示。

表 3－4　2021 届广东科学技术职业学院毕业生主要就业单位分布

单位名称	人数（人）	单位名称	人数（人）
芜湖雷士照明电子商务有限公司	45	蓝月亮（中国）有限公司	14
珠海金山网络游戏科技有限公司	33	珠海道心网络传媒有限公司	14
三一海洋重工有限公司	31	珠海长隆投资发展有限公司企鹅酒店	12
珠海奔图电子有限公司	27	深圳市富海通国际货运代理有限公司	12
珠海长隆投资发展有限公司横琴湾酒店	21	珠海华发物业管理服务有限公司	11
华生电机（江门）有限公司	18	纳思达股份有限公司	10
汉宇集团股份有限公司	17	广州咖呗乐贸易有限公司	10
货讯通科技（珠海）有限公司	17	—	—

注：①主要就业单位是指就业毕业生人数≥10 人的单位；②主要就业单位根据就业人数降序排列；而就业人数相同的单位，则采用音序排列。

数据来源：广东科学技术职业学院 2021 届毕业生就业信息管理系统（截至 2021 年 8 月 31 日）。

四、毕业生服务区域经济发展情况

学校立足区域优势，巩固建设粤港澳大湾区经济发展人才高地，为区域创新驱动发展提供智力支撑。2021届毕业生中，赴粤港澳大湾区就业的人数占就业人数①的90.25%。就业布局以服务湾区制造业、现代服务业、高新技术产业等重点领域企业单位为主流。具体如图3－8所示。

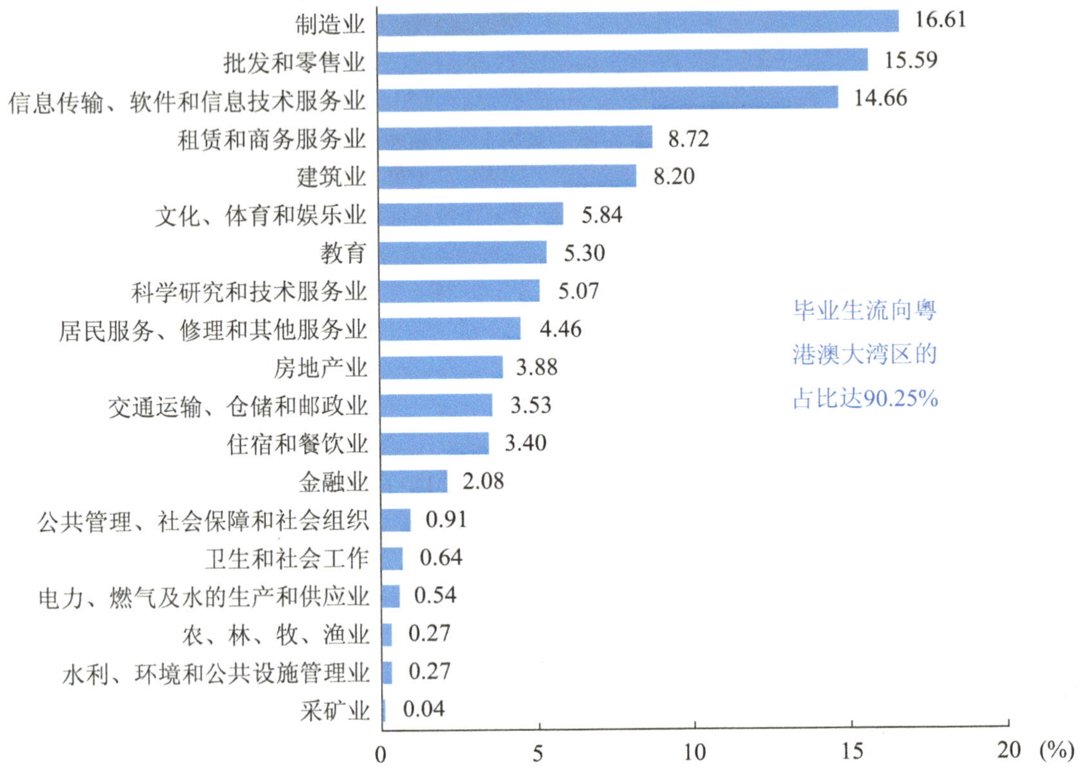

图3－8　2021届广东科学技术职业学院毕业生服务湾区主要行业领域分布

［数据来源：广东科学技术职业学院2021届毕业生就业信息管理系统（截至2021年8月31日）］

五、升学深造

升学率及升学院校层次分布：2021届毕业生中，有1730名毕业生的毕业去向为国内升学，占毕业生总数的21.57%。毕业生升学院校主要为广东白云学院、肇庆学院、广州华商学院等高校，毕业生升学主要流向院校分布详见表3－5所示。

① 包含签就业协议形式就业、签劳动合同形式就业、其他录用形式就业的毕业生。

表3－5　2021届广东科学技术职业学院毕业生主要升学院校流向

院校名称	人数（人）	院校名称	人数（人）
广东白云学院	122	东莞城市学院	37
肇庆学院	111	广东工商职业技术大学	37
广州华商学院	104	五邑大学	37
广州应用科技学院	96	韶关学院	36
广州商学院	91	韩山师范学院	34
珠海科技学院	85	广东技术师范大学	28
广州城市理工学院	78	广东培正学院	26
湛江科技学院	77	仲恺农业工程学院	25
广州理工学院	77	华南师范大学	23
广东理工学院	73	广东第二师范学院	19
广东科技学院	72	广州科技职业技术大学	17
广州新华学院	71	广东财经大学	16
广东东软学院	62	嘉应学院	13
广东金融学院	45	深圳技术大学	11
岭南师范学院	45	东莞理工学院	9
广州南方学院	41	惠州学院	8
广州工商学院	40	华南农业大学珠江学院	6
广州华立学院	39	—	—

注：①主要流向院校指流向该校人数≥6的院校；②主要流向院校根据升学人数降序排列。

数据来源：广东科学技术职业学院2021届毕业生就业信息管理系统（截至2021年8月31日）。

毕业生深造情况作为对人才培养质量的重要反映，也是促进毕业生更高质量就业的重要抓手。进一步统计分析毕业生升学原因、升学专业一致性及升学录取结果满意度，具体内容如下。

升学原因：首要原因是为了“增加择业资本、站在更高的求职点”（82.07%），其次是“提升综合素质/能力”（73.26%）。可见谋求个人事业发展的更大空间及提高自身知识能力水平为毕业生的主要升学动力（图3－9）。

升学专业一致性及录取结果满意度：大部分毕业生仍在本专业或相关专业继续深造，升学深造专业与原专业相关性处于一般及以上水平的占比达82.17%。选择国内升学深造的毕业生对其录取结果满意度较高，其中“很满意”的占比为19.48%，“比较满意”的占比为44.86%。如图3－10所示。

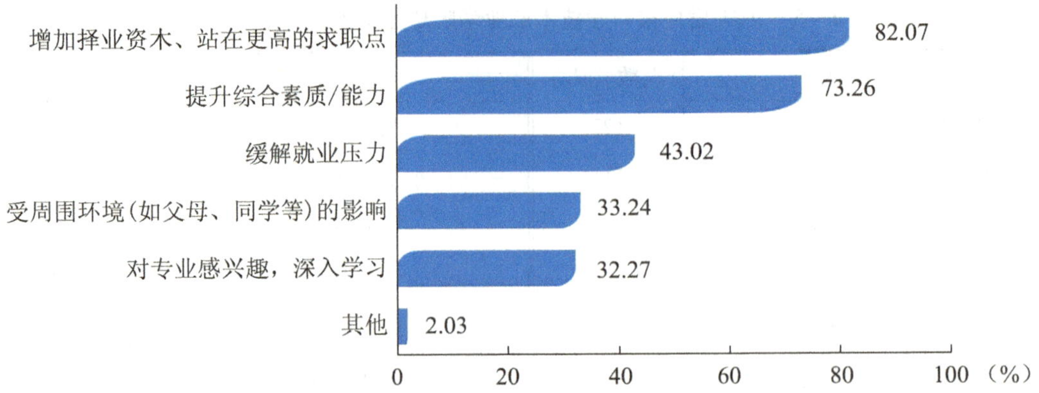

图3－9　2021届广东科学技术职业学院毕业生升学原因

（注：该题为多选题，故各选项的百分比之和不等于100.00%；数据来源：第三方机构，2021届毕业生就业与培养质量调查）

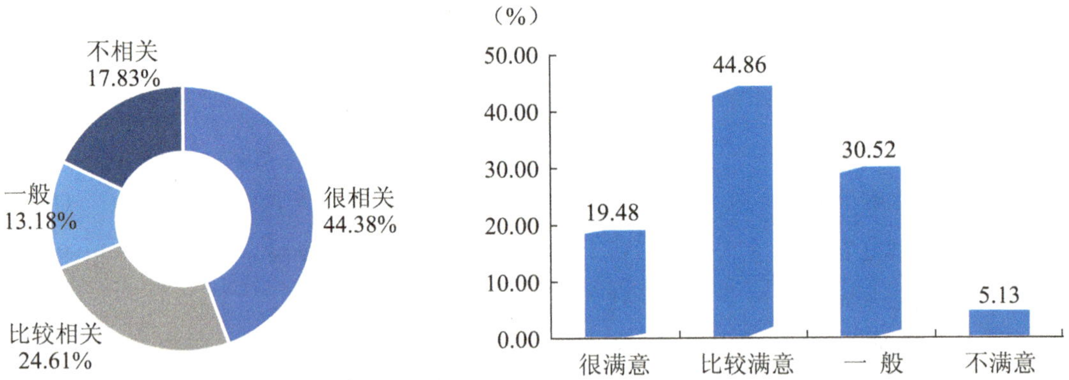

图3－10　2021届广东科学技术职业学院毕业生升学专业一致性（左图）及录取结果满意度（右图）

（注："不相关"包括"比较不相关"和"很不相关"；"不满意"包括"比较不满意"和"很不满意"。数据来源：第三方机构，2021届毕业生就业与培养质量调查）

第二部分　教育事业发展数据分析

第四章　学前教育

概要

本章对学前教育规模发展与普及水平情况、学前教育教师队伍发展情况、幼儿园办学条件变化情况、民办学前教育事业发展基本状况进行分析。主要内容如图 4－1 所示：

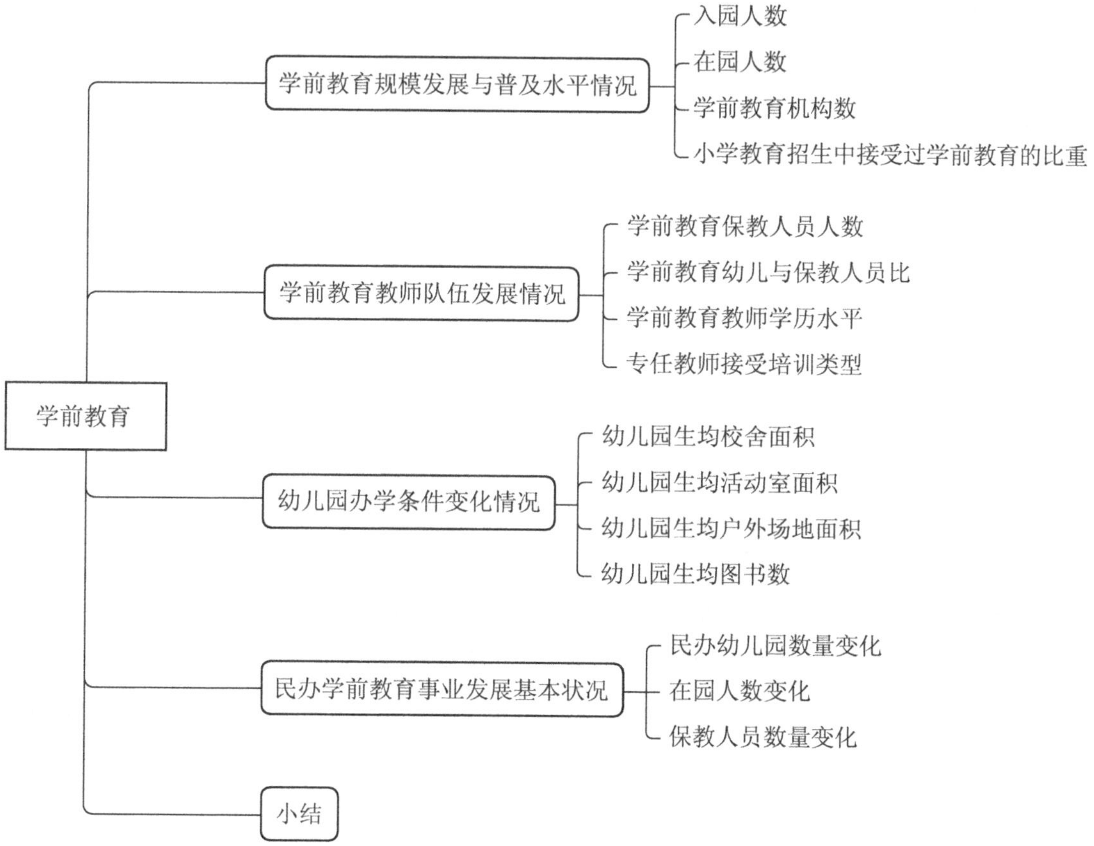

图 4－1　学前教育发展情况分析架构图

一、学前教育规模发展与普及水平情况

1. 入园人数较上年有所减少，整体普及程度有所提升

2014—2021年，入园人数有波动，增长率为-12%～10%。学前教育毛入学率在2015年后持续超出100%，“入园难”问题得到一定程度的解决。2021年，全省新入园（班）幼儿数为167.22万人，比上年减少15.36万人，减少8.42%。学前教育毛入园率为105.30%，比2020年减少1.74%，毛入学率超出100%的原因是广东省是全国人口虹吸地区，对外来人口吸引力强。2014—2021年广东省幼儿入园人数数量与毛入学率变化趋势如图4-2所示。

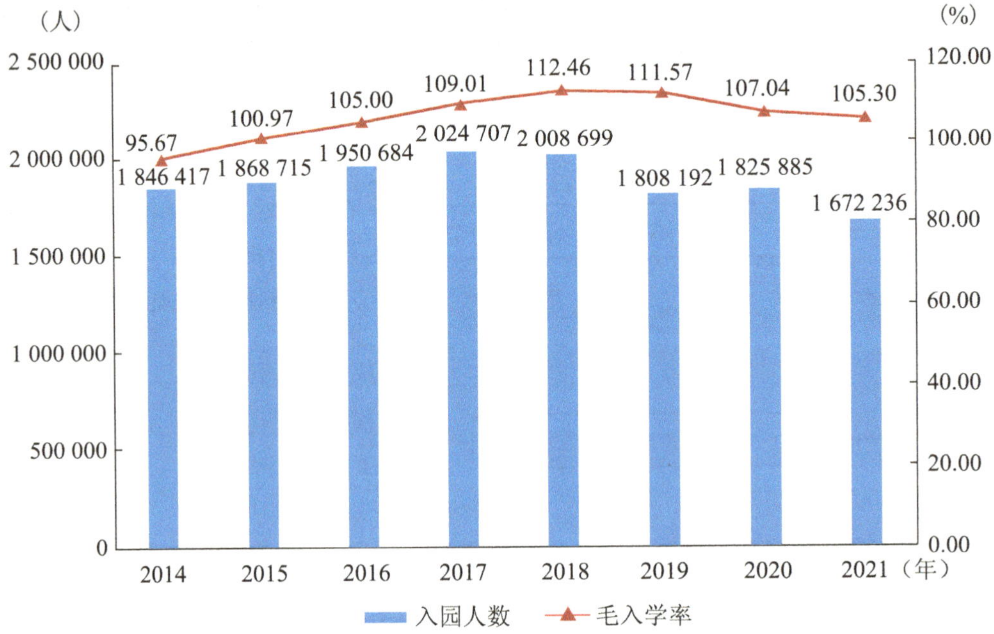

图4-2　2014—2021年广东省入园人数数量与毛入学率变化趋势图

从区域来看，如表4-1所示，2021年广东省各区域幼儿园入园人数均有不同程度的减少，其中东翼减少的人数最多，减少了17.45%，珠江三角洲减少的人数最少，减少了-3.45%。从城乡来看，城市和农村[①]的幼儿园入园人数均减少，其中农村的入园人数减少的幅度较大，减少了10.9%。

① 本章的“城市”指主城区，除主城区以外的均归属于“农村”。

表 4－1　2021 年广东省分区域入园（班）幼儿数增长情况

地区	城市		农村		合计	
	人数（人）	增长率（%）	人数（人）	增长率（%）	人数（人）	增长率（%）
全省	690 655	－4.63	981 581	－10.90	1 672 236	－8.42
珠江三角洲	517 470	－2.95	414 694	－4.07	932 164	－3.45
东翼	38 901	－15.03	177 224	－17.96	216 125	－17.45
西翼	68 287	－11.02	210 261	－15.19	278 548	－14.20
山区	65 997	－3.60	179 402	－12.69	245 399	－10.42

分地市看，除深圳市、珠海市入园人数有小部分增加外，其他地市入园人数均有不同程度的减少。如潮州市、汕头市和茂名市的入园人数分别下降了 25.42%、24.55% 和 17.81%。

2. **在园人数较上年有所增长，珠江三角洲地区增长较快**

2014—2021 年，全省在园人数保持增长的态势，增长率为 1.74%～6.98%。2021 年，全省在园（班）幼儿数为 500.39 万人，比上年增长 4.21%。2014—2021 年全省在园人数与增长率变化趋势如图 4－3 所示。

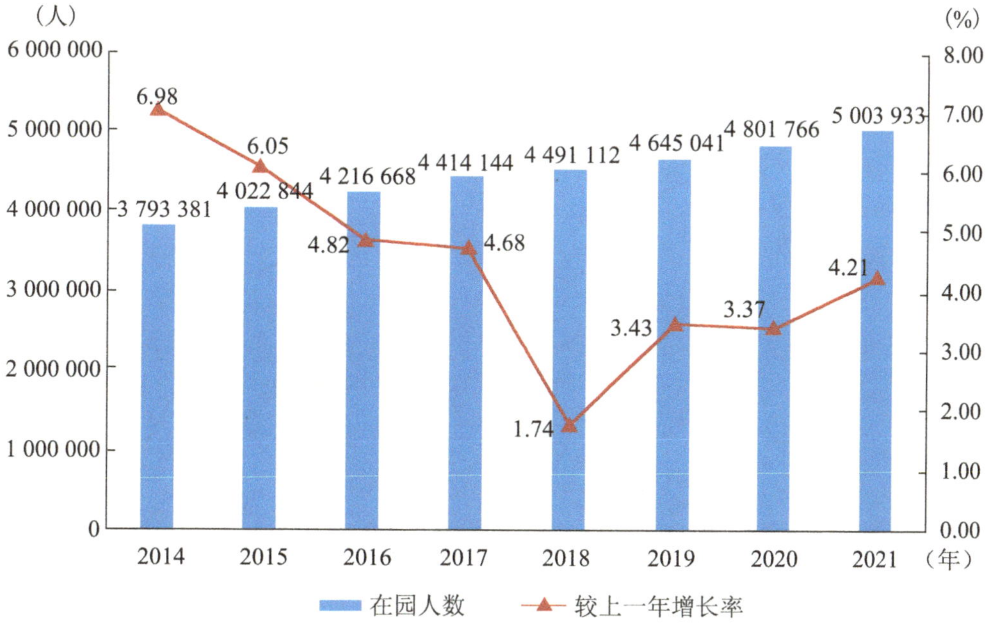

图 4－3　2014—2021 年广东省在园人数与增长率变化趋势图

分区域看，珠江三角洲地区在园（班）幼儿数增幅最大。2021 年，珠江三角洲地区在园（班）幼儿数比上年增长 7.04%。分城乡看，2021 年城区在园幼儿为 2 179 127

人，比上年增长6.38%，镇区及乡村在园幼儿为2 824 806人，比上年增长2.59%。如表4－2所示。

表4－2　2021年广东省分区域在园（班）幼儿数增长情况

地区	城区		镇区及乡村		合计	
	人数（人）	增长率（%）	人数（人）	增长率（%）	人数（人）	增长率（%）
全省	2 179 127	6.38	2 824 806	2.59	5 003 933	4.21
珠江三角洲	1 612 987	7.70	1 191 041	6.17	2 804 028	7.04
东翼	146 083	－0.28	557 335	2.01	703 418	1.52
西翼	227 926	1.33	575 055	－0.28	802 981	0.17
山区	192 131	7.21	501 375	－1.40	693 506	0.84

从各地市看，学前教育在园（班）规模除茂名和潮州两市有小幅度的减少外，其他各市均有不同程度的增长，其中珠海市增幅最大，为14.21%。

3. 学前教育机构继续增加，珠江三角洲增长较快

2014—2021年，全省学前教育机构数量呈现增长的态势，增长率保持在1.59%～6.18%。2021年，全省幼儿园数为21 101所，比上年增加354所，增长1.71%。2014—2021年广东省机构数与增长率变化趋势如图4－4所示。

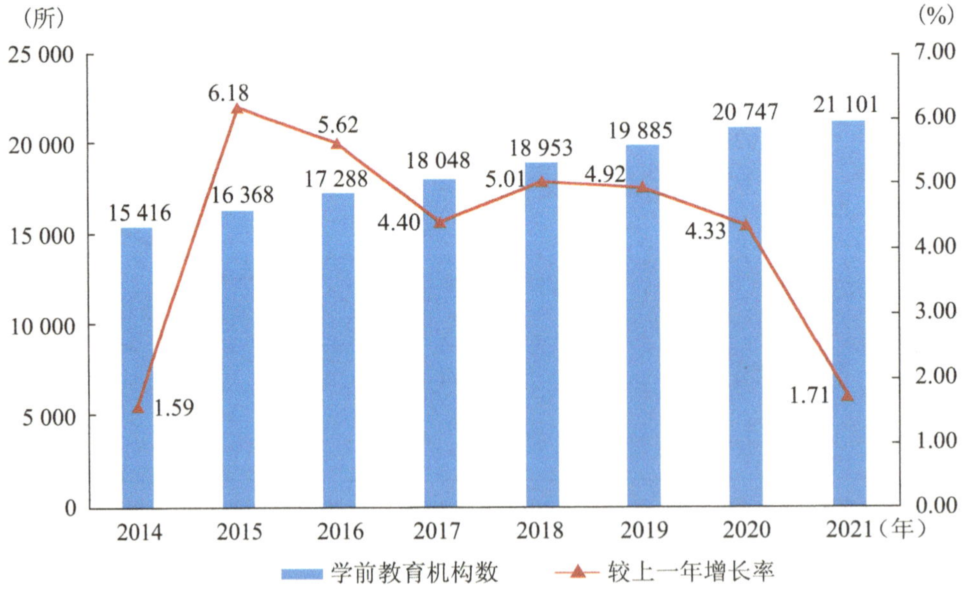

图4－4　2014—2021年广东省学前教学机构数与增长率变化趋势图

从区域来看，珠江三角洲幼儿园数增幅最大，为3.00%；东翼和山区次之；西翼教育机构数有所减少，降幅为1.43%。分城乡看，2021年城市幼儿园数为11 949所，

比上年增长3.22%；农村幼儿园数为9152所，比上年减少0.21%。如表4－3所示。

表4－3　2021年广东省分区域学前教育机构增长情况

地区	城市		农村		合计	
	机构数（所）	增长率（%）	机构数（所）	增长率（%）	机构数（所）	增长率（%）
全省	11 949	3.22	9152	－0.21	21 101	1.71
珠江三角洲	7529	3.12	1977	2.54	9506	3.00
东翼	1693	5.75	2068	－0.53	3761	2.20
西翼	1633	1.11	2767	－2.88	4400	－1.43
山区	1094	3.31	2340	1.08	3434	1.78

2021年全省普惠性幼儿园数量为9963所，总体较上年减少2.49%。从区域来看，山区普惠性幼儿园数量有所增长，增长率为2.26%，而东翼普惠性幼儿园数量减少得最多，减少了8.08%。分城乡看，2021年城区普惠性幼儿园数量为5606所，比上年减少2.57%，镇区及乡村普惠性幼儿园为4357所，比上年减少2.38%，2021年城区和镇区及乡村普惠性幼儿园变化如表4－4所示。

表4－4　2021年广东省普惠性幼儿园变化情况

地区	2021年			增长率（%）		
	总计（所）	城区（所）	镇区及乡村（所）	总计	城区	镇区及乡村
全省	9963	5606	4357	－2.49	－2.57	－2.38
珠江三角洲	4142	3205	937	－1.96	－1.90	－2.19
东翼	1729	763	966	－8.08	－10.76	－5.85
西翼	2105	941	1164	－2.91	－1.88	－3.72
山区	1987	697	1290	2.26	3.57	1.57

分地市看，2021年全省21个市学前教育机构数除湛江和潮州有轻微减少外，其他各市均有不同程度的增长。其中广州和茂名分别比上年增加了87所和63所，湛江市的幼儿园数与2020年相比减少了149所。

4. 小学教育招生中接受过学前教育的比重小幅度增长，东翼增幅较大

2021年，全省小学招生总人数为1 838 010人，接受学前教育人数为1 835 065人，小学教育招生中接受过学前教育的比例为99.84%。从区域来看，珠江三角洲、东翼、西翼和山区小学招生中接受过学前教育的人数均有所增加，比2020年分别增加0.62%、1.02%、0.26%、0.09%。分城乡看，2021年全省城区小学招生中接受过学前教育的人数为757 649人，比上年增加54 522人，增加7.75%；镇区及乡村小学招生中接受过学前教育的人数比上年增加22 413人，增加2.12%。如表4－5所示。

表 4－5 2021 年广东省分区域小学招生中接受过学前教育的人数与比例变化情况

地区	接受过学前教育的人数				接受过学前教育的比例（%）	较上年增加
	城区（人）	增长率（%）	镇区和乡村（人）	增长率（%）		
全省	757 649	7.75	1 077 416	2.12	99.84	0.55
珠江三角洲	546 590	8.46	453 555	3.05	99.78	0.62
东翼	58 665	7.00	223 866	3.03	99.93	1.02
西翼	84 582	4.39	208 949	2.99	99.93	0.26
山区	67 812	7.12	191 046	－1.88	99.87	0.08

从各地市看，全省 21 个市中，2021 年小学招生中接受过学前教育的人数除韶关、河源、肇庆、潮州四市之外，其他各市均有所上升。其中，珠海市的增长率最高，为 9.81%，潮州市减少了 6.47%。从各地市中接受过学前教育的人数比例看，各地市接受过学前教育的人数比例均已超过了 99%，其中比例最高的是汕头市，为 99.99%，比例最低的是中山市，为 99.20%。

二、学前教育教师队伍发展情况

1. 学前教育保教人员[①]数量持续增长，珠三角地区增幅最大

2014 年以来，全省学前教育保教人员数量持续增长，增长率为 4.35%～13.47%。2021 年全省学前教育保教人员共计 479 198 人，比上年增加 20 827 人，增长 4.35%。2014—2021 年广东省学前教育保教人员数量与年变化趋势如图 4－5 所示。

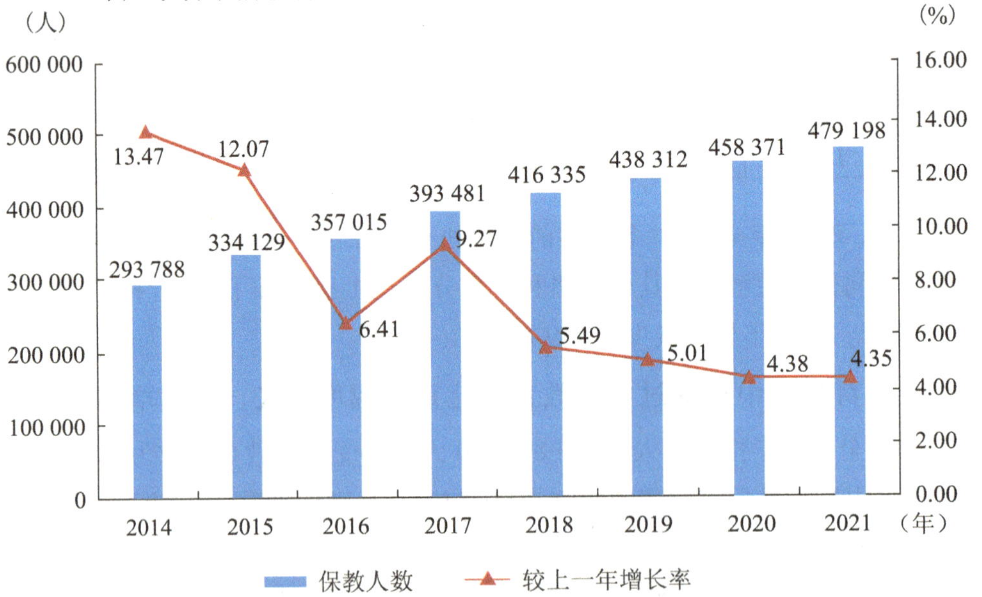

图 4－5 2014—2021 年广东省学前教育保教人员数量与年变化趋势图

① 幼儿园保教人员包括专任教师和保育员。

分区域看，珠江三角洲的保教人员最多，达281 325人，其次是西翼、东翼和山区。2021年广东省各区域城乡学前教育保教人员数量与上年相比均存在增长趋势，珠江三角洲增幅最大，为5.73%，其次是山区、西翼和东翼。

分城乡来看，2021年城市学前教育保教人员数量为225 857人，比上年增长4.97%；农村学前教育保教人员数量为253 341人，比上年增长3.79%。各区域和城乡学前教育保教人员具体情况如表4-6所示。

表4-6　2021年广东省分区域学前教育保教人员规模变化情况

地区	城市		农村		合计	
	人数（人）	增长率（%）	人数（人）	增长率（%）	人数（人）	增长率（%）
全省	225 857	4.97	253 341	3.79	479 198	4.35
珠江三角洲	167 702	5.90	113 623	5.47	281 325	5.73
东翼	15 596	-0.78	49 011	2.40	64 607	1.63
西翼	23 614	1.22	48 777	3.17	72 391	2.53
山区	18 945	6.16	41 930	1.57	60 875	3.00

分地市看，学前教育保教人员除汕头、湛江和潮州外，其他各市均呈现不同程度的增长。其中增幅最大的是珠海市，增长率为11.48%。下降幅度最大的是汕头市，减少了0.84%。

2. 学前教育幼儿与保教人员比例略有减小，城乡差距仍然显著

2014年以来，全省学前教育幼儿与保教人员比例呈现持续下降趋势。2013年教育部印发的《幼儿园教职工配备标准（暂行）》① 中要求，幼儿园应当按照服务类型、教职工与幼儿以及保教人员与幼儿的一定比例配备教职工，满足保教工作的基本需要。半日制幼儿园幼儿与保教人员比例为11:1～13:1，全日制幼儿园幼儿与保教人员比例为7:1～9:1。2021年，广东省学前教育中幼儿与保教人员比例为10.44:1，比上一年减小了0.04。具体变化趋势如图4-6所示。

分区域看，与上年相比，全省大部分区域的学前教育幼儿与保教人员的比值均有优化。其中西翼的比值下降最大，下降了0.27，其次是山区、东翼。而珠江三角洲幼儿与保教人员的比值略有上升。

① 中华人民共和国教育部．关于印发《幼儿园教职工配备标准（暂行）》的通知，[EB/OL] [2018-11-15] http://www.moe.gov.cn/srcsite/A10/s7151/201301/t20130115_147148.html.

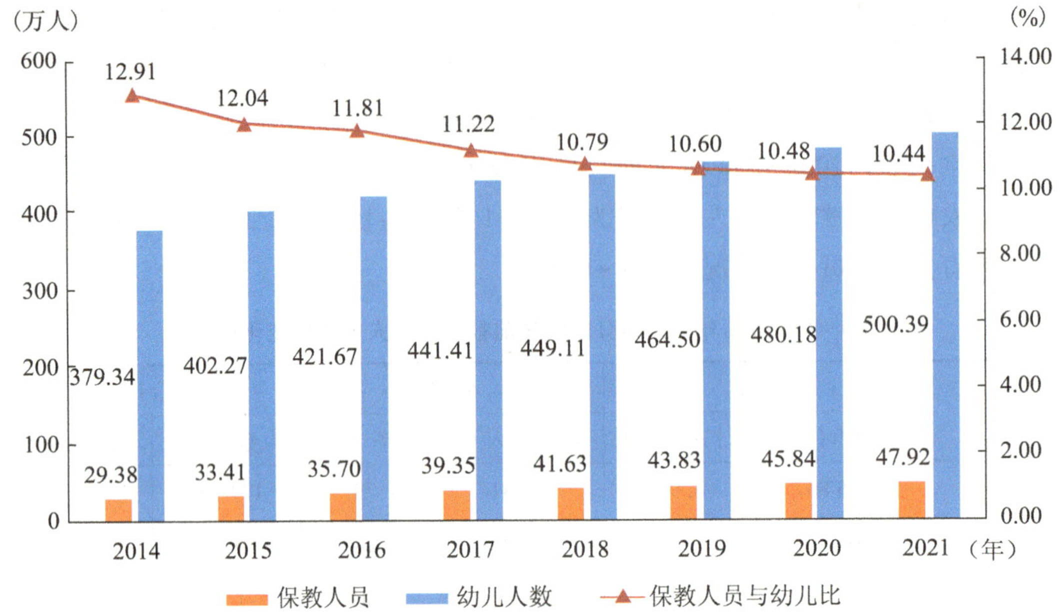

图 4－6　2014—2021 年广东省学前教育幼儿与保教人员比变化趋势图

分城乡看，城市的幼儿与保教人员比例为 9.65∶1，农村的幼儿与保教人员比为 11.15∶1，城乡整体合计学前教育幼儿与保教人员的比值较上一年减少 0.04，城乡差距依然显著。具体情况如表 4－7 所示。①

表 4－7　2021 年广东省分区域城乡学前教育幼儿与保教人员比情况

地区	2020 年			2021 年			较上年增加
	城市	农村	合计	城市	农村	合计	
全省	9.54∶1	11.30∶1	10.48∶1	9.65∶1	11.15∶1	10.44∶1	－0.04
珠江三角洲	9.49∶1	10.44∶1	9.88∶1	9.62∶1	10.48∶1	9.97∶1	0.09
东翼	9.32∶1	11.42∶1	10.90∶1	9.37∶1	11.37∶1	10.89∶1	－0.01
西翼	9.64∶1	12.21∶1	11.36∶1	9.65∶1	11.79∶1	11.09∶1	－0.27
山区	10.08∶1	12.32∶1	11.65∶1	10.14∶1	11.96∶1	11.39∶1	－0.26

分地市看，学前教育幼儿与保教人员比有 10 市减少 11 市增加。其中学前教育中幼儿与保教人员的比值优化最大的是肇庆市，比值增长最大的是佛山市，增加了 0.27。

3. 学前教育教师学历水平有所提升，城乡间的差距缩减

2021 年全省学前教育专任教师中，专科及以上学历比例为 87.19%，比上年增长 2.89%。分区域看，全省各区域学前教育专任教师专科及以上学历比例均有上升。珠

① “幼儿与保教人员比”指 幼儿人数/保教人员数量。

江三角洲专任教师中专科及以上学历比例达 92.00%，比上年增长 3.34%，增幅最大，其次是西翼、东翼和山区。分城乡看，2021 年省内城市和农村专任教师中专科及以上学历比例分别为 90.70% 和 84.28%，城乡差值为 6.42%，城乡差距较上一年有所减缩。如表 4－8 所示。

表 4－8　2021 年广东省分区域学前教育专任教师中专科及以上学历比例变化情况

（%）

地区	2020 年				2021 年				较上年增加
	城市	农村	合计	城乡差值	城市	农村	总计	城乡差值	
全省	88.01	81.11	84.30	6.90	90.70	84.28	87.19	6.42	2.89
珠江三角洲	90.15	86.48	88.66	3.67	93.23	90.21	92.00	3.02	3.34
东翼	78.28	73.49	74.67	4.79	79.13	76.37	77.01	2.76	2.34
西翼	82.87	79.29	80.47	3.58	85.28	82.74	83.50	2.54	3.03
山区	85.26	78.86	80.76	6.40	86.21	81.30	82.75	4.91	1.99

2021 年全省学前教育研究生、本科、专科学历专任教师人数较上一年均有所提高，其中增长变化最大的是研究生学历专任教师，增长率为 23.63%。而高中、高中以下学历专任教师数量快速下降，其中高中阶段以下学历的专任教师减少幅度最大，减少率为 53.13%。2021 年全省学前教育各学历专任教师中，专科毕业的人数占比最大，为 226 928 人。具体情况如图 4－7 所示。

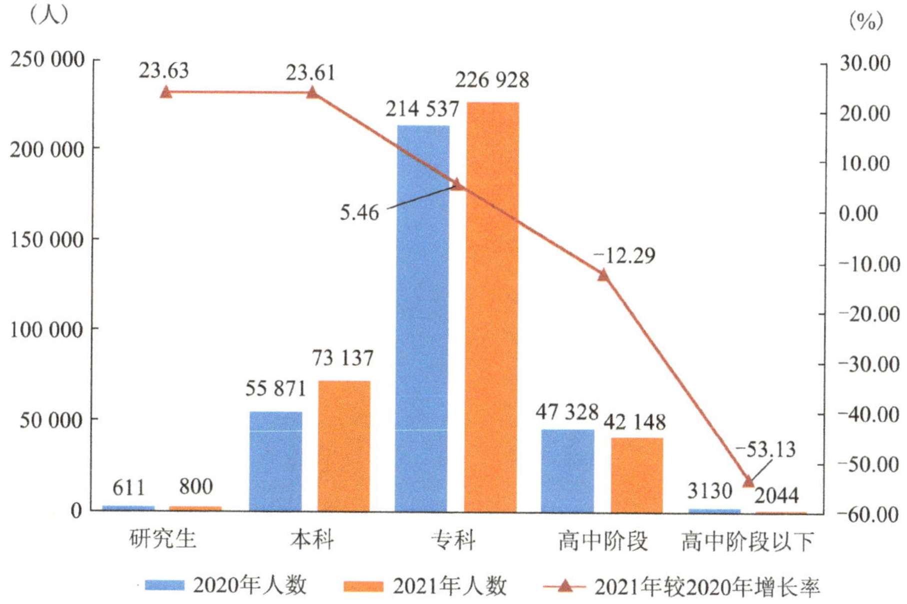

图 4－7　2020—2021 年广东省学前教育专任教师各学历人数情况

分区域来看，全省各区域本科和专科学历专任教师人数都有所增长，而高中阶段和高中以下阶段的专任教师人数大多呈现下降趋势。其中东翼研究生层次的专任教师数增长幅度最大，为 58.33%；山区人数减少幅度最大，减少比例为 260.00%；珠江三角洲地区高中阶段及高中以下阶段的专任教师减少最多，分别减少 30.89%、158.47%。具体情况如表 4－9 所示。

表 4－9　2021 年广东省分区域学前教育各学历层次专任教师人数情况

学历层次	珠江三角洲		东翼		西翼		山区	
	人数（人）	增长率（%）	人数（人）	增长率（%）	人数（人）	增长率（%）	人数（人）	增长率（%）
研究生	778	24.94	12	58.33	5	20.00	5	－260.00
本科	54 471	22.90	4845	25.63	6817	31.08	7004	20.46
专科	121 765	2.53	34 106	8.70	40 935	10.83	30 122	6.34
高中阶段	15 006	－30.89	10 805	1.51	9140	－4.05	7197	－4.70
高中以下	378	－158.47	828	－38.16	296	－66.22	542	4.61

4. 专任教师接受培训类型以校级培训为主，接受国家级培训的教师比例有待提高

2021 年，全省幼儿园专任教师接受过不同层级的培训达到 1 319 852 人次。其中参与校级培训的幼儿园专任教师人次最多，共计 290 893 人次。

分区域看，各地区幼儿园专任教师参加校级培训的占比最大。其中接受培训的专任教师人数和人次均位于首位的是珠江三角洲地区，其次是西翼、东翼和山区。各地区专任教师参与不同层次的培训人次和占比情况如图 4－8 所示。

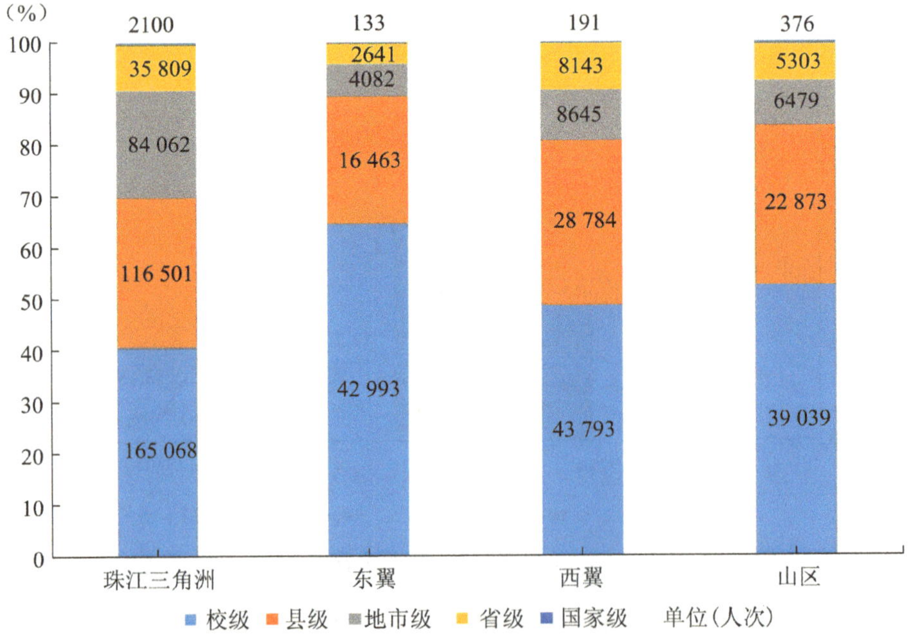

图 4－8　2021 年广东省分区域学前教育专任教师接受培训分层情况

三、幼儿园办学条件变化情况

1. 幼儿园生均校舍面积较上年有所增长

2021 年，全省幼儿园校舍总面积约达到 4753. 65 万平方米，比上年增长 6. 07%。幼儿园生均校舍面积为 9. 50 平方米，比上年增长 0. 17 平方米。

分区域看，全省幼儿园生均校舍面积均呈上升态势，其中珠江三角洲增长最多，比上年增长 0. 67 平方米，东翼增长为四个区中最低，如图 4 –9 所示。

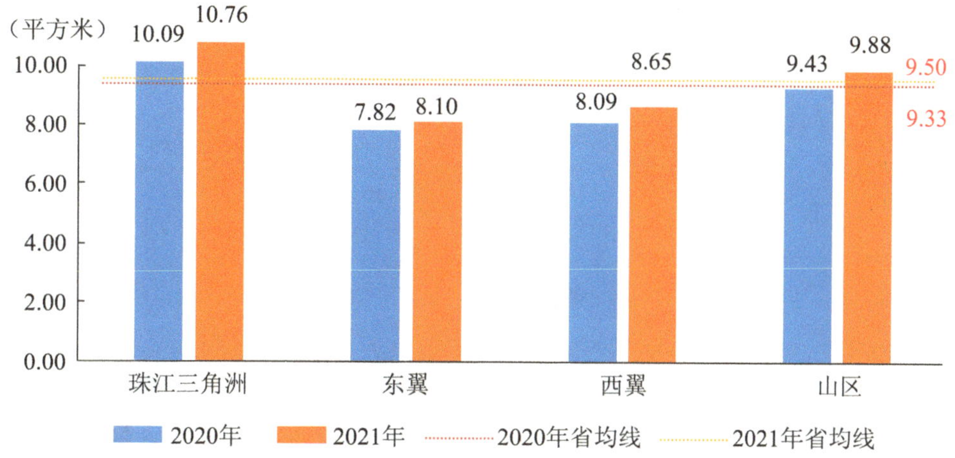

图 4 –9　2020 年、2021 年广东省分区域幼儿园生均校舍面积情况

分城乡看，城市幼儿园的生均校舍面积仍高于农村。2021 年，全省城市幼儿园生均校舍面积为 9. 85 平方米，达到《城市幼儿园建筑面积定额（试行）》[①] 规定的 8. 8 平方米标准，农村幼儿园生均校舍面积为 9. 23 平方米，如表 4 –10 所示。

表 4 –10　2020 年、2021 年广东省分城乡幼儿园生均校舍面积情况

单位：平方米

项目	年份		增加
	2020	2021	
校舍占地面积	44 817 814. 85	47 536 451. 49	2 718 636. 64
生均校舍面积	9. 33	9. 50	0. 17
城市校舍面积	20 025 869. 07	21 462 175. 9	1 436 306. 83
城市生均校舍面积	9. 78	9. 85	0. 07
农村校舍面积	24 791 945. 78	26 074 275. 59	1 282 329. 81
农村生均校舍面积	9. 00	9. 23	0. 23

① 国家教育委员会，建设部. 城市幼儿园建筑面积定额（试行），［EB/OL］［1988 –07 –14］https: //www. edu. cn/edu/zheng_ ce_ gs_ gui/zheng_ ce_ wen_ jian/ji_ chu/xue_ qian/200603/t20060323_ 109179. shtml.

分地市看，2021 年全省共有 14 个地市幼儿园生均校舍面积相比上年有所增长，其中茂名市生均校舍面积增长为 0.92 平方米，连续两年增长最多，而佛山市生均校舍面积减少最多，比上年减少 0.23 平方米。

2. 幼儿园生均活动室面积较上年略有减少

2021 年，全省幼儿园活动室总面积约为 1916.07 万平方米，比上年增长了 2.06%；生均活动室面积为 3.83 平方米，与上年相比减少 0.08 平方米。

分区域看，2021 年幼儿园生均活动室面积除珠江三角洲减少 0.2 平方米、东翼不变外，西翼和山区均有所增长，均增长了 0.07 平方米。如图 4－10 所示。

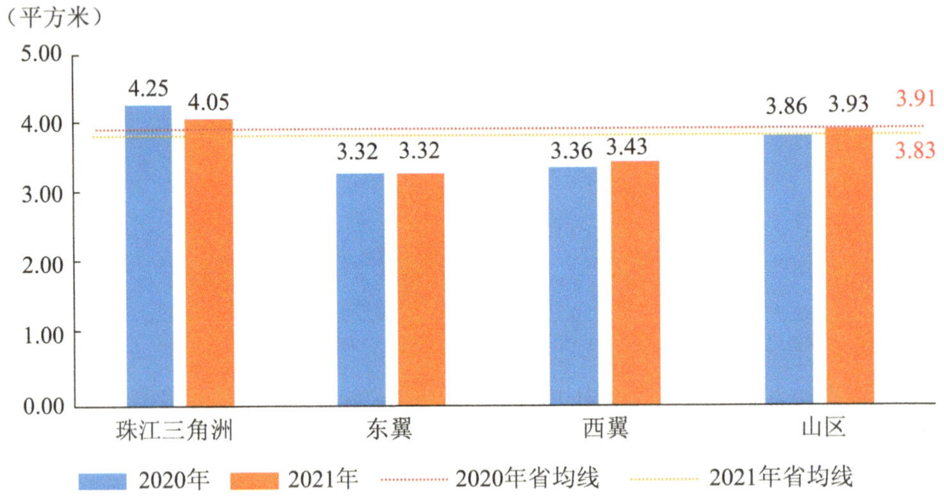

图 4－10　2020 年、2021 年广东省分区域幼儿园生均活动室面积情况

分城乡看，2021 年全省城市幼儿园活动室面积约为 890.22 万平方米，比上年增长 16.07 万平方米；农村幼儿园活动室面积约为 1025.85 万平方米，比上年增长约 22.67 万平方米。城市幼儿园的生均活动室面积仍高于农村。城市幼儿园生均活动室面积为 4.09 平方米，比上年减少 0.18 平方米，满足《城市幼儿园建筑面积定额（试行）》[①] 中幼儿园生均活动室面积应达到 3 平方米的规定。农村幼儿园生均活动室面积为 3.63 平方米，比上年减少 0.01 平方米。如表 4－11 所示。

分地市看，2021 年全省有 7 个地市学前幼儿园生均活动室面积与上年相比有所增长，其中茂名市生均活动室面积增长最多，增长 0.22 平方米，而佛山市生均活动室面积减少最多，比上年减少 0.3 平方米。

---

① 国家教育委员会、建设部．城市幼儿园建筑面积定额（试行），［EB/OL］［1988－07－14］https：//www.edu.cn/edu/zheng_ce_gs_gui/zheng_ce_wen_jian/ji_chu/xue_qian/200603/t20060323_109179.shtml.

表 4－11　2020 年、2021 年广东省分城乡幼儿园生均活动室面积情况

单位：平方米

项目	年份		增加
	2020	2021	
活动室总面积	18 773 324. 23	19 160 747. 49	387 423. 26
生均活动室面积	3. 91	3. 83	－0. 08
城市活动室面积	8 741 471. 58	8 902 205. 84	160 734. 26
城市生均活动室面积	4. 27	4. 09	－0. 18
农村活动室面积	10 031 852. 65	10 258 541. 65	226 689
农村生均活动室面积	3. 64	3. 63	－0. 01

3. 幼儿园生均户外场地面积与上年相比有所增长

2021 年，全省幼儿园户外场地总面积（不包括特殊教育，下同）约为 2264. 46 万平方米，比上年增长 5. 55%；生均户外场地占地面积为 4. 53 平方米，比上年增长 0. 06 平方米。

分区域看，2021 年珠江三角洲和山区生均户外场地面积与上年相比分别增长 0. 07 和 0. 12 平方米，西翼和东翼则分别减少了 0. 09 和 0. 01 平方米。珠江三角洲生均户外场地占地面积仍最大，东翼则仍然最小，且与其他地区的差距较大。如图 4－11 所示。

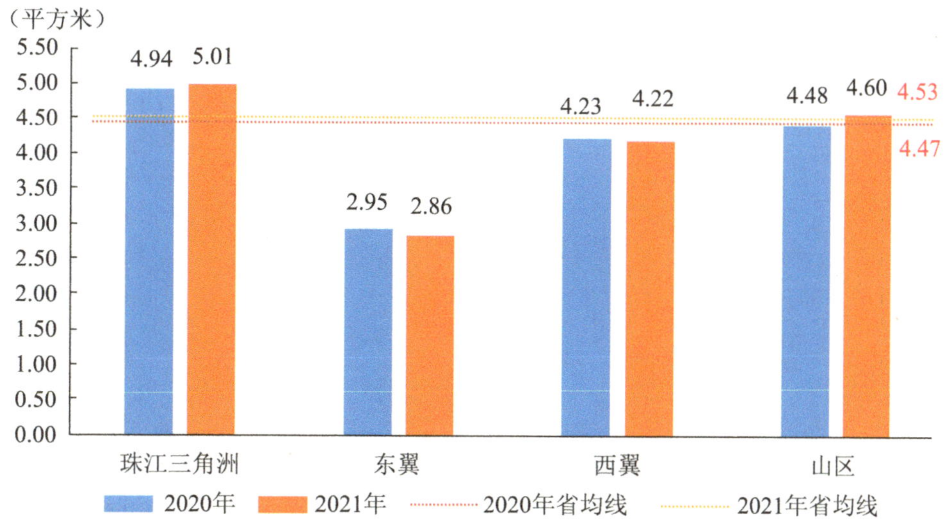

图 4－11　2020 年、2021 年广东省分区域幼儿园生均户外场地占地面积情况（不包括特殊教育）

分城乡看，城市幼儿园生均户外场地面积仍低于农村。2021 年，城市幼儿园生均户外场地面积为 4. 33 平方米，比上年增长 0. 06 平方米；农村幼儿园生均户外场地面积为 4. 68 平方米，比上年增长 0. 06 平方米。如表 4－12 所示。

表 4－12　2020 年、2021 年广东省分城乡幼儿园生均户外场地占地面积情况（不包括特殊教育）

单位：平方米

项目	年份		增加
	2020	2021	
户外场地总面积	21 454 864. 83	22 644 577. 64	1 189 712. 81
生均户外场地面积	4. 47	4. 53	0. 06
城市户外场地面积	8 735 702. 28	9 428 550. 83	692 848. 55
城市生均户外场地面积	4. 26	4. 33	0. 07
农村户外场地面积	12 719 162. 55	13 216 026. 81	496 864. 26
农村生均户外场地面积	4. 62	4. 68	0. 06

分地市看，2021 年全省学前幼儿园生均户外场地占地面积有 13 个地市与上年相比有所增长，其中增长最多的是珠海市，比上年增长 0. 42 平方米；湛江市生均户外场地占地面积减少最多，比上年减少 0. 38 平方米。

4. **幼儿园生均图书数较上年有所增长**

2021 年，全省幼儿园图书总藏量轻微增加，图书总藏量约为 5916. 26 万册，比上年增长 0. 06%；幼儿园生均图书数也有所增长，比上年增长 0. 23 册。

分区域看，2021 年除珠江三角洲外，东翼、西翼和山区生均图书数均呈上升态势，其中西翼增幅最大，增长了 0. 72 册，山区在四个地区中生均图书数量最高，如图 4－12 所示。

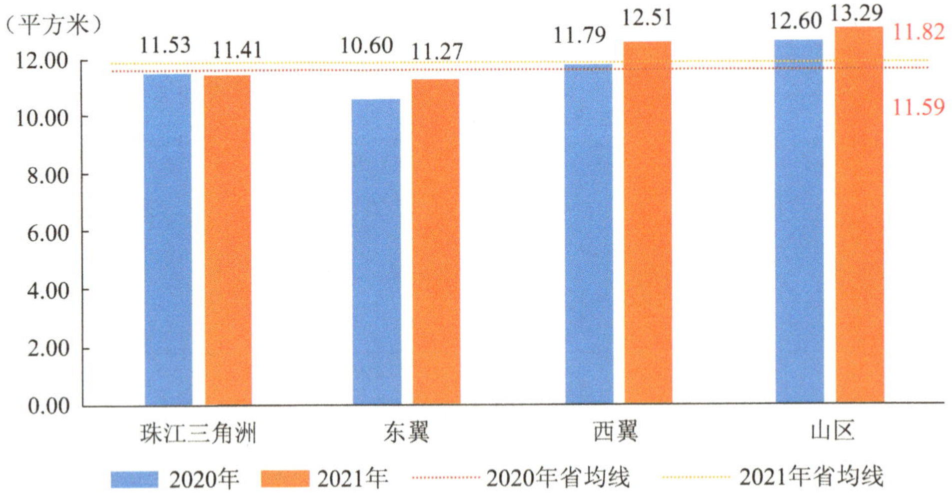

图 4－12　2020 年、2021 年广东省分区域幼儿园生均图书情况

分城乡看，城市与农村幼儿园的生均图书数差距进一步缩小。2021 年，全省城市幼儿园生均图书数为 11. 82 册，比上年增长 0. 23 册；农村幼儿园生均图书数为 11. 75

册，比上年增长0.46册。如表4－13所示。

表4－13　2020年、2021年广东省分城乡幼儿园生均图书情况

单位：册

项目	年份		增加
	2020	2021	
图书总藏量	55 650 832	59 162 588	3 511 756
生均图书	11.59	11.82	0.23
城市图书	24 555 627	25 974 415	1 418 788
城市生均图书	11.99	11.92	－0.07
农村图书	31 095 205	33 188 173	2 092 968
农村生均图书	11.29	11.75	0.46

分地市看，2021年全省各地市学前幼儿园生均图书数与上年相比，有7市减少14个市增加，其中增长最多的是云浮市，比上年增加了2.12册，而深圳市生均图书数减少最多，比上年减少0.52册。

四、民办学前教育事业发展基本状况

1．民办幼儿园数量变化情况

回望近八年全省民办幼儿园数量变化情况：从2014年的10 998所发展到2019年的14 675所，总体占比从71%增长至74%，增长率为33.43%；之后民办幼儿园数量有所减少，相较于2019年，2021年共减少1500所，减少了10.22%，所占全省幼儿园数比例也呈递减趋势（图4－13）①。2016年开始广东省将普惠性民办幼儿园指标纳入教育统计，之后其占整体民办幼儿园的比例逐年增加，2021年已发展至75.62%。这些变化均与相关政策调整和各种专项治理密切相关。2018年11月发布的《中共中央国务院关于学前教育深化改革规范发展的若干意见》② 中对民办幼儿园包括办学要求等进行重点关注，随后三年毛入学率和普惠园覆盖率双目标确定，相关治理也随之展开。广东省紧跟国家要求发布学前教育“5080”攻坚计划③，通过增加学前教育公办学位和普惠性学位供给、学前教育专项经费支持等方式，要求到2020年应实现全省公办幼儿园在园学生比例达到50%，公办和普惠性民办幼儿园在园学生占比达到

① 广东省于2016年开始将普惠性幼儿园指标纳入，2014年、2015年没有相关数据。

② 中华人民共和国中央人民政府．中共中央国务院关于学前教育深化改革规范发展的若干意见，［EB/OL］［2018－11－15］http：//www.gov.cn/zhengce/2018－11/15/content_5340776.htm.

③ 搜狐网．广东省促进学前教育普惠健康发展行动方案，［EB/OL］［2018－08－01］https：//www.sohu.com/a/244655397_387156.

80%的目标要求。同时配以实施的第三期学前教育行动计划①，都对民办幼儿园的规范办学产生了重大影响。

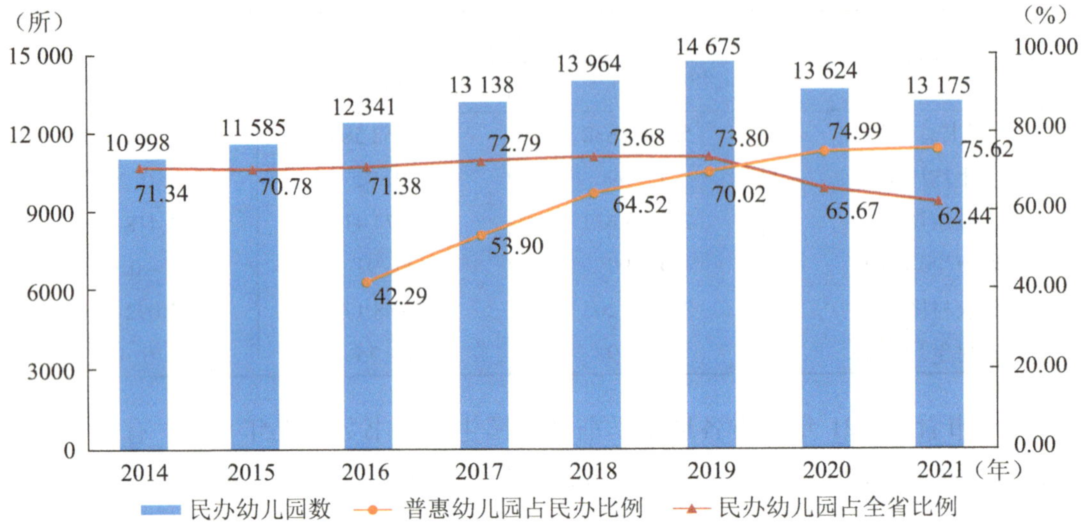

图4－13　2014—2021年广东民办幼儿园数总体变化情况

2. 在园人数变化情况

近八年全省民办幼儿园在园儿童数与民办幼儿园数变化情况基本一致，从2014年的240.11万人发展到2019年的327.14万人，增加了87.03万人，增长率为36.25%（图4－14），2020年民办幼儿园在园儿童数开始减少，相较于2019年，2021

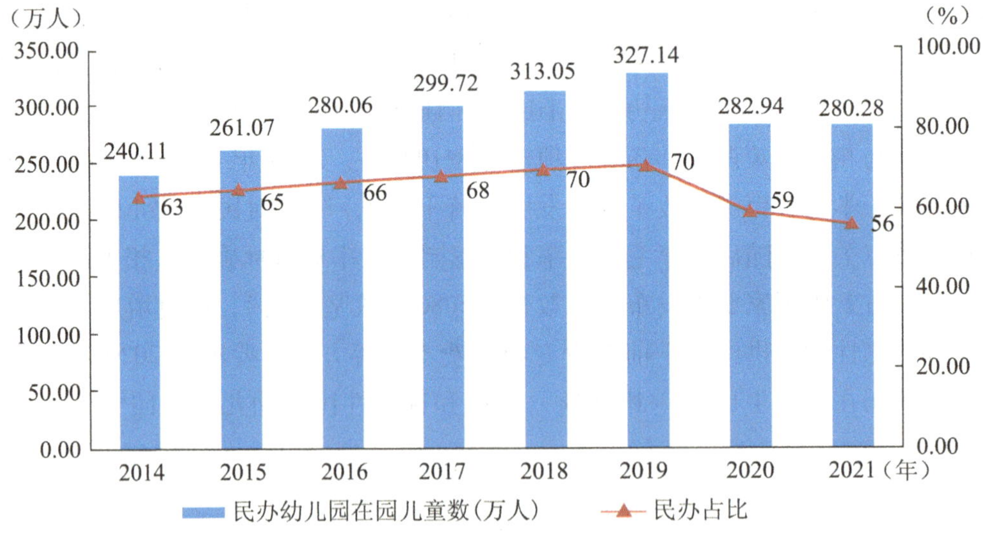

图4－14　2014—2021年广东民办幼儿园在园儿童数变化情况

① 广东省教育厅．关于印发广东省发展学前教育第三期行动计划的通知，［EB/OL］［2017－09－01］http：//edu. gd. gov. cn//gkmlpt/content/2/2101/post_2101730. html#1622.

年在园儿童数减少了46.86万人，占全省在园儿童比例减少至56%，与公办幼儿园在园儿童数差距进一步缩小，这体现了“5080”攻坚工程取得了显著的成果。

分地市看，截至2021年，全省共有5个城市已经实现了“到2020年公办在园学生比例达到50%”的目标，即民办幼儿园在园学生比例不超过50%。5个城市分别是广州（占比47%）、深圳（占比48%）、汕头（占比48%）、江门（占比47%）、茂名（占比46%）以及潮州（占比45%）。有三个城市民办幼儿园在园学生数占比超过70%，分别是珠海（占比71%）、韶关（占比72%）、清远（占比74%），距离“5080”攻坚工程相关目标还存在较大差距。

3. 保教人员数量变化情况

2014—2021年全省民办幼儿园保教人员数量变化趋势与民办幼儿园数、在园儿童数量变化情况一致（图4－15）。2019年为近8年峰值，之后逐年递减。相较于2019年，2021年民办幼儿园专任教师数减少了2.96万人，减少了13.05%，占全省幼儿园专任教师数量的比例为57%；保育员数减少了1.14万人，减少率为11.39%，占全省幼儿园保育员数量的比例为61%。这些变化均与全省民办幼儿园数量减少有一定关联。

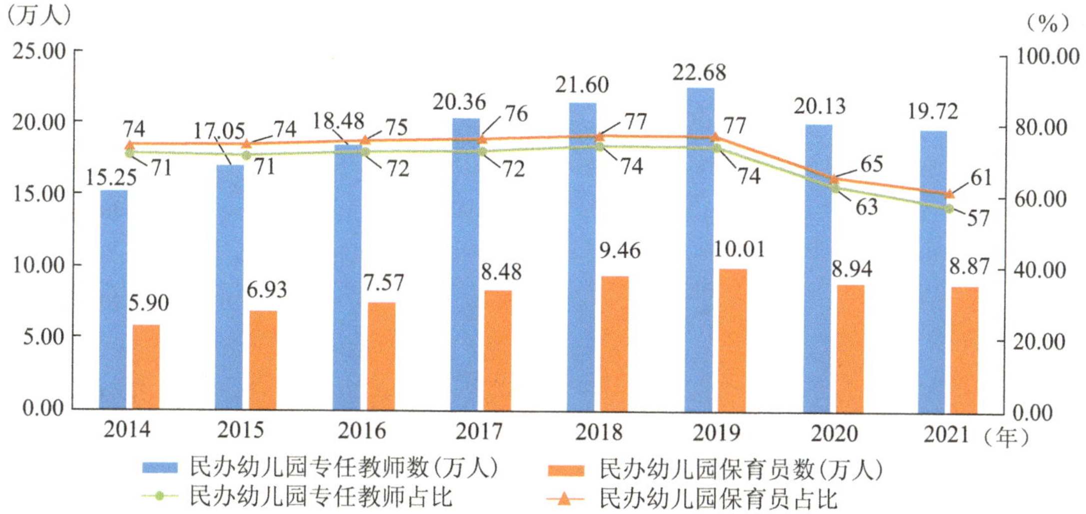

图4－15　2014—2021年广东民办幼儿园专任教师数变化情况

4. 专任教师学历变化情况

从学历来看，2021年，全省民办幼儿园专任教师专科及以上学历比例为84.90%，比上年增长3.07%。分区域看，全省各区域该比例均有提升。2021年，珠江三角洲民办幼儿园专任教师中专科及以上学历比例达89.96%，比上年增长3.29%，增幅最大，东翼专任教师中专科及以上学历比例为四个地区最低，为

75.34%。分城乡看，2021 年，广东省农村民办幼儿园专任教师中专科及以上学历比例为 82.19%，比城市低 5.79%，城乡间差距依然较大。具体如表 4－14 所示。

表 4－14　广东省民办幼儿园专任教师中专科及以上学历比例变化情况

（%）

地区	2020 年			2021 年			较上年增加
	城市	农村	合计	城市	农村	合计	
全省	85.05	78.98	81.82	87.98	82.19	84.90	3.07
珠江三角洲	87.49	85.47	86.66	90.64	88.99	89.96	3.29
东翼	75.47	71.00	72.10	78.05	74.50	75.34	3.24
西翼	79.86	77.18	78.22	82.80	79.03	80.41	2.19
山区	82.96	75.46	78.00	83.64	78.20	80.10	2.10

2021 年全省民办幼儿园专科学历教师数最多，占比为 71.23%，研究生学历专任教师数最少，占比为 0.11%。从各层次学历变化来看，研究生、本科毕业专任教师人数有所提高，其中研究生学历教师数量变化最多，2021 年相较于 2020 年增加了 27.68%；专科、高中及高中以下学历的民办幼儿园专任教师数量减少，尤其是高中以下学历，相较于 2020 年减少了 41.16%。具体如图 4－16 所示。

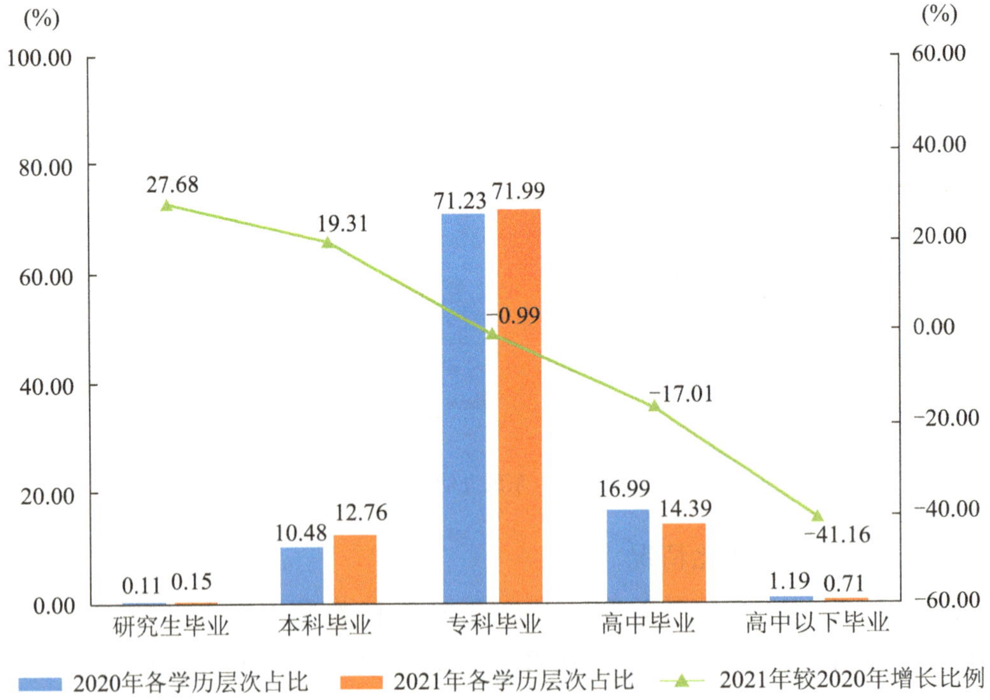

图 4－16　2021 年广东省分区域民办幼儿园各层次学历专任教师人数占比及变化情况

五、小结

学前教育规模及普及情况方面，2021 年学前教育毛入园率为 105.30%，超出 100%，整体普及程度有所提升；在园幼儿数持续增长，2021 年已达 500 万人，实现了《广东省教育发展“十四五”规划》① 中到 2025 年学前教育幼儿数达到 500 万人的目标值；学前教育机构数量持续增多，尤其是公办幼儿园和普惠性民办幼儿园数量增多，这与“十四五”规划提出要继续提高公益普惠性学前教育资源和规范化幼儿园覆盖面等政策要求密切相关，2021 年全省公办幼儿园和普惠性民办幼儿园比例达到 84.78%，学前教育“5080”成果得到进一步巩固。

师资队伍建设方面，2021 年学前教育保教人员规模增大，幼儿与保教人员比略有减少，比例为 10.44:1，城乡差距较大。专任教师学历水平继续提升，全省学前教育专任教师中专科及以上学历比例为 87.19%，教师队伍整体素质有所改善，但距离“十四五”规划相关目标值还有较大提升空间。学前教育教师培训以校级为主，接受省级、国家级等培训的教师比例有待提高。

办学条件方面，幼儿园校舍总面积增长较快，但生均校舍面积增长较慢，城乡生均活动室面积差距仍较为显著。全省幼儿园户外场地总面积约为 2264.46 万平方米，与上年相比有所增长。全省幼儿园图书总藏量大幅度增加，图书总藏量为 5916.26 万册，幼儿园生均图书数为 11.82 册，城市幼儿园的生均图书数仍高于农村。

民办学前教育方面，2021 年民办幼儿园数量继续减少，其中普惠性民办幼儿园数量增加，在园儿童数和保教人员数量也呈递减趋势。专任教师学历水平提升，全省民办学前教育专任教师中专科及以上学历比例为 84.90%，各区域以及城乡师资队伍均有所改善，但之间仍存在一定差距。

---

① 广东省人民政府．关于印发广东省教育发展“十四五”规划的通知，[EB/OL] [2021-09-23] http://www.gd.gov.cn/zwgk/gongbao/2021/31/content/post_3644881.html.

第五章　义务教育

概要

本章对义务教育普及程度与巩固水平、义务教育规模发展、教师队伍发展、学校办学条件以及民办义务教育事业发展基本状况进行分析，主要内容如图 5 – 1 所示：

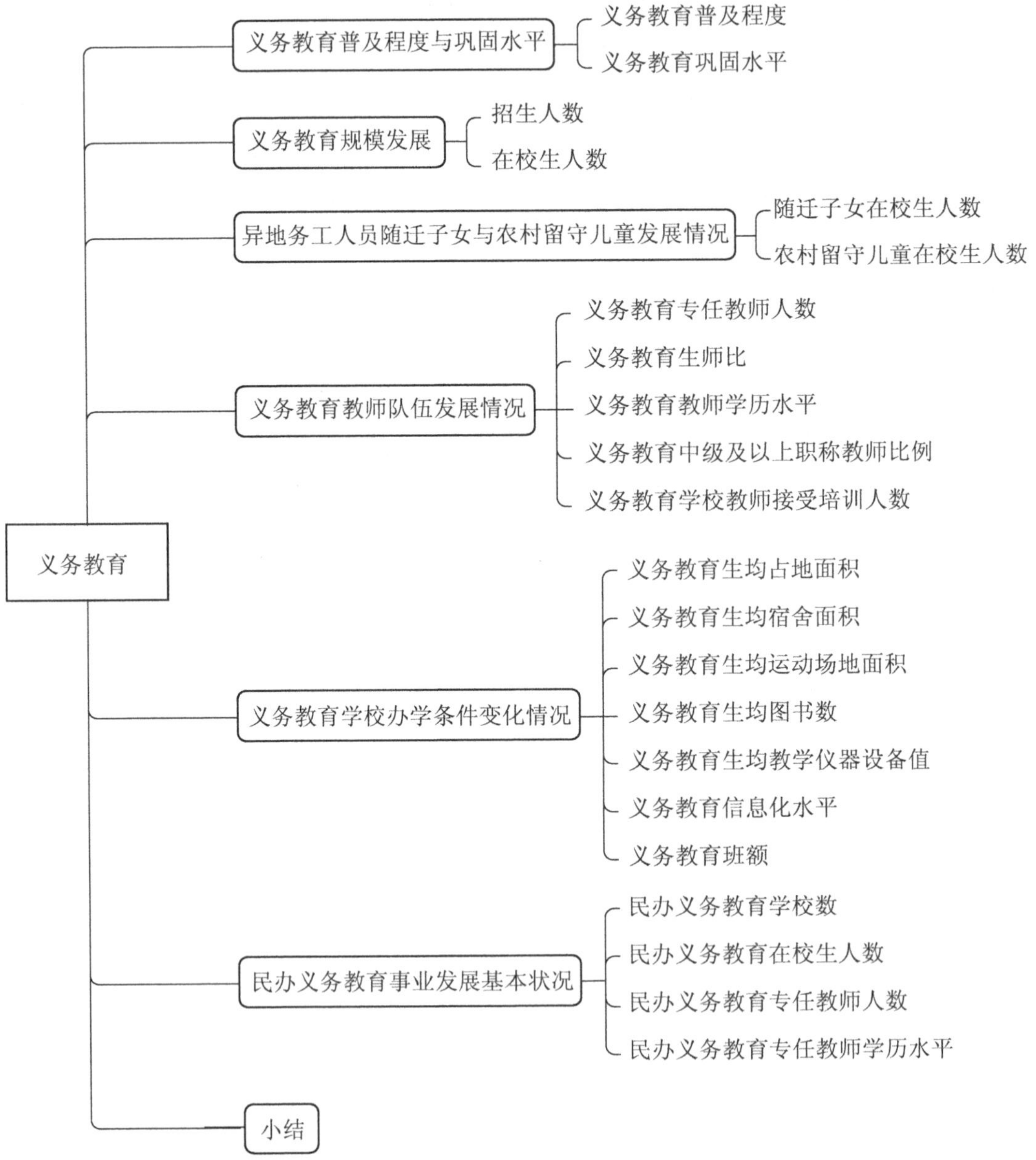

图 5 – 1　义务教育发展情况分析架构图

一、义务教育普及程度与巩固水平

1. 义务教育普及程度稳中求进

2014—2021 年，小学学龄人口毛入学率较为稳定，基本保持在 99.90%～100%，其中近三年小学教育毛入学率持续为 100%。初中学龄人口毛入学率波动较大，且基本呈现逐年递减趋势。具体来看，近八年初中教育毛入学率均超出 100%，原因是教育部门统计初中学龄人口的年龄范围是 12～14 岁，但在现实中由于各类原因导致低龄或超龄初中学生出现。初中学龄人口毛入学率逐年递减说明该类现象逐渐缓解，更多适龄儿童得以顺利进入对应学段接受教育。2021 年初中教育毛入学率为 109.52%，比 2020 年减少 0.23%，比 2014 年减少 4.31%。2014—2021 年广东省义务教育毛入学率变化趋势如图 5－2 所示。

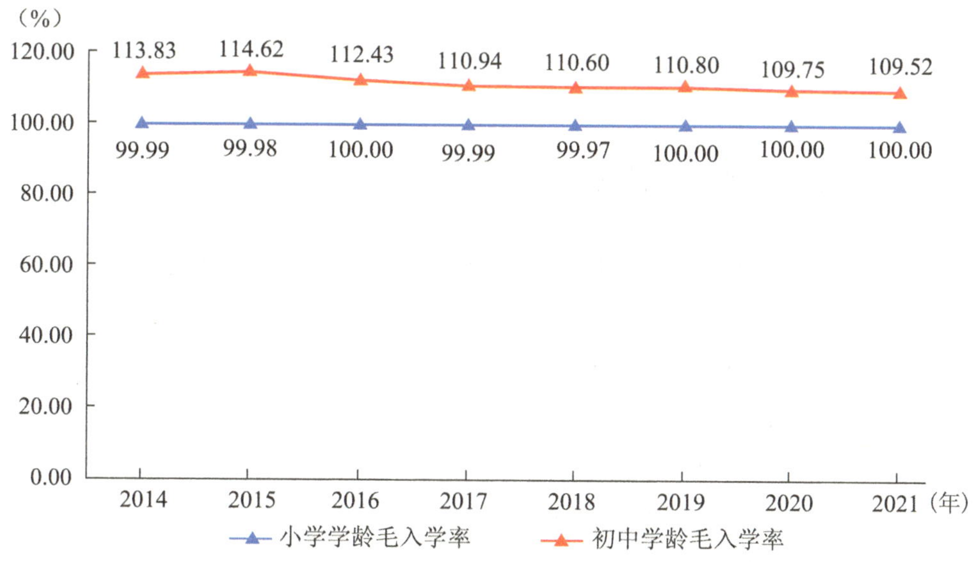

图 5－2　2014—2021 年广东省义务教育普及水平情况

2. 义务教育巩固水平稳步提高

2014—2021 年，小学五年巩固率呈现波动增长趋势，由 2014 年的 95.34% 波动增长至 2017 年的 100.16%，随后波动下降至 2021 年的 99.52%。除 2017 年外，其余年份均未达到小学五年巩固率 100% 的目标。小学毕业升学率在近八年呈现整体增长趋势，到 2021 年，增长至 97.20%，比上年增长 0.60%，比 2014 年增长 1.66%。同样，广东省初中三年巩固率 2014—2021 年期间也呈现波动增长趋势，2021 年广东省初中三年巩固率为 98.09%，比上年增长 0.56%，比 2014 年增长 5.52%。2014—2021 年广东省义务教育巩固情况如图 5－3 所示。

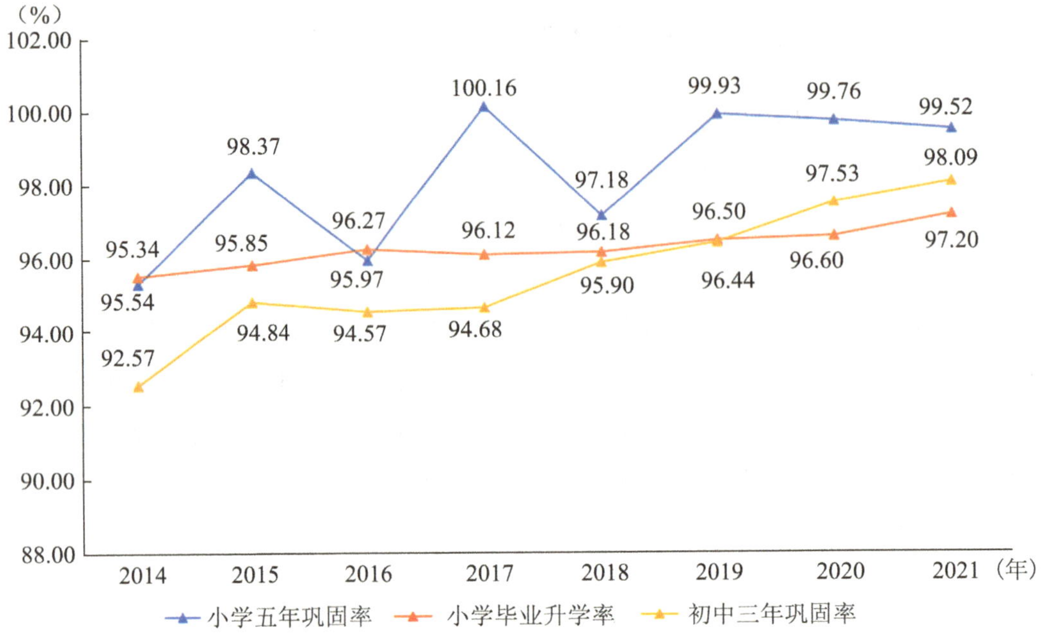

图5－3　2014—2021年广东省义务教育巩固情况

二、义务教育规模发展情况

1. 小学招生人数较上年有所回升，初中招生人数持续增加

2014—2021年间，小学招生规模呈波动增长趋势，较上一年增长率在－8.93%～8.28%之间浮动。从2014年招生153.67万人持续增长至2019年的194.42万人，随后下降至2020年的177.07万人，又增长至2021年的183.80万人。小学升学率的增长保持使得初中招生人数呈稳步增长趋势，尤其是近六年的招生。到2021年全省初中招生人数为154.62万人，比上年增长8.92%。2014—2021年广东省义务教育阶段招生数量与年变化趋势如图5－4所示。

（1）小学教育阶段招生规模扩大，西翼招生涨幅最大

2021年，广东省小学招生183.80万人，比上年增加6.73万人，增长率为8.91%。分区域来看，珠江三角洲小学阶段招生规模最大，为118.43万人，山区小学招生规模最小，为25.92万人；西翼小学阶段招生规模涨幅最大，为13.16%；珠江三角洲与东翼小学招生规模涨幅最小，同为7.86%。分城乡①看，2021年广东省小学阶段城市招生规模为113.08万人，较上年增长8.59%；农村招生数为70.72万人，较上年增长9.37%。2021年广东省小学教育招生具体情况如表5－1所示。

① 本章城市指“城区”，含“主城区”和“城乡结合区”，农村指“镇区”和“乡村”。

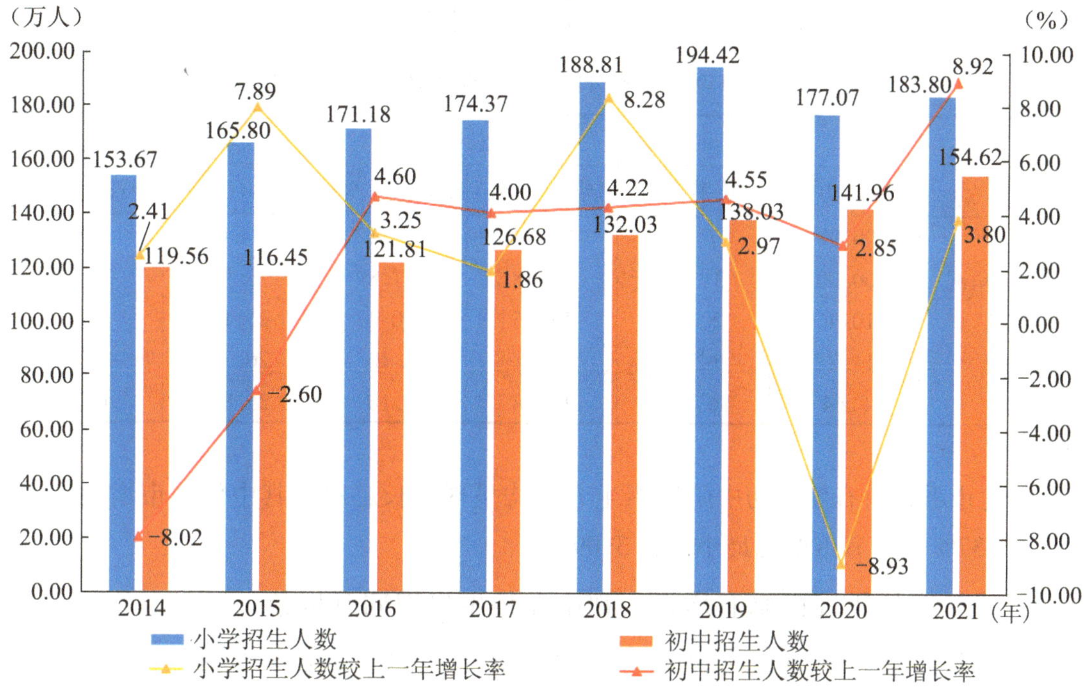

图 5－4　2014—2021 年广东省义务教育阶段招生数量与年变化趋势图

表 5－1　2021 年广东省分区域小学教育招生规模变化情况

地区	城市		农村		合计	
	人数（万人）	增长率（%）	人数（万人）	增长率（%）	人数（万人）	增长率（%）
全省	131.27	25.39	70.73	9.37	202.00	19.69
珠江三角洲	98.66	7.49	19.77	9.17	118.43	7.86
东翼	11.30	9.76	16.97	6.55	28.27	7.86
西翼	11.98	11.84	17.40	14.25	29.38	13.16
山区	9.33	10.91	16.59	8.19	25.92	9.08

分地市来看，2021 年小学招生规模增长幅度最大的地市是珠海市，增加了 9.03%；潮州市招生规模下降幅度最大，减少 9.81%。

（2）初中教育阶段招生规模扩大，珠江三角洲招生涨幅最大

2021 年，全省初中阶段招生数为 154.62 万人，比上年增加 12.65 万人，增长率为 8.92%。分区域看，珠江三角洲初中阶段招生规模最大，为 77.38 万人，且较上年涨幅最大，增长 24.38%；其他三个区域初中阶段招生规模相差不大，招生人数在 25 万～26.5 万人；山区初中招生涨幅最小，为 0.23%。分城乡看，2021 年广东省城市初中阶段招生共 90.90 万人，较上年增长 7.14%；农村招生 63.72 万人，较上年减少

1.12%，城乡招生规模差距相对较大。2021年广东省初中教育招生情况如表5－2所示。

表5－2　2021年广东省分区域初中教育招生规模变化情况

地区	城市		农村		合计	
	人数（万人）	增长率（%）	人数（万人）	增长率（%）	人数（万人）	增长率（%）
全省	90.90	7.14	63.72	－1.12	154.62	8.92
珠江三角洲	60.00	31.42	17.38	－1.89	77.38	24.38
东翼	10.46	8.03	14.65	－0.47	25.11	2.76
西翼	11.81	6.30	14.51	1.10	26.32	3.16
山区	8.64	6.75	17.18	3.10	25.82	0.23

分地市看，所有地市初中阶段招生人数均呈现增长趋势，其中韶关市增幅最大，增加15.37%；珠海市增幅最小，为3.09%。

2. 小学在校生规模略有增长，初中在校生出现回升现象

整体来看，2014—2021年间义务教育阶段在校生数量变化情况与招生情况基本一致。其中小学招生规模持续增长，较上一年增长率在2.07%～4.93%浮动，在校生人数从2014年的831.91万人持续增长至2021年的1079.01万人；初中在校生人数呈现“先减少后增加”的发展趋势，从2014年的376.75万人下降至2016年的347.84万人，而后逐年增长至2021年的429.21万人。2014—2021年广东省义务教育阶段在校生数量与年变化趋势如图5－5所示。

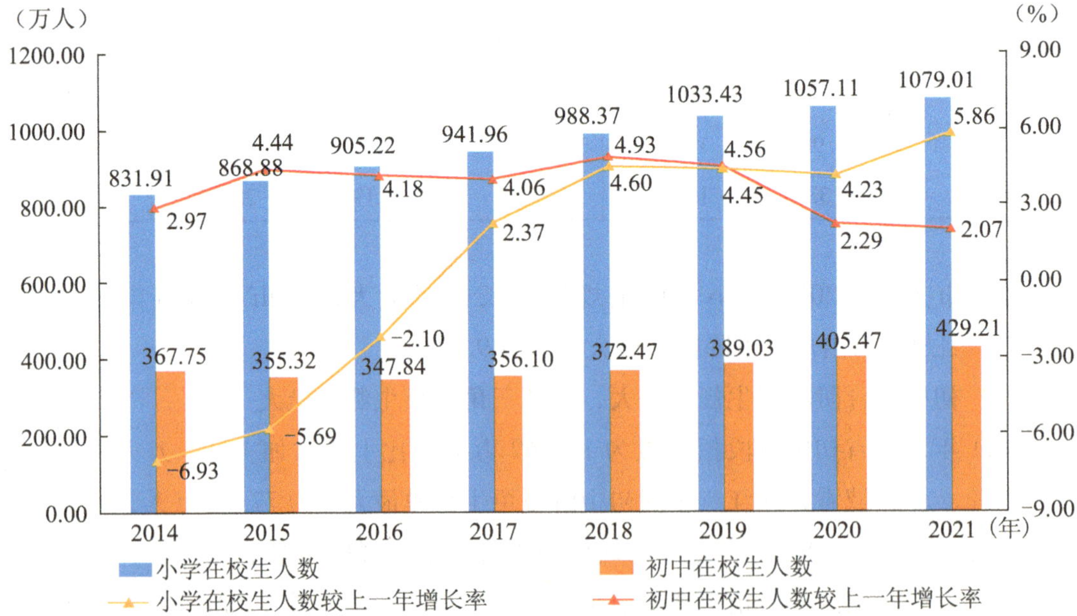

图5－5　2014—2021年广东省义务教育阶段在校生数量与年变化趋势图

（1）小学教育阶段在校生规模呈增长势态，区域、城乡差异显著

2021 年小学在校生总规模延续上年增长的趋势，达到 1079.01 万人，比上年增加 21.90 万人，增长率为 2.07%。分区域看，全省各区域小学在校生规模较上年均有所增长。其中珠江三角洲小学在校生人数最多，达 575.79 万人，较上年增长 2.77%；山区小学在校生人数最少，为 163.32 万人，较上年增长 0.34%。分城乡看，城市小学在校生人数为 647.22 万人，较上年增长 4.05%，农村小学在校生有 431.79 万人，较上年减少 0.76%，城乡差异显著。2021 年广东省分区域小学在校学生数量情况如表 5－3 所示。

表 5－3　2021 年广东省分区域小学在校学生数量情况

地区	城市		农村		合计	
	人数（万人）	增长率（%）	人数（万人）	增长率（%）	人数（万人）	增长率（%）
全省	647.22	4.05	431.79	－0.76	1079.01	2.07
珠江三角洲	454.49	3.90	121.30	－1.24	575.79	2.77
东翼	65.36	4.43	100.12	－0.27	165.48	1.53
西翼	71.60	4.21	102.81	0.42	174.41	1.94
山区	55.77	4.69	107.55	－1.78	163.32	0.34

分地市看，河源市、阳江市和梅州市小学在校生规模较上年均有所下降，其中降幅最大的是河源市，下降了 2.40%。其他各市小学在校生规模均比上年增长，增长最多的是珠海市，增长了 4.84%。

（2）初中教育阶段在校学生数稳定增长，城乡差距较大

2021 年，初中在校生为 429.21 万人，比上年增加 23.74 万人，增长率为 5.85%。分区域看，全省各区域初中在校生人数较上年均增加，其中珠江三角洲人数最多，为 213.46 万人，比上年增加了 5.92%；西翼初中在校生人数涨幅最大，增加了 7.00%；东翼增幅最小，增长率为 3.86%。分城乡看，全省城市初中在校生人数为 252.15 万人，较上年增长 7.00%；农村初中在校生人数为 177.06 万人，较上年增长 4.27%，城乡初中在校生规模差距明显。2021 年广东省分区域初中在校生数量情况如表 5－4 所示。

表5－4　2021年广东省分区域初中在校生数量情况

地区	城市		农村		合计	
	人数（万人）	增长率（%）	人数（万人）	增长率（%）	人数（万人）	增长率（%）
全省	252.15	7.00	177.06	4.27	429.21	5.85
珠江三角洲	166.11	6.57	47.35	3.70	213.46	5.92
东翼	29.62	6.74	41.63	1.91	71.25	3.86
西翼	32.56	8.64	39.63	5.68	72.19	7.00
山区	23.85	8.07	48.45	5.79	72.30	6.53

分地市来看，全省21个地市初中阶段在校生人数相较上年均增加。其中清远市增幅最大，增加了8.03%；汕尾市增幅最小，增加了3.29%。

三、异地务工人员随迁子女与农村留守儿童发展情况

1. 义务教育阶段随迁子女人数较上年下降，随迁子女在校生主要集中在珠江三角洲

2021年，广东省义务教育阶段随迁子女达434.95万人，较上年减少了21.80万人。其中，小学随迁子女人数为322.73万人，占全省义务教育阶段随迁子女总数的74.20%；初中随迁子女人数为112.22万人，占全省义务教育阶段随迁子女总数的35.80%。

（1）小学阶段随迁子女人数整体下降，珠江三角洲随迁子女人数最多

分区域看，除山区小学教育阶段随迁子女人数比例略有增加外，其他地区人数相较于上年均减少。其中西翼随迁子女人数较上年减少11.67%，下降幅度最大；珠江三角洲小学就读的随迁子女人数最多，达257.12万人，较上年下降5.96%。分城乡看，城市小学就读的随迁子女达265.93万人，较上年下降5.85%；农村小学随迁子女人数为56.80万人，较上年下降5.55%，城乡小学阶段随迁子女人数差异明显。2021年广东省分区域小学阶段随迁子女在校生数量情况如表5－5所示。

表5－5　2021年广东省分区域小学阶段随迁子女在校生情况

地区	城市		农村		合计	
	人数（万人）	增长率（%）	人数（万人）	增长率（%）	人数（万人）	增长率（%）
全省	265.93	－5.85	56.80	－5.55	322.73	－5.79
珠江三角洲	219.53	－5.70	37.59	－7.46	257.12	－5.96
东翼	16.35	－9.02	7.39	－9.55	23.74	－9.18
西翼	10.94	－12.97	2.91	－6.43	13.85	－11.67
山区	19.11	0.05	8.92	8.25	28.03	2.52

（2）初中阶段随迁子女人数略有下降，区域、城乡差异显著

分区域看，除山区初中随迁子女人数比例较上年增长14.27%外，其他区域较上年均有所减少。其中珠江三角洲初中就读的随迁子女人数最多，为87.23万人，较上年减少2.00%；西翼初中随迁子女最少，为5.39万人，较上年减少6.59%。分城乡看，全省城市初中随迁子女达91.67万人，较上年减少1.80%；农村初中随迁子女人数为20.55万人，较上年减少1.30%，城乡间初中阶段随迁子女人数差异明显。2021年广东省分区域初中阶段随迁子女在校生数量情况如表5－6所示。

表5－6　2021年广东省分区域初中阶段随迁子女在校生情况

地区	城市		农村		合计	
	人数（万人）	增长率（%）	人数（万人）	增长率（%）	人数（万人）	增长率（%）
全省	91.67	－1.80	20.55	－1.30	112.22	－1.71
珠江三角洲	74.52	－1.48	12.71	－4.94	87.23	－2.00
东翼	6.02	－13.63	2.69	－6.92	8.71	－11.66
西翼	4.10	－9.69	1.29	4.88	5.39	－6.59
山区	7.03	13.57	3.86	15.57	10.89	14.27

2. 广东省义务教育阶段农村留守儿童在校生数比上年稍有减少

广东省作为外来流动人口大省，外省迁入人口和进城务工人员的数量逐年递增，为社会发展带来一定正面影响以外，也引出一系列社会问题，其中备受关注的当属“留守儿童”问题。据统计，2014—2021年期间广东省小学阶段在校生中留守儿童人数有所波动，增长率为－8.90%～9.01%。具体来看，小学在校生中留守儿童人数从2014年的62.03万人增长至2015年的66.06万人，而后波动下降至2021年的58.02万人。初中阶段在校生中的留守儿童人数也呈现出波动变化状态，增长率为－16.69%～5.57%。2014—2017年，初中阶段留守儿童人数从34.80万人逐年下降至25.52万人，而后又波动上升至2021年的27.91万人。2014—2021年广东省义务教育阶段农村留守儿童在校生数量与变化趋势如图5－6所示。

（1）小学农村留守儿童在校生数有所下降，区域间差距明显

2021年广东省小学在校生中有58.02万人农村留守儿童，比上年减少了2.02万人，较上年下降3.36%。分区域看，2021年山区小学在校生中农村留守儿童数量最多，为23.46万人；东翼农村留守儿童数量最少，为2.98万人，较上年下降10.78%，下降幅度最大。2021年广东省分区域小学农村留守儿童在校生数量情况如表5－7所示。

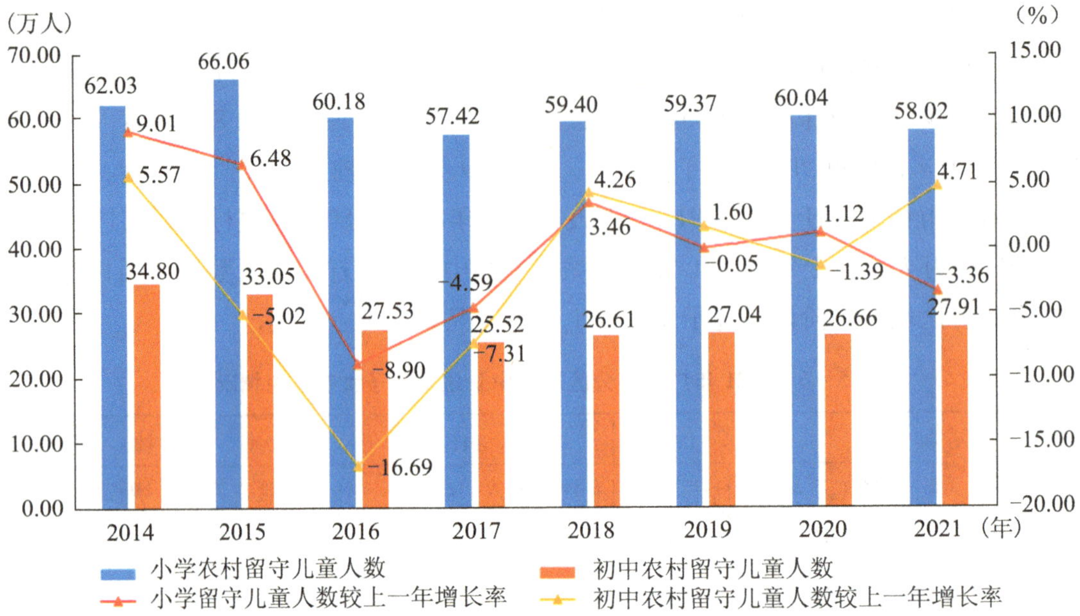

图5-6　2014—2021年广东省农村留守儿童在校生人数与年变化趋势图

表5-7　2020年、2021年广东省分区域小学农村留守儿童在校生人数

单位：万人

地区	年份		增长率（%）
	2020	2021	
全省	60.04	58.02	-3.36
珠江三角洲	7.80	7.60	-2.56
东翼	3.34	2.98	-10.78
西翼	24.34	23.99	-1.44
山区	24.36	23.46	-3.69

（2）初中教育阶段在校生中农村留守儿童略有减少

2021年广东省初中在校生中农村留守儿童有27.91万人，比上年增加了1.25万人，增长率为4.69%。分区域看，全省各区域初中在校生农村留守儿童数均呈增长趋势。其中山区初中在校生农村留守儿童人数最多，达11.57万人，较上年增长5.28%；东翼在校生农村留守儿童数最少，为1.70万人，较上年增长6.25%，增长幅度最大。2021年广东省分区域初中农村留守儿童在校生数量情况如表5-8所示。

表 5－8　2020 年、2021 年广东省分区域初中农村留守儿童在校生人数

单位：万人

地区	年份		增长率（%）
	2020	2021	
全省	26. 66	27. 91	4. 69
珠江三角洲	3. 59	3. 63	1. 11
东翼	1. 6	1. 70	6. 25
西翼	10. 47	11. 01	5. 16
山区	10. 99	11. 57	5. 28

四、义务教育教师队伍发展情况

1. 义务教育阶段专任教师规模变化较小

2014—2021 年，广东省小学教育阶段专任教师人数呈逐年增加趋势，从 2014 年的 45. 44 万人增至 2021 年的 59. 22 万人，增长率为 3. 13%～4. 43%，这与广东省小学在校生数呈持续增长势态有关。初中教育阶段专任教师数量呈现“先减少后增加”的变化趋势，从 2014 年的 27. 85 万人下降至 2015 年的 27. 58 万人，后又逐年增至 2021 年的 31. 51 万人，增长率为－0. 98%～4. 70%，这与初中阶段在校生学生数波动变化一致。2014—2021 年广东省义务教育阶段专任教师数量与年变化趋势如图 5－7 所示。

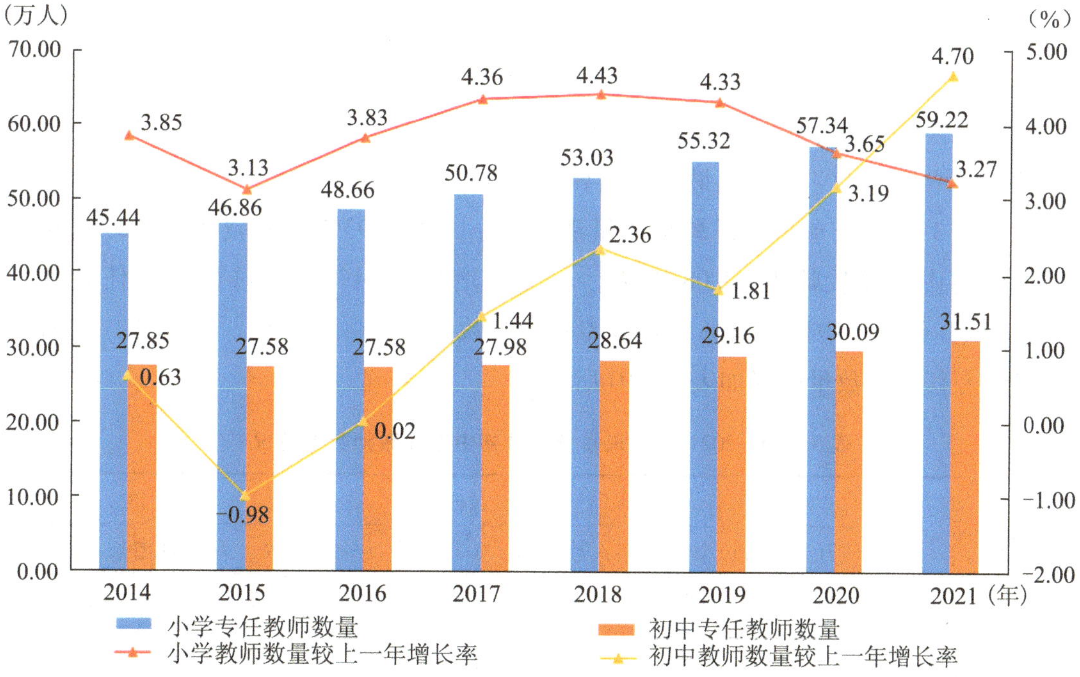

图 5－7　2014—2021 年广东省义务教育阶段专任教师数量与年变化趋势图

（1）小学阶段专任教师数量逐年增长，区域差距明显

2021 年，小学阶段专任教师数量为 59. 22 万人，较上年增长 3. 27%。分区域看，全省各区域小学专任教师数量较上年均有所增加。其中珠江三角洲数量最多，较上年增长 4. 68%，涨幅最大；东翼地区数量最少，较上年增长 1. 25%，涨幅最小。分城乡看，2021 年广东省城市小学专任教师数量为 34. 44 万人，较上年增长 5. 65%；农村小学专任教师数为 24. 78 万人，较上年增长 0. 15%，城乡专任教师数量仍有一定差距。2021 年广东省分区域小学专任教师数量情况如表 5 – 9 所示。

表 5 – 9　2021 年广东省分区域小学专任教师数量情况

地区	城市		农村		合计	
	人数（万人）	增长率（%）	人数（万人）	增长率（%）	人数（万人）	增长率（%）
全省	34. 44	5. 65	24. 78	0. 15	59. 22	3. 27
珠江三角洲	24. 53	5. 62	6. 62	1. 34	31. 15	4. 68
东翼	3. 32	6. 72	5. 52	– 1. 77	8. 84	1. 25
西翼	3. 69	4. 68	5. 97	0. 79	9. 66	2. 24
山区	2. 91	5. 87	6. 66	0. 02	9. 57	1. 73

分地市看，2021 年小学专任教师数量较上年增加最多的是珠海市，较上年增加 6. 09%；该值下降最多的是揭阳市，较上年下降 2. 46%。

（2）初中阶段专任教师数量有所增加，区域差异显著

2021 年，全省初中阶段专任教师数量为 31. 51 万人，较上年增长 4. 70%。分区域看，全省各区域初中专任教师数量都有增加。其中珠江三角洲数量最多，为 15. 71 万人，较上年增长 6. 89%，涨幅最大；西翼初中阶段专任教师数量最少，为 5. 08 万人，较上年增长 3. 22%；东翼专任教师数量涨幅最小，为 1. 93%。分城乡看，2021 年广东省城市初中专任教师为 17. 08 万人，较上年增长 7. 54%；农村初中专任教师为 13. 14 万人，较上年增长 0. 98%，城乡专任教师数量仍有一定差距。2021 年广东省分区域初中专任教师数量情况如表 5 – 10 所示。

表 5 – 10　2021 年广东省分区域初中专任教师数量情况

地区	城市		农村		合计	
	人数（万人）	增长率（%）	人数（万人）	增长率（%）	人数（万人）	增长率（%）
全省	17. 08	7. 54	13. 14	0. 98	31. 51	4. 70
珠江三角洲	11. 41	8. 27	3. 35	2. 09	15. 71	6. 89

续表

地区	城市		农村		合计	
	人数（万人）	增长率（%）	人数（万人）	增长率（%）	人数（万人）	增长率（%）
东翼	2.07	5.15	3.27	-0.10	5.45	1.93
西翼	2.07	7.22	2.85	0.31	5.08	3.22
山区	1.52	5.79	3.66	1.47	5.27	2.75

分地市看，2021年初中专任教师数量仅湛江市较上年下降，下降0.19%；其余专任教师数量较上年均有增加，增加最多的是深圳市，增长9.61%。

2. 小学阶段生师比总体下降，初中阶段生师比则有所上升，教师配备状况有待改善

2014—2021年，广东省小学阶段生师比整体变化较小，比值从2014年的18.31∶1波动上升至2019年的18.68∶1，之后下降至2021年的18.22∶1。初中阶段生师比波动相对较大，整体呈“先下降后增长”趋势，从2014年的13.53∶1下降至2016年的最低值12.61∶1，随后逐年增长至2021年的13.62∶1。2014—2021年广东省义务教育阶段生师比年变化趋势如图5-8所示。

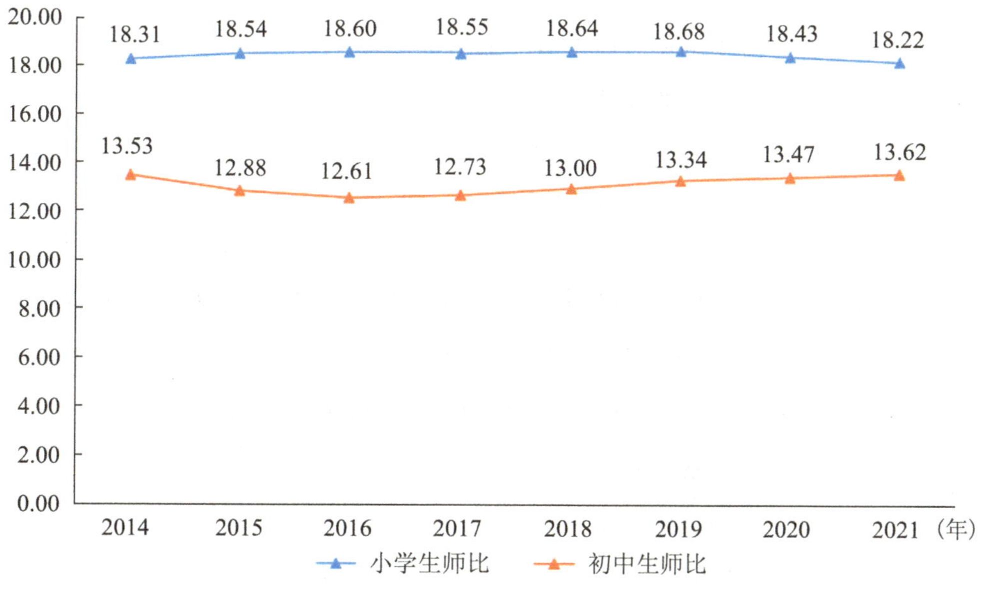

图5-8 2014—2021年广东省义务教育阶段生师比比值年变化趋势图

（1）小学教育阶段生师比有所下降，城乡差距明显

2021年广东省小学生师比有所优化，从2020年的18.43∶1下降至2021年的18.22∶1，较上年比值下降0.21。分区域看，除东翼外，其他各区域小学生师比相较

于上年都有所优化。其中珠江三角洲小学阶段生师比由上年的18.83∶1下降为18.49∶1，较上年下降0.34，下降幅度最大；西翼小学阶段生师比由上年的18.10∶1下降至18.05∶1，较上年下降0.05，下降幅度最小。分城乡看，全省城市小学生师比由上年的18.43∶1上升为18.79∶1，农村小学生师比由上年的17.58∶1下降至17.43∶1。2021年广东省小学教育阶段生师比具体情况如表5－11所示。

表5－11　2020年、2021年广东省分区域小学生师比情况

地区	2020年			2021年			增加
	城市	农村	合计	城市	农村	合计	
全省	18.43∶1	17.58∶1	18.43∶1	18.79∶1	17.43∶1	18.22∶1	－0.21
珠江三角洲	18.84∶1	18.80∶1	18.83∶1	18.53∶1	18.32∶1	18.49∶1	－0.34
东翼	20.14∶1	17.86∶1	18.67∶1	19.71∶1	18.14∶1	18.73∶1	0.06
西翼	19.50∶1	17.27∶1	18.10∶1	19.41∶1	17.21∶1	18.05∶1	－0.05
山区	19.38∶1	16.44∶1	17.30∶1	19.16∶1	16.14∶1	17.06∶1	－0.24

分地市来看，相较于2020年广东省小学阶段教师配置情况在不断改善。除阳江和揭阳2市外，其他各市小学生师比均有所下降，其中下降幅度最大的为东莞市，由20.07∶1下降至19.21∶1。

（2）初中教育阶段生师比有所上升，城乡差距缩小

2021年，广东省初中生师比从13.47∶1上升为13.62∶1，较上年比值增加了0.15。分区域看，与上年相比，除珠江三角洲外，东翼、西翼、山区各区域初中生师比都在上升。其中西翼初中阶段生师比由上年的13.72∶1上升至14.22∶1，上升幅度最大；珠江三角洲生师比由上年的13.71∶1下降至13.59∶1，下降了0.12。分城乡看，城市初中生师比由上年的13.80∶1下降至13.73∶1，农村初中生师比由上年的13.05∶1上升至13.47∶1，城乡生师比差距明显缩小。2021年广东省初中生师比情况具体如表5－12所示。

表5－12　2020年、2021年广东省分区域初中生师比情况

地区	2020年			2021年			增加
	城市	农村	合计	城市	农村	合计	
全省	13.80∶1	13.05∶1	13.47∶1	13.73∶1	13.47∶1	13.62∶1	0.15
珠江三角洲	13.66∶1	13.91∶1	13.71∶1	13.44∶1	14.13∶1	13.59∶1	－0.12
东翼	13.41∶1	12.46∶1	12.83∶1	13.61∶1	12.71∶1	13.07∶1	0.24
西翼	14.44∶1	13.19∶1	13.72∶1	14.64∶1	13.89∶1	14.22∶1	0.50
山区	14.54∶1	12.68∶1	13.23∶1	14.85∶1	13.22∶1	13.72∶1	0.49

分地市看，2021 年除深圳、珠海、佛山、惠州、东莞和中山 6 市初中生师比有所优化外，其他各市都在上升，其中肇庆市生师比最大，为 15.55∶1。

3. 山区、东翼、西翼义务教育教师学历层次提升较快，初中教师学历区域差距明显

（1）小学教育阶段教师高学历占比增长，城乡之间差距较大

2021 年，广东省小学本科及以上学历教师比例达到 78.10%，比上年提高 4.90%，尚未达到《广东省教育发展“十四五”规划》[①] 所要求的 83%。分区域看，东翼小学本科及以上学历教师比例为 71.21%，比上年比例增加最多，为 7.32%；珠江三角洲小学本科及以上学历教师比例为 86.01%，为全省该学历教师占比最高区域，较上一年增长最少，为 3.80%。分城乡看，城市小学本科及以上学历教师比例为 83.42%，农村小学该比例为 70.71%，城乡差值由 2020 年的 14.25% 下降为 2021 年的 12.71%。2021 年广东省小学专任教师本科及以上学历比例情况具体如表 5－13 所示。

表 5－13 2020 年、2021 年广东省分区域小学专任教师本科及以上学历比例变化情况

（%）

地区	2020 年				2021 年				增加
	城市	农村	合计	城乡差值	城市	农村	总计	城乡差值	
全省	79.35	65.10	73.20	14.25	83.42	70.71	78.10	12.71	4.90
珠江三角洲	83.97	75.97	82.21	8.00	87.59	80.16	86.01	7.43	3.80
东翼	66.88	62.24	63.89	4.64	72.89	70.20	71.21	2.69	7.32
西翼	66.23	59.74	62.16	6.49	71.34	65.74	67.88	5.60	5.72
山区	71.19	61.64	64.43	9.55	75.56	66.18	69.03	9.38	4.60

分地市来看，2021 年深圳市小学本科及以上学历教师比例最高，达 91.22%；云浮市该比例最低，仅为 61.61%。

（2）初中教育阶段教师学历水平较高，城乡差距减小

2021 年，广东省初中本科及以上学历教师比例达到 93.74%，比上年提高 1.85%，尚未达到《广东省教育发展“十四五”规划》所要求的 96%。分区域看，全省各区域初中本科及以上学历教师比例较上年均有所增加，不同区域间该类教师占比具有一定差距。分区域看，东翼初中本科及以上学历教师比例达到 90.47%，较上年增长 3.22%，增加最多；珠江三角洲该比例为 96.76%，较上年增长 1.21%，增加

① 广东省人民政府. 广东省教育发展“十四五”规划，［EB/OL］［2021－11－01］http：//www.gd.gov.cn/zwgk/wjk/qbwj/yf/content/post_3602375.html.

最小。分城乡看，城市初中本科及以上学历专任教师占比为95.67%，农村初中该比例为91.06%，城乡差距进一步缩小。2021年广东省初中专任教师本科及以上学历比例情况具体如表5－14所示。

表5－14　2020年、2021年广东省分区域初中专任教师本科及以上学历比例变化情况

（%）

地区	2020年				2021年				增加
	城市	农村	合计	城乡差值	城市	农村	总计	城乡差值	
全省	94.13	88.95	91.89	5.18	95.67	91.06	93.74	4.61	1.85
珠江三角洲	96.22	93.23	95.55	2.99	97.39	94.46	96.76	2.93	1.21
东翼	88.67	86.36	87.25	2.31	91.60	89.73	90.47	1.87	3.22
西翼	90.46	88.72	89.46	1.74	92.50	90.47	91.36	2.03	1.90
山区	90.94	87.58	88.57	3.36	92.33	89.59	90.42	2.74	1.85

分地市看，潮州市初中教师该初中专任教师本科及以上学历比例值最小，为84.84%；而深圳市该比例值最大，为98.79%。

4. 义务教育阶段中级及以上职称教师比例变化较大，区域差距和城乡差距仍然显著

（1）小学教育阶段中级及以上职称教师比例有所下降，城乡差异显著

2021年，广东省小学中级及以上职称教师比例为51.23%，比上年比例下降1.66%。分区域看，珠江三角洲小学中级及以上职称教师比例最小，为42.34%，较上年比例减少1.08%，降幅最小；山区小学中级及以上职称教师比例为63.20%，较上年比例减少2.22%，降幅最大。分城乡看，城市小学中级及以上职称教师比例为43.27%，农村小学该比例为62.29%，城乡差距显著。2021年广东省小学专任教师中级及以上职称比例变化情况具体如表5－15所示。

表5－15　2020年、2021年广东省分区域小学专任教师中级及以上职称比例变化情况

（%）

地区	2020年				2021年				增加
	城市	农村	合计	城乡差值	城市	农村	总计	城乡差值	
全省	44.66	63.72	52.89	－19.06	43.27	62.29	51.23	－19.02	－1.66
珠江三角洲	39.32	57.98	43.42	－18.66	38.55	53.36	42.34	－17.81	－1.08
东翼	58.04	59.74	59.13	－1.70	55.15	58.00	56.93	－2.85	－2.20
西翼	59.02	67.66	64.44	－8.64	56.16	66.95	62.83	－10.79	－1.61
山区	56.27	69.20	65.42	－12.93	53.21	67.56	63.20	－14.35	－2.22

分地市来看，除深圳市中级及以上职称教师比例增加外，其他各市该比例较上年均减少。其中梅州市教师该比例最高，为73.07%；潮州市减少最多，较上年比例减少4.36%。

（2）初中教育阶段中级及以上职称教师比例有所下降，城乡差距有所扩大

2021年，广东省初中中级及以上职称教师比例为57.65%，比上年减少1.52%。分区域看，山区初中中级及以上职称教师比例最大，为71.60%，较上年比例减少1.22%；西翼该比例为62.14%，较上年比例增长0.72%，涨幅最大；珠江三角洲初中中级及以上职称教师比例为52.47%，较上年比例减少2.23%，减少最多。分城乡看，城市初中中级及以上职称教师比例为52.60%，农村初中该比例为64.70%，城乡差距明显。2021年广东省初中专任教师中级及以上职称比例变化情况具体如表5－16所示。

表5－16 2020年、2021年广东省分区域初中专任教师中级及以上职称比例变化情况

（%）

地区	2020年				2021年				较上年增加
	城市	农村	合计	城乡差值	城市	农村	总计	城乡差值	
全省	54.37	65.47	59.17	－11.10	52.60	64.70	57.65	－12.10	－1.52
珠江三角洲	51.87	64.55	54.70	－12.68	49.69	62.72	52.47	－13.03	－2.23
东翼	56.90	55.94	56.31	0.96	55.70	54.36	54.90	1.34	－1.41
西翼	56.09	65.31	61.42	－9.22	56.85	66.27	62.14	－9.42	0.72
山区	67.41	75.09	72.82	－7.68	64.89	74.54	71.60	－9.65	－1.22

分地市来看，东莞市初中中级及以上职称教师比例最低，仅占33.78%；梅州市比例为78.90%，占比最大。

5. 义务教育阶段教师接受培训人数较多，多数教师接受县级、学校级培训

（1）小学专任教师接受校级培训人次最多

2021年，全省小学专任教师接受过不同层级的培训达到1 649 143人次。其中参与校级培训的小学专任教师人次最多，共计421 625人次。

分区域看，各地区小学专任教师参加校级培训的占比最大。其中接受培训的专任教师人数和人次均位于首位的是珠江三角洲，其次是山区、西翼和东翼。分区域专任教师参与不同层次的培训人次和占比情况如图5－9所示。

（2）初中专任教师主要接受校级与县级培训，区域差距较大

2021年，全省初中专任教师接受过不同层级的培训达到1 237 939人次。其中参与校级培训的初中专任教师人次最多，共计6 790 033人次。

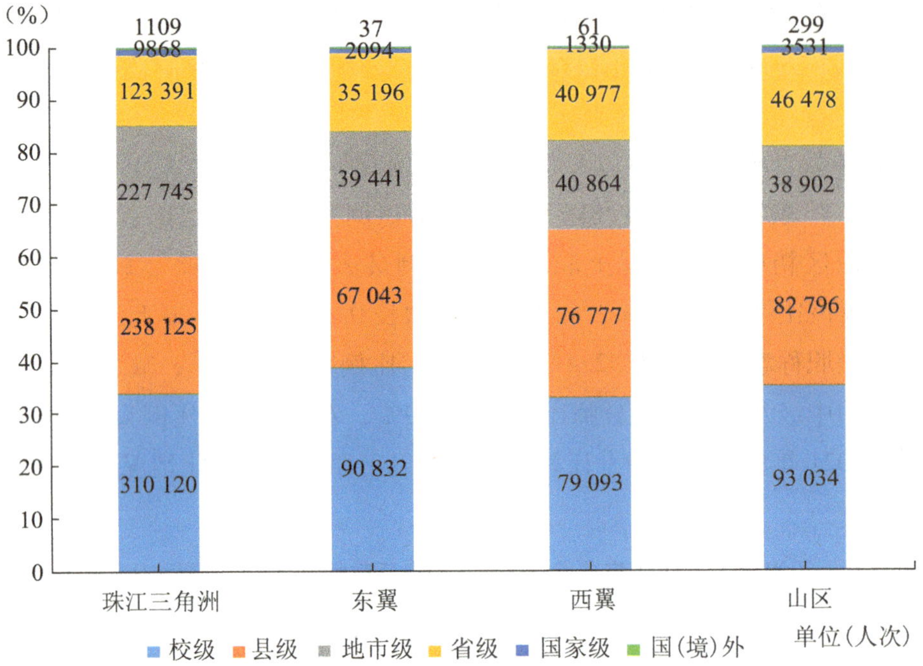

图5－9　2021年广东省分区域小学阶段专任教师接受培训分层情况

分区域看，各区域初中专任教师参加校级培训的占比最大。其中接受培训的专任教师人数和人次均位于首位的是珠江三角洲，其次是山区、东翼和西翼地区。分区域专任教师参与不同层次的培训人次和占比情况如图5－10所示。

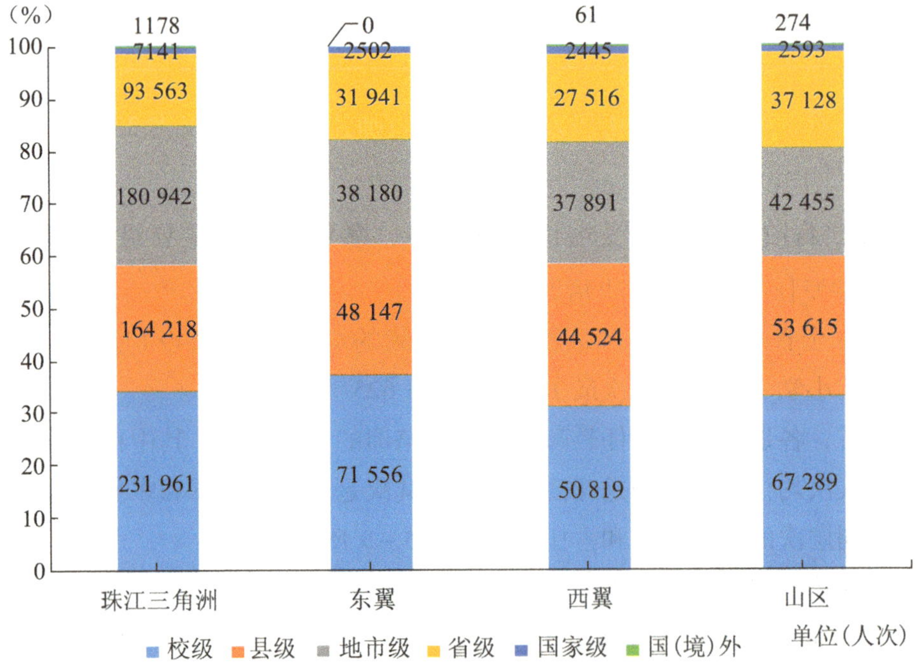

图5－10　2021年广东省分区域初中阶段专任教师接受培训分层情况

五、义务教育学校办学条件变化情况

1. 义务教育生均占地面积均略有增加

2021 年，广东省义务教育占地总面积达到 47 171.33 万平方米，比上年增加 1708.85 万平方米。其中小学生均占地面积为 24.81 平方米，初中生均占地面积为 47.53 平方米。

（1）小学生均占地面积情况较上年有所增加，西翼生均面积最大

2021 年小学生均占地面积为 24.81 平方米，较上年增长 0.33 平方米。分区域来看，西翼小学生均占地面积最大，为 34.17 平方米，较上年增长 0.45 平方米；珠江三角洲小学生均占地面积最小，为 20.86 平方米，较上年增长 0.59 平方米。全省分区域小学生均占地面积情况具体如图 5－11 所示。

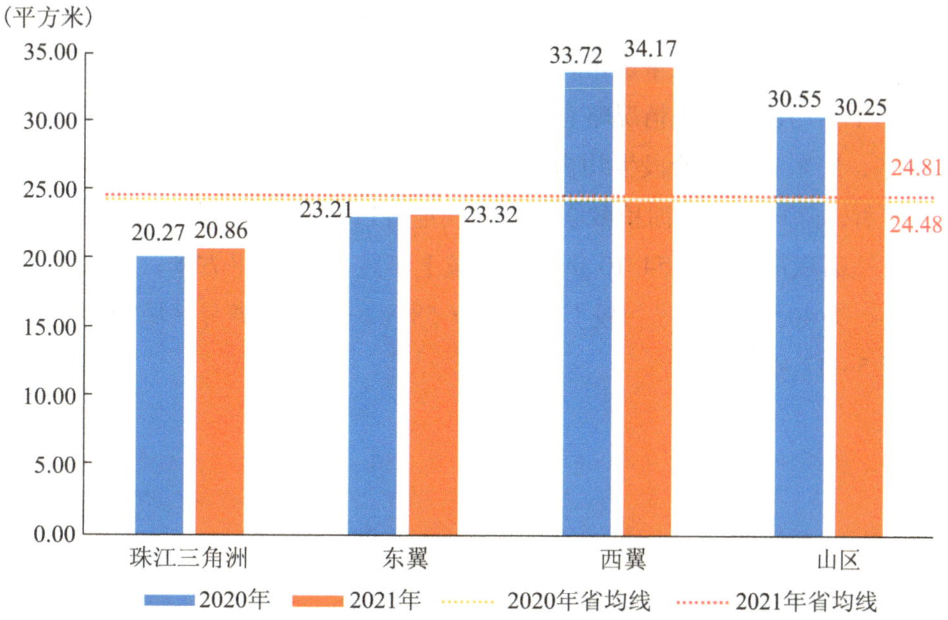

图 5－11 2020 年、2021 年广东省分区域小学生均占地面积情况

分城乡看，全省农村小学生均占地面积均高于城市。2021 年，广东省城市小学生均占地面积为 17.91 平方米，较上年增长 0.36 平方米；农村小学生均占地面积为 35.16 平方米，较上年增长 0.77 平方米。全省分城乡小学生均占地面积情况具体如表 5－17 所示。

表 5－17　2020 年、2021 年广东省分城乡小学生均占地面积情况

单位：平方米

项目	年份		增加
	2020	2021	
小学占地总面积	258 790 490. 77	267 700 737. 04	8 910 246. 27
生均占地面积	24. 48	24. 81	0. 33
城市小学占地面积	109 161 988. 05	115 892 263. 45	6 730 275. 40
城市生均占地面积	17. 55	17. 91	0. 36
农村小学占地面积	149 628 502. 72	151 808 473. 59	2 179 970. 87
农村生均占地面积	34. 39	35. 16	0. 77

分地市来看，2021 年小学生均占地面积除韶关、中山、茂名、清远、揭阳、云浮 6 市相较上年减少外，其他各市均有所增加。其中减少最多的是韶关市，较上年减少 1. 05 平方米；增加最多的是肇庆市，较上年增加 1. 49 平方米。

（2）初中生均占地面积情况略有增加，区域、城乡生均占地面积仍有一定差距

2021 年，广东省初中阶段生均占地面积为 48. 30 平方米，较上年增长 0. 77 平方米。分区域看，除珠江三角洲稍微增加外，其他各区域较上年均有所减少。其中山区初中生均占地面积最大，为 54. 10 平方米，较上年减少 2. 91 平方米；东翼初中生均占地面积最小，为 40. 67 平方米，较上年减少 0. 58 平方米。全省分区域初中生均占地面积情况如图 5－12 所示。

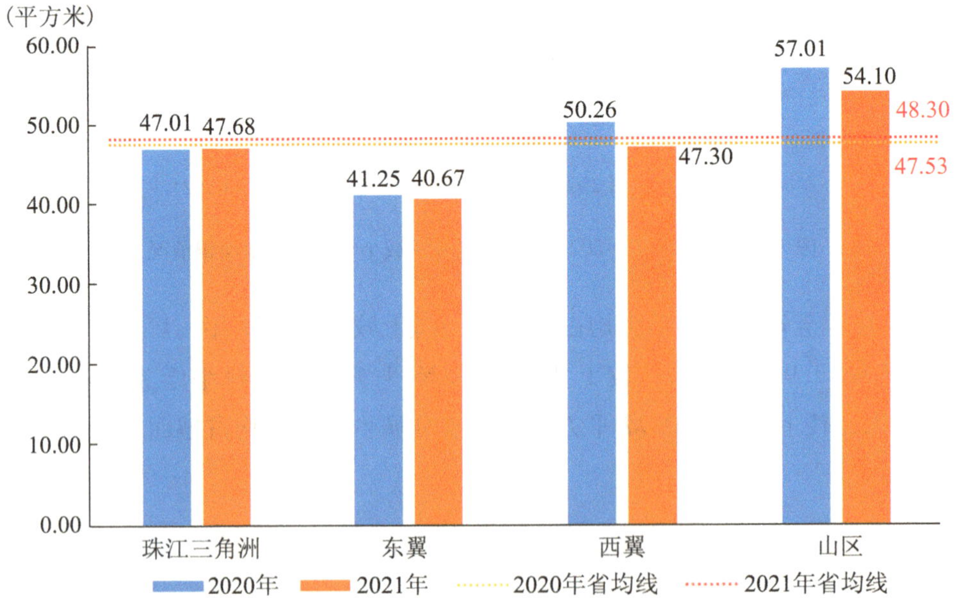

图 5－12　2020 年、2021 年广东省分区域初中生均占地面积情况

分城乡看，广东省城市初中生均占地面积为42.01平方米，较上年增加0.02平方米；农村初中生均占地面积为55.39平方米，较上年减少1.66平方米。城市初中生均占地面积远小于农村初中生均占地面积，相差13.38平方米。全省分城乡初中生均占地面积情况具体如表5－18所示。

表5－18 2020年、2021年广东省分城乡初中生均占地面积情况

单位：平方米

项目	年份		增加
	2020	2021	
初中占地总面积	195 834 324.63	204 012 610.95	8 178 286.32
生均占地面积	48.30	47.53	－0.77
城市初中占地面积	98 955 246.72	105 935 699.20	6 980 452.48
城市生均占地面积	41.99	42.01	0.02
农村初中占地面积	96 879 077.91	98 076 911.75	1 197 833.84
农村生均占地面积	57.05	55.39	－1.66

分地市来看，2021年广东省有13市初中生均占地面积减少，其中减少最多的是云浮市，较上年减少了5.47平方米。

2. 义务教育生均宿舍面积比上年有所增加

2021年，广东省小学寄宿生规模达68.35万人，寄宿生生均宿舍面积为16.93平方米，符合《广东省义务教育规范化学校标准（试行）》[①] 生均4平方米的标准；初中寄宿生规模达180.21万人，寄宿生生均宿舍面积为11.50平方米，比上年增加0.35平方米，符合《广东省义务教育规范化学校标准（试行）》生均4.5平方米的标准。

（1）小学寄宿生生均宿舍面积有增长，区域差距较大

2021年，广东省小学寄宿生生均宿舍面积为16.93平方米，较上年增加了1.26平方米。分区域看，东翼寄宿生生均占地面积最大，为26.92平方米，较上年增加2.81平方米；西翼寄宿生生均宿舍面积最小，为8.90平方米，较上年增加0.19平方米。西翼和山区寄宿生生均宿舍面积与东翼和珠江三角洲差距较大。全省分区域小学寄宿生生均宿舍面积情况具体如图5－13所示。

① 广东省教育厅．广东省义务教育标准化学校标准（试行），［EB/OL］［2006－08－24］http：//edu.gd.gov.cn/gkmlpt/content/2/2091/post_2091009.html#1621.

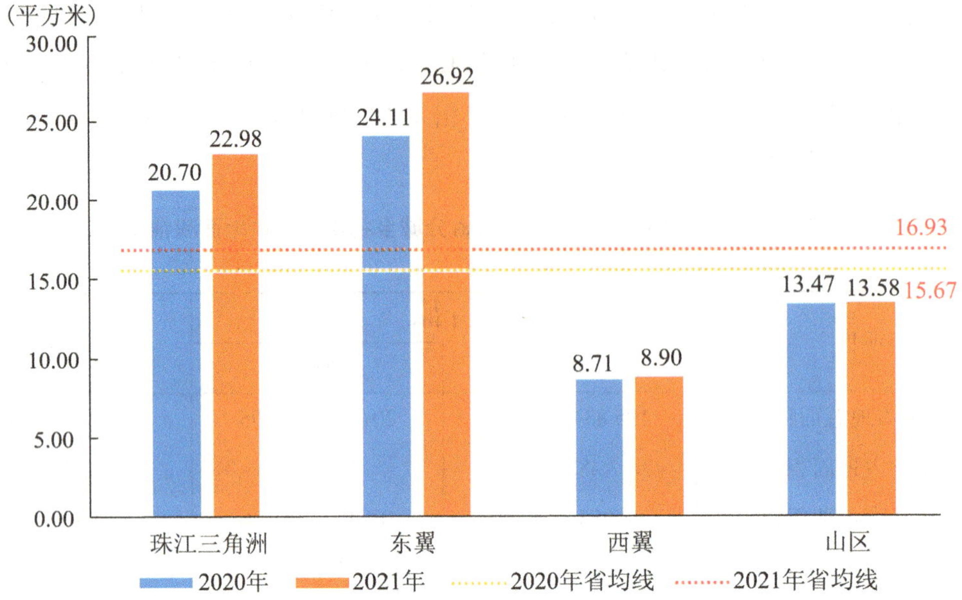

图 5-13　2020 年、2021 年广东省分区域小学寄宿生生均宿舍面积情况

分城乡看，城市小学寄宿生生均宿舍面积为 21.01 平方米，较上年增加 1.38 平方米；农村小学寄宿生生均宿舍面积为 12.76 平方米，较上年增加 1.11 平方米。城市与农村的寄宿生生均宿舍面积相差 8.25 平方米，差距较大。全省分城乡小学寄宿生生均宿舍面积情况具体如表 5-19 所示。

表 5-19　2020 年、2021 年广东省分城乡小学寄宿生生均宿舍面积情况

单位：平方米

项目	年份		增加
	2020	2021	
宿舍总面积	9 452 606. 27	11 570 177. 31	2 117 571. 04
生均宿舍面积	15. 67	16. 93	1. 26
城市宿舍面积	5 965 538. 18	7 253 789. 06	1 288 250. 88
城市生均宿舍面积	19. 63	21. 01	1. 38
农村宿舍面积	3 487 068. 09	4 316 388. 25	829 320. 16
农村生均宿舍面积	11. 65	12. 76	1. 11

分地市来看，2021 年广东省小学生均宿舍面积最大的是深圳，为 60. 30 平方米；生均面积最小的是茂名市，为 5. 94 平方米。

（2）初中寄宿生生均宿舍面积略有增长，区域差距明显

2021 年，广东省初中寄宿生生均宿舍面积为 11. 50 平方米，较上年增加 0. 35 平

方米。分区域看，东翼初中寄宿生生均宿舍面积最大，为14.65平方米，较上年增加了1.29平方米；西翼初中寄宿生生均宿舍面积最小，为8.38平方米，较上年减少了0.20平方米。且区域间生均宿舍面积差异显著。全省分区域初中寄宿生生均宿舍面积情况具体如图5－14所示。

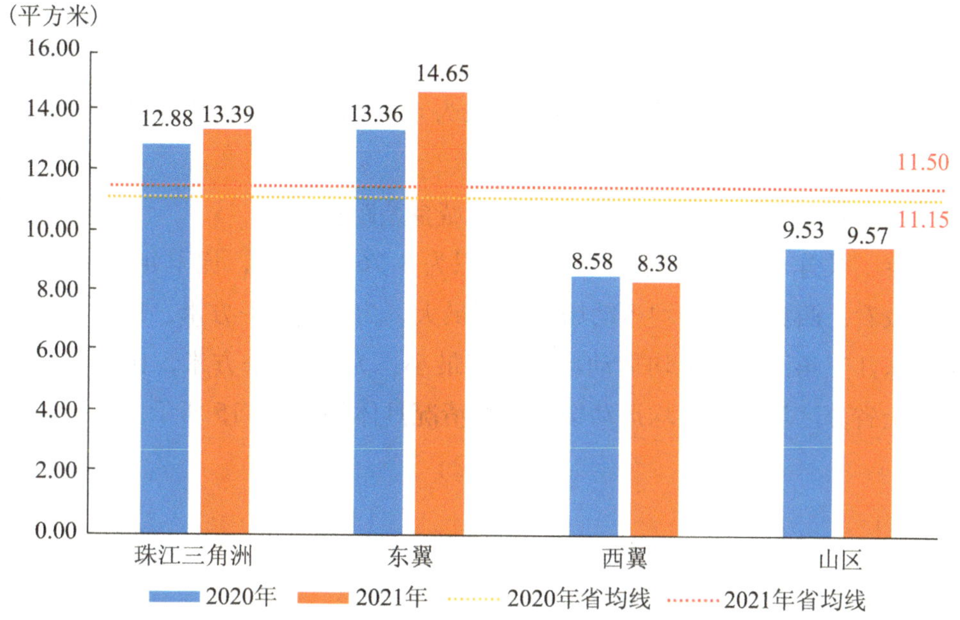

图5－14 2020年、2021年广东省分区域初中寄宿生生均宿舍面积

分城乡看，城市初中寄宿生生均宿舍面积为13.59平方米，较上年增加0.45平方米；农村小学寄宿生生均宿舍面积为9.31平方米，较上年增加0.18平方米。城市与农村的寄宿生生均宿舍面积相差4.28平方米，具有一定差距。全省分城乡初中寄宿生生均宿舍面积情况具体如表5－20所示。

表5－20 2020年、2021年广东省分城乡初中寄宿生生均宿舍面积情况

单位：平方米

项目	年份		增加
	2020	2021	
宿舍总面积	18 247 943.29	20 715 871.08	2 467 927.79
生均宿舍面积	11.15	11.50	0.35
城市宿舍面积	10 818 832.17	12 500 102.13	1 681 269.96
城市生均宿舍面积	13.14	13.59	0.45
农村宿舍面积	7 429 111.12	8 215 768.95	786 657.83
农村生均宿舍面积	9.13	9.31	0.18

分地市来看，2021 年广东省初中寄宿生生均宿舍面积最大的是深圳市，为 42.43 平方米；最小的是河源市，为 7.24 平方米。

3. 义务教育阶段生均运动场地面积总体有所增加，各区域生均运动场地面积有一定变化

2021 年，广东省义务教育阶段生均运动场地面积为 10.51 平方米，比上年增加 0.20 平方米。其中，小学生均运动场地面积为 8.76 平方米，初中生均运动场地面积为 14.89 平方米。

（1）小学生均运动场地面积略有增加，城乡差距扩大

2021 年，广东省小学生均运动场地面积为 8.76 平方米，比上年增加 0.20 平方米。分区域看，西翼小学生均运动场地面积最大，为 11.10 平方米，比上年减少 0.05 平方米；珠江三角洲小学生均运动场地面积最小，为 7.85 平方米，比上年增加 0.52 平方米。全省分区域小学生均运动场地面积情况具体如图 5－15 所示。

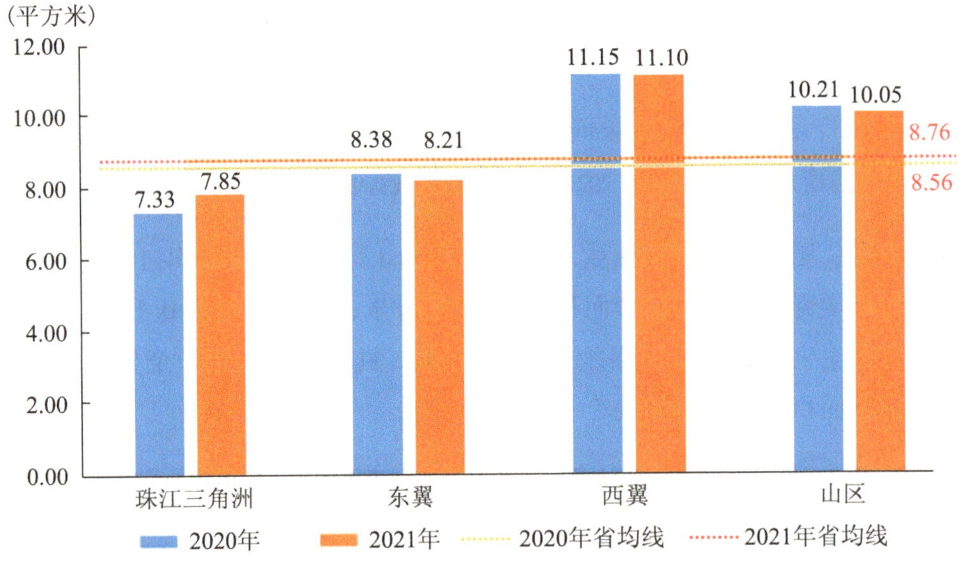

图 5－15　2020 年、2021 年广东省分区域小学生均运动场地面积

分城乡看，城市小学生均运动场地面积低于农村。2021 年，广东省城市小学生均运动场地面积为 7.01 平方米，比上年增加 0.43 平方米；农村小学生均运动场地面积为 11.40 平方米，比上年增加 0.02 平方米。全省分城乡小学生均运动场地面积情况具体如表 5－21 所示。

表 5－21　2020 年、2021 年广东省分城乡小学生均运动场地面积情况

单位：平方米

项目	年份		增加
	2020	2021	
运动场地总面积	90 444 114. 11	94 554 863. 23	4 110 749. 12
生均运动场地面积	8. 56	8. 76	0. 20
城市运动场地面积	40 940 338. 14	45 344 806. 5	4 404 468. 36
城市生均运动场地面积	6. 58	7. 01	0. 43
农村运动场地面积	49 503 775. 97	49 210 056. 73	－293 719. 24
农村生均运动场地面积	11. 38	11. 40	0. 02

分地市来看，2021 年广东省小学生均运动场面积最大的是梅州市，为 12. 29 平方米；最小的是东莞市，为 5. 65 平方米。

（2）初中生均运动场地面积与去年相近，城乡差距缩小

2021 年，广东省初中生均运动场地面积为 14. 89 平方米，比上年增加 0. 03 平方米。分区域看，珠江三角洲初中生均运动场地面积最大，为 16. 09 平方米，比上年增加 0. 92 平方米；东翼初中生均运动场地面积最小，为 11. 79 平方米，比上年减少 0. 38 平方米。全省分区域初中生均运动场地面积情况具体如图 5－16 所示。

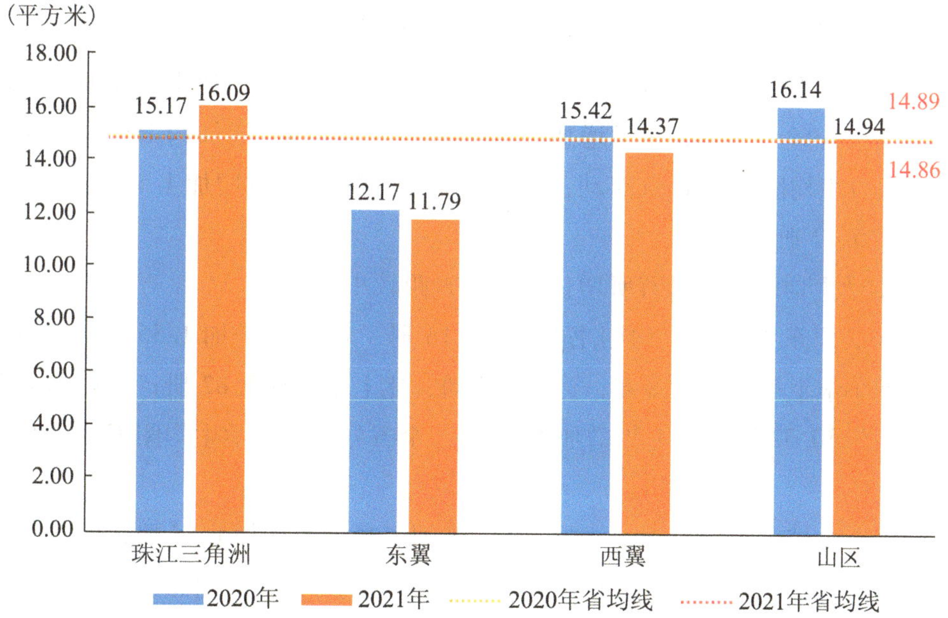

图 5－16　2020 年、2021 年广东省分区域初中生均运动场地面积

分城乡看，城市初中生均运动场地面积低于农村。2021 年，城市初中生均运动场地面积为 14.50 平方米，比上年增加 0.48 平方米；农村初中生均运动场地面积为 15.45 平方米，比上年减少 0.58 平方米。全省分城乡初中生均运动场地面积情况具体如表 5－22 所示。

表 5－22　2020 年、2021 年广东省分城乡初中寄宿生生均运动场面积

单位：平方米

项目	年份		增加
	2020	2021	
运动场地总面积	60 270 873	63 919 425.96	3 648 553.02
生均运动场地面积	14.86	14.89	0.03
城市运动场地面积	33 049 313	36 567 246.35	3 517 933.12
城市生均运动场地面积	14.02	14.50	0.48
农村运动场地面积	27 221 559.71	27 352 179.61	130 619.9
农村生均运动场地面积	16.03	15.45	－0.58

分地市来看，2021 年广东省初中生均运动场地面积最大的是深圳市，为 21.59 平方米；最小的是汕尾市，为 10.44 平方米。

4. 义务教育阶段生均图书数较上年有所增长

2021 年，广东省义务教育图书总藏量为 60 143.56 万册，比上年增加约 3941.11 万册，增长 6.50%；其中，小学增加约 2346.33 万册，初中增加约 1594.78 万册。广东省义务教育生均图书数有所浮动，其中，小学生均图书数增加 1.55 册，初中生均图书数增加 0.47 册。

（1）小学生均图书数量有所增长，区域差距较小

2021 年，广东省小学生均图书数为 32.16 册，较上年增加 1.55 册。分区域看，珠江三角洲小学生均图书数最多，为 32.82 册，比上年增加 1.82 册；东翼小学生均图书数最少，为 30.32 册，比上年增加 0.34 册。全省分区域小学生均图书数情况具体如图 5－17 所示。

分城乡看，城市小学生均图书数为 32.12 册，较上年增加 1.55 册；农村小学生均图书数为 32.23 册，较上年增加 1.55 册，城乡小学生均图书数量相差不大。广东省分城乡小学生均图书情况如表 5－23 所示。

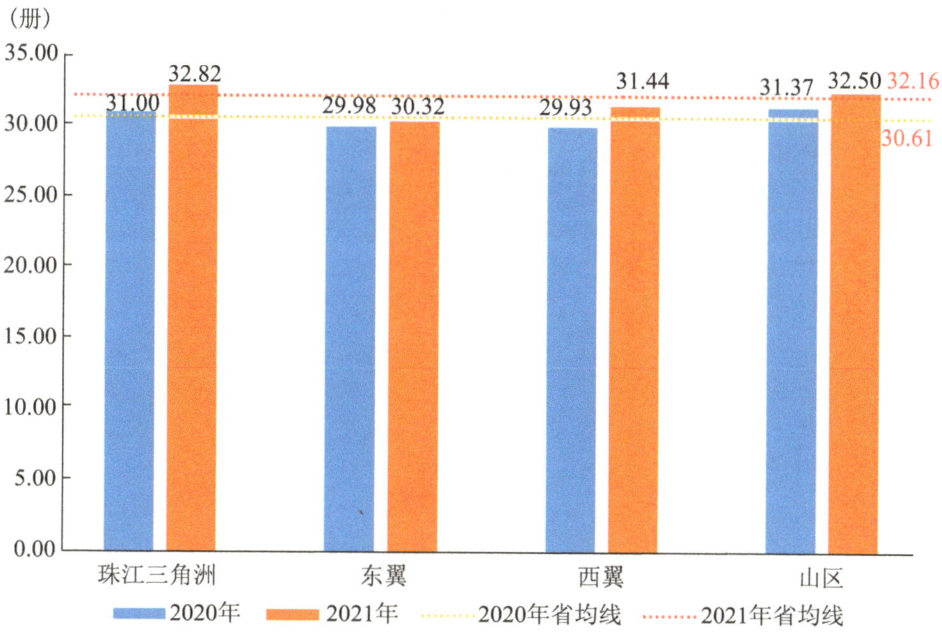

图 5－17　2020 年、2021 年广东省分区域小学生均图书数

表 5－23　2020 年、2021 年广东省分城乡小学生均图书情况

单位：册

项目	年份		增加
	2020	2021	
图书总藏量	323 599 696	347 063 038	23 463 342
生均图书	30. 61	32. 16	1. 55
城市图书	190 133 080	207 910 841	17 777 761
城市生均图书	30. 57	32. 12	1. 55
农村图书	133 466 616	139 152 197	5 685 581
农村生均图书	30. 68	32. 23	1. 55

从各地市来看，2021 年，广东省小学生均图书数量最多的是深圳市，为 40. 24 册；数量最少的是珠海市，为 24. 83 册。

（2）初中生均图书数与上年相近，城乡差距显著

2021 年，广东省初中生均图书数为 59. 27 册，较上年增加 0. 47 册。分区域看，珠江三角洲初中生均图书数最多，为 64. 90 册，比上年增加 6. 10 册；山区初中生均图书数最少，为 52. 53 册，比上年减少 1. 65 册。珠江三角洲初中生均图书数与山区初中生均图书数相差 12. 37 册，相差较大。全省分区域初中生均图书数情况具体如图 5－18 所示。

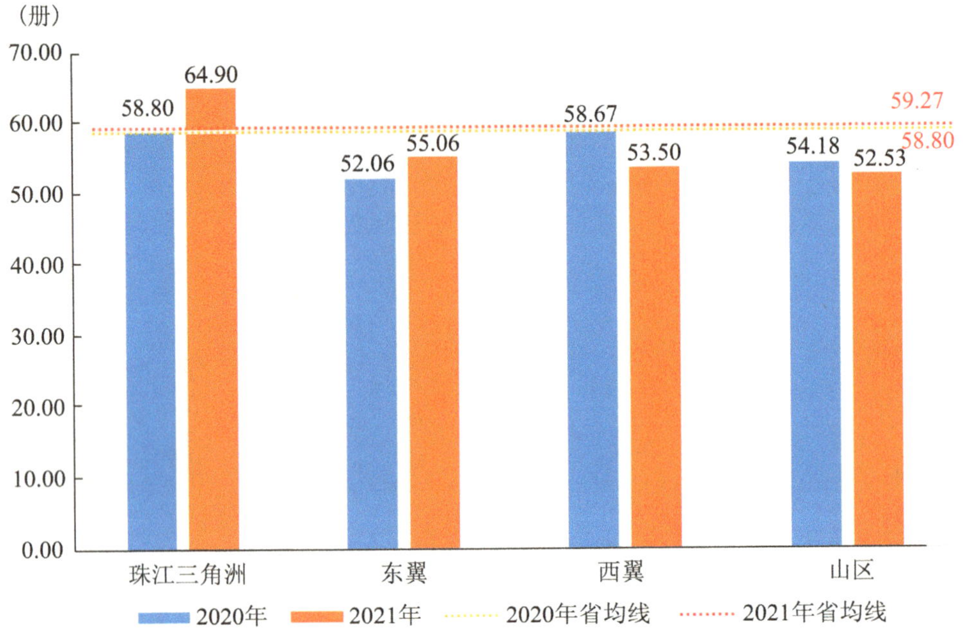

图 5－18 2020 年、2021 年广东省分区域初中生均图书数

分城乡看，城市初中生均图书数为64.13 册，比上年增加1.45 册；农村初中生均图书数为52.34 册，比上年减少1.08 册。城乡初中生均图书数存在一定差距。广东省分城乡初中生均图书情况如表 5－24 所示。

表 5－24 2020 年、2021 年广东省分城乡初中生均图书情况

单位：册

项目	年份		增加
	2020	2021	
图书总藏量	238 424 786	254 372 556	15 947 770
生均图书	58.8	59.27	0.47
城市图书	147 712 359	161 699 727	13 987 368
城市生均图书	62.68	64.13	1.45
农村图书	90 712 427	92 672 829	1 960 402
农村生均图书	53.42	52.34	－1.08

分地市来看，2021 年广东省初中生均图书数量最多的是深圳市，为 88.98 册；数量最少的是珠海市，为 39.07 册。

5. 义务教育阶段生均教学仪器设备值减少，城乡差距依然较大

2021 年，广东省小学生均教学仪器设备值为 3197.07 元，初中生均教学仪器设备值为 6310.96 元。

（1）小学阶段生均教学仪器值大幅增长，区域差距较大

2021 年，广东省小学生均教学仪器设备值为 3197.07 元，比上年增加 279.17 元。分区域看，珠江三角洲小学生均教学仪器值为 3990.57 元，较上年增加 357.13 元；东翼小学生均教学仪器值为 2172.07 元，较上年增加 109.71 元。且不同区域间小学生均仪器值差距较大，如珠江三角洲与东翼相差 1818.50 元。全省分区域小学生均教学仪器设备值情况具体如图 5－19 所示。

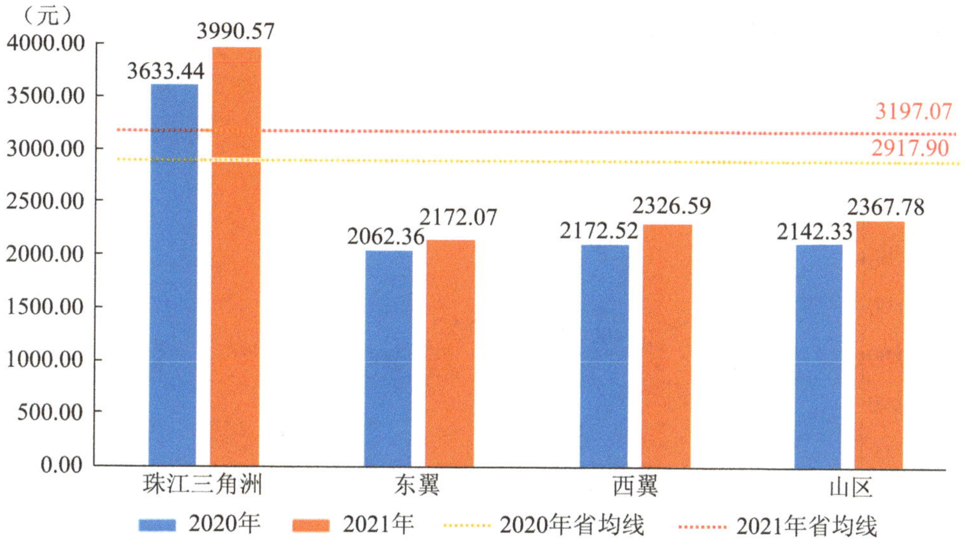

图 5－19　2020 年、2021 年广东省小学分区域生均教学仪器设备值

分城乡看，城市小学生均教学仪器设备值为 3668.71 元，较上年增加 271.96 元；农村小学生均教学仪器设备值 2490.12 元，较上年增加 256.79 元。城乡生均教学仪器设备值相差 1178.59 元，差距较大。广东省分城乡小学生均教学仪器设备值情况具体如表 5－25 所示。

表 5－25　2020 年、2021 年广东省分城乡小学生均教学仪器设备值

单位：元

项目	年份		增加
	2020	2021	
教学仪器设备总值	3 084 549.81	3 449 670.90	365 121.09
生均教学仪器设备值	2917.90	3197.07	279.17
城市教学仪器设备值	2 112 843.10	2 374 472.74	261 629.64
城市生均教学仪器设备值	3396.75	3668.71	271.96
农村教学仪器设备值	971 706.71	1 075 198.17	103 491.46
农村生均教学仪器设备值	2233.33	2490.12	256.79

分地市来看，除揭阳外，其他各地市小学生均仪器设备值均比上年有所增加，增幅最大的是珠海市，增加516.70元。

（2）初中生均教学仪器值增长较大，区域、城乡差距明显

2021年，广东省初中生均教学仪器设备值为6310.96元，比上年增加了386.54元。分区域看，珠江三角洲初中生均教学仪器值为8645.60元，较上年增加了615.59元；西翼初中生均教学仪器值为3737.49元，较上年增加了156.21元。且不同区域间差距显著，其中珠江三角洲初中生均仪器值与西翼相差4908.11元，全省分区域初中生均教学仪器设备值情况具体如图5－20所示。

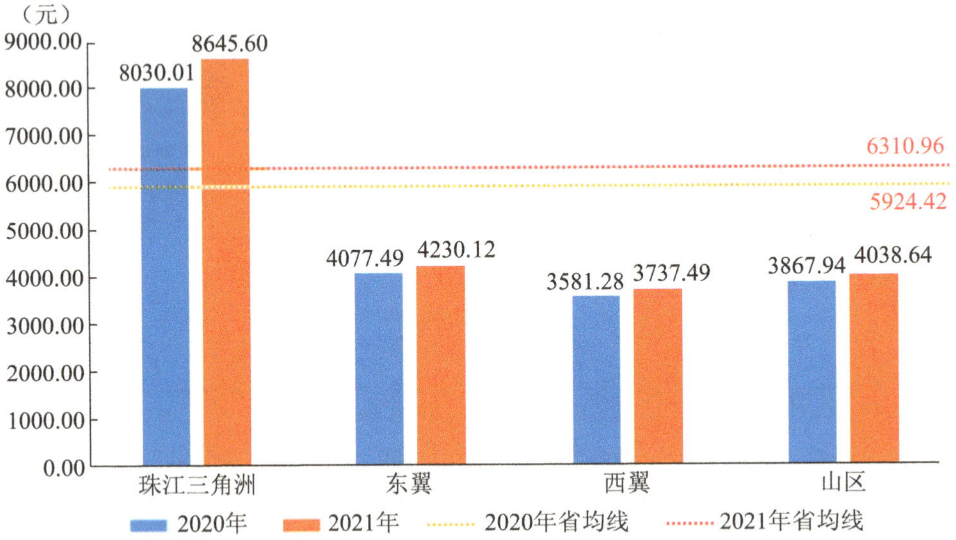

图5－20　2020年、2021年广东省分区域初中生均教学仪器设备值

分城乡来看，城市初中生均教学仪器设备值为7818.47元，较上年增加390.27元；农村初中生均教学仪器设备值为4164.11元，较上年增加326.57元。城乡初中生均教学仪器设备值相差3654.36元，差距较大。广东省分城乡初中生均教学仪器设备值具体情况如表5－26所示。

表5－26　2020年、2021年广东省分城乡初中生均教学仪器设备值

单位：元

项目	年份		增加
	2020	2021	
教学仪器设备总值	2 402 157.82	2 708 714.99	306 557.17
生均教学仪器设备值	5924.42	6310.96	386.54
城市教学仪器设备值	1 750 501.85	1 971 421.16	220 919.31
城市生均教学仪器设备值	7428.20	7818.47	390.27
农村教学仪器设备值	651 655.97	737 293.83	85 637.86
农村生均教学仪器设备值	3837.54	4164.11	326.57

分地市来看，除揭阳和茂名外，其他各地市均比上年有所增加，增幅最大的是广州市，增加1089.21元。

6. 义务教育信息化水平较高，区域间仍存在一定差距

2021年，广东省小学数字终端数①为2 664 853台，学生数与终端数比为4.05:1；初中终端数为1 836 459台，学生数与终端数比为2.34:1。

（1）小学阶段学生数与终端数比值有所下降

2021年，广东省小学学生数与终端数比值为4.05，比上年比值减少0.34，学生占有终端数水平提高。分区域看，珠江三角洲小学学生数与终端数比值最大，为4.33，较上年减少0.30；东翼小学学生数与终端数比值最小，为3.52，较上年减少0.23，下降幅度最小。全省分区域小学学生数与终端数比值情况具体如图5－21所示。

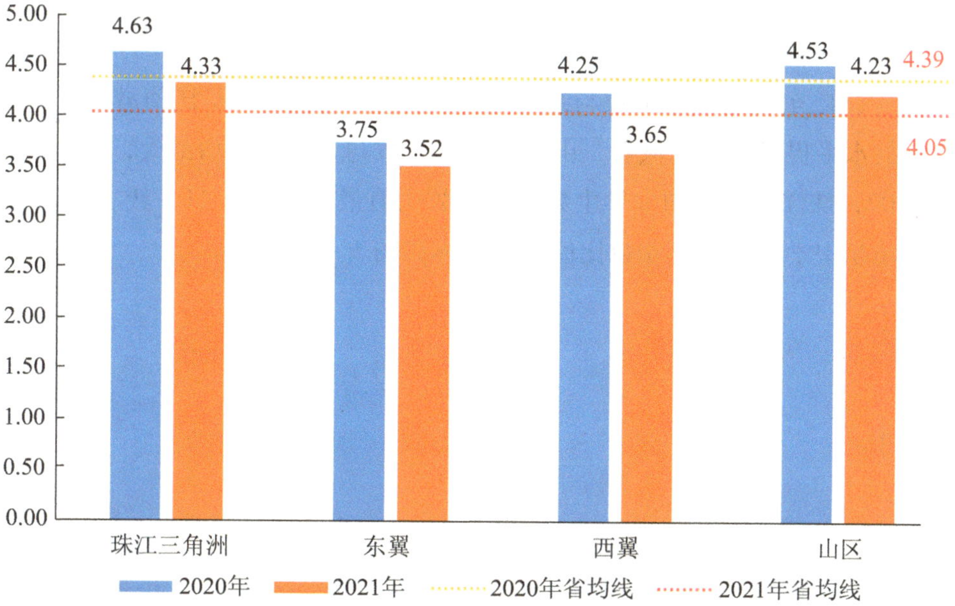

图5－21 2020年、2021年广东省分区域小学学生数与终端数比值

分城乡看，2021年广东省城市小学学生终端总数为1 559 862台，学生数与终端数的比值为4.15，较上年减少0.28；农村小学学生终端总数为1 104 991台，学生数与终端数的比值为3.91，较上年减少0.43。全省分城乡小学学生数与终端数比值情况具体如表5－27所示。

---

① 数字终端数是指计入学校固定资产的、能接入有线或无线网络的各种数字计算设备数量，主要包括个人台式、笔记本电脑、平板电脑（Pad）和各种新媒体技术设备的台数。学生终端数是指为学生配备的学习用台式机、笔记本电脑、平板电脑台数和新媒体技术设备。

表 5－27　2020 年、2021 年广东省分城乡小学学生数字终端数情况

单位：台

项目	年份		增加
	2020	2021	
学生终端总数	2 405 925	2 664 853	258 928
学生数: 终端数	4.39	4.05	－0.34
城市学生终端总数	1 402 663	1 559 862	157 199
城市学生数: 终端数	4.43	4.15	－0.28
农村学生终端总数	1 003 262	1 104 991	101 729
农村学生数: 终端数	4.34	3.91	－0.43

分地市看，2021 年广东省小学学生数与终端数比值最大的是中山市，为 5.75；最小的是茂名市，为 3.18。

（2）初中阶段学生数与终端数比值略有下降

2021 年，广东省初中学生数与终端数比值为 2.34，比上年比值减少 0.11，学生占有终端数水平提高。分区域看，山区初中学生数与终端数比值最大，为 2.91，较上年增加 0.02；珠江三角洲初中学生数与终端数比值最小，为 2.11，较上年减少 0.12。全省分区域初中学生数与终端数比值情况具体如图 5－22 所示。

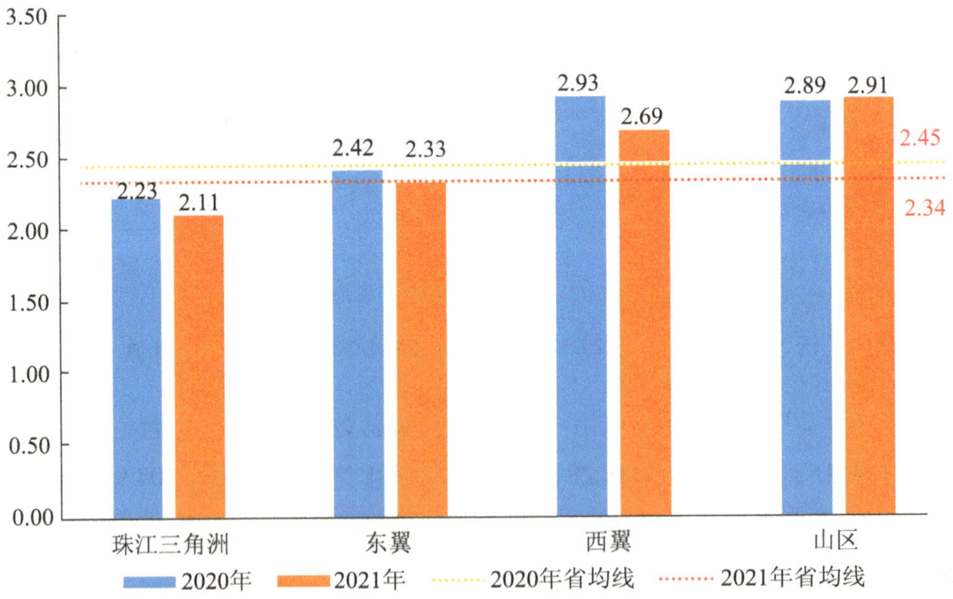

图 5－22　2020 年、2021 年初中分区域学生数与终端数比值

分城乡看，2021 年广东省城市初中学生终端总数为 1 204 474 台，学生数与终端数的比值为 2.09，较上年减少 0.11；农村初中学生终端总数为 631 985 台，学生数与

终端数的比值为 2.80，较上年减少 0.11。全省分城乡初中学生数与终端数比值情况具体如表 5-28 所示。

表 5-28　2020 年、2021 年广东省分城乡初中学生数字终端数情况

单位：台

项目	年份		增加
	2020	2021	
学生终端总数	1 652 065	1 836 459	184 394
学生数:终端数	2.45	2.34	-0.11
城市学生终端总数	1 069 216	1 204 474	135 258
城市学生数:终端数	2.20	2.09	-0.11
农村学生终端总数	582 849	631 985	49 136
农村学生数:终端数	2.91	2.80	-0.11

分地市看，2021 年广东省初中学生数与终端数比值最大的是河源市，为 4.01；最小的是深圳市，为 1.41。

7. 义务教育大班额问题得到一定程度的缓解，小学与初中班额均达到省规范化学校标准

2021 年，广东省义务教育阶段平均班额为 41 人，与上年持平。其中，小学平均班额为 39 人，达到了广东省义务教育规范化学校标准①规定的小学班额不超过 46 人的标准；初中平均班额为 46 人，达到广东省义务教育规范化学校标准规定的初中班额不超过 50 人的标准。

（1）小学平均班额人数与上年持平，大班额占比有所下降

2021 年，广东省小学平均班额为 39 人，与上年持平。分区域看，珠江三角洲平均班额最大，为 43 人；西翼小学平均班额最小，为 34 人。珠江三角洲与西翼平均班额相差 7 人，区域差距较大。全省各区域小学平均班额均与上年基本持平。广东省小学分区域平均班额情况具体如图 5-23 所示。

2021 年，广东省小学大班额占比为 0.24%，较上年下降 0.02%。分区域看，东翼地区小学大班额比例最高，为 0.73%，较上年增长 0.73%；西翼小学大班额比例最低，为 0.00%，与上年持平；珠江三角洲和山区大班额现象有所缓解。广东省分区域小学大班额占比情况具体如图 5-24 所示。

---

① 韶关市教育局．广东省义务教育标准化学校标准，[EB/OL]［2015-02-10］http：//jy.sg.gov.cn/jcjy/zcfg/content/post_316921.html.

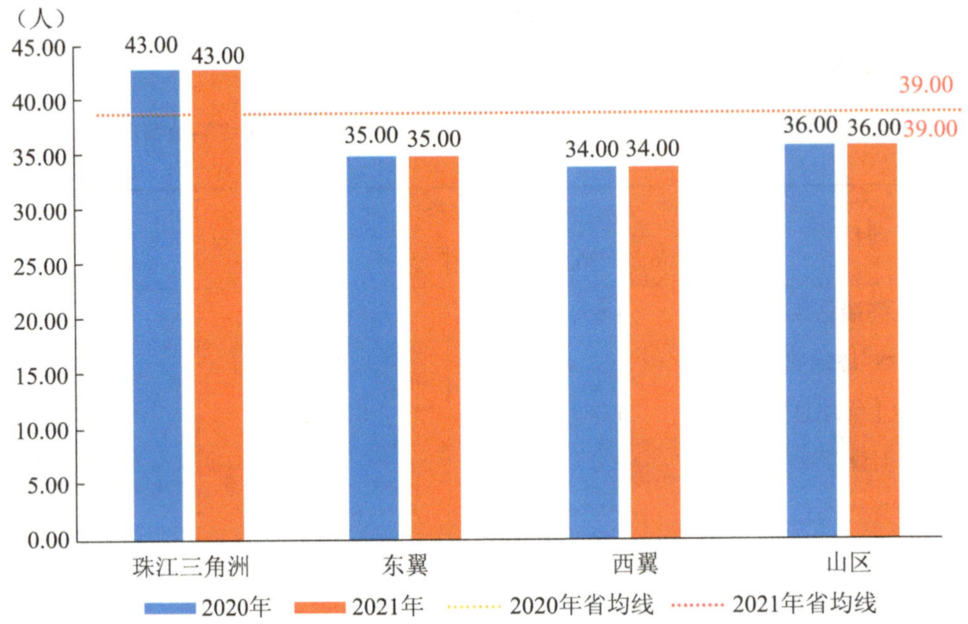

图 5－23　2020 年、2021 年广东省分区域小学平均班额情况

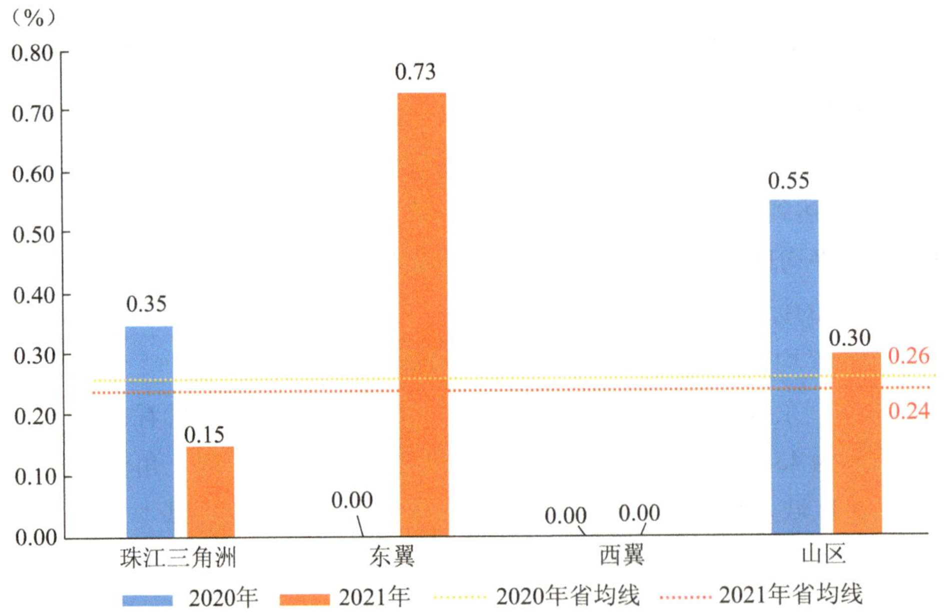

图 5－24　2020 年、2021 年广东省分区域小学大班额占比情况

分城乡看，城市小学大班额占比为 0. 38%，与上年持平；农村小学大班额占比为 0. 08%，较上年比例减少 0. 04%，农村地区大班额现象有所缓解。全省分城乡小学大班额占比情况具体如表 5－29 所示。

表 5－29　2020 年、2021 年广东省分城乡小学阶段大班额比例情况

（%）

项目	年份		增加
	2020	2021	
城市大班额占比	0.38	0.38	0
农村大班额占比	0.12	0.08	－0.04

分地市来看，2021 年广东省小学大班额占比最大的是揭阳市，达 2.09%。

（2）初中平均班额与上年持平，大班额占比有所增加

2021 年，广东省初中平均班额为 46 人，与上年持平。分区域看，西翼初中平均班额最大，为 47 人，与上年持平；其他区域平均班额均为 46 人。全省各区域初中平均班额差距较小。广东省分区域初中平均班额情况具体如图 5－25 所示。

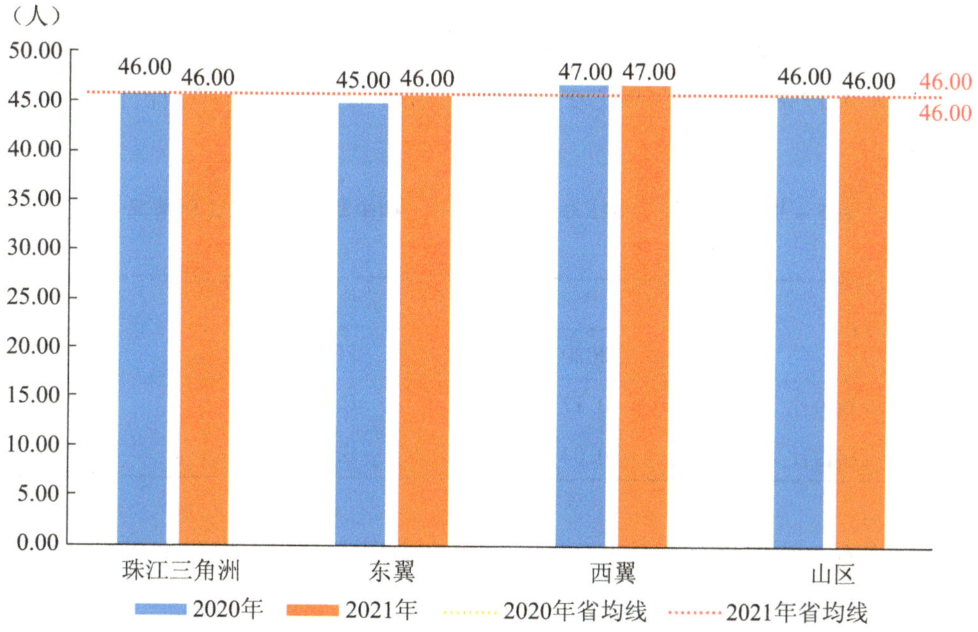

图 5－25　2020 年、2021 年广东省分区域初中平均班额情况

2021 年，全省初中 56 人及以上大班额比例为 0.24%，比上年比例增加了 0.12%。分区域看，山区初中大班额比例最高，为 0.20%，较上年比例减少 0.34%；西翼初中大班额比例最低，为 0.00%，与上一年持平；东翼和山区的初中大班额情况有所改善。广东省分区域初中大班额占比情况具体如图 5－26 所示。

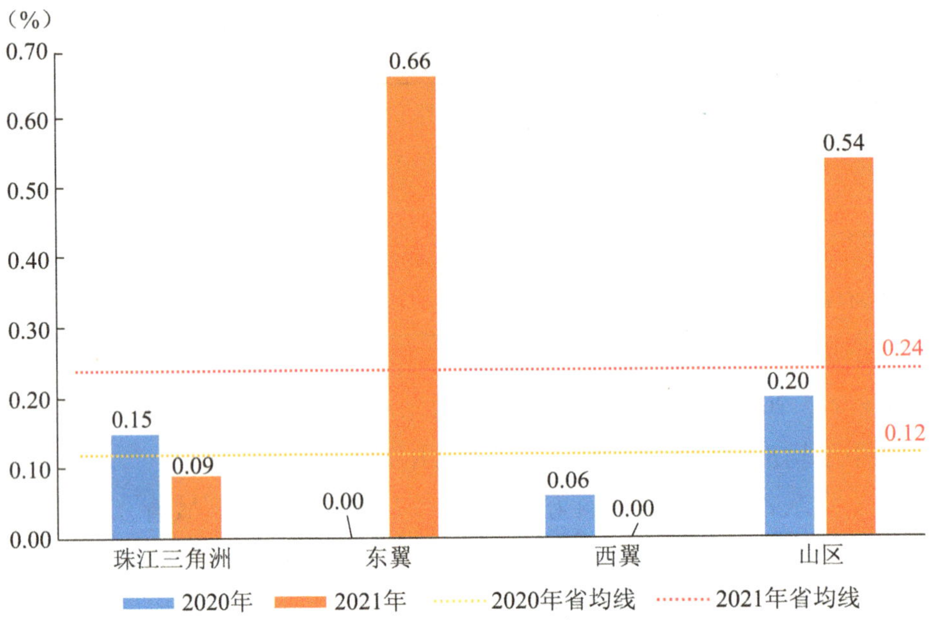

图5－26　2020年、2021年广东省分区域初中平均班额情况

分城乡看，城市初中大班额占比为0.30%，较上年比例增长0.13%；农村初中大班额占比为0.17%，较上年增长0.13%。全省分城乡初中大班额占比情况具体如表5－30所示。

表5－30　2020年、2021年广东省分城乡初中阶段大班额比例情况

(%)

项目	年份		增加
	2020	2021	
城市大班额占比	0.17	0.30	0.13
农村大班额占比	0.04	0.17	0.13

分地市来看，全省只有5个市存在初中大班额现象，其中河源市初中大班额比例最大，达2.47%。

六、民办义务教育事业发展基本状况

1．学校数量变化情况

回望近八年全省民办义务教育阶段学校数量变化情况：民办小学学校数量呈逐年微减趋势，从2014年的705所减少至2021年的642所，减少了8.94%，总体占比也从6.57%缩减至6.06%；民办初中学校数量呈平稳增长态势，从2014年的870所发展至2021年的1082所，共增加212所，增长率为24.37%，总体占比也呈缓增趋势，到2021年民办初中数占全省比例为28.24%（图5－27）。教育部对《民办教育促进法实施条例》的最新修订①以及广东省民转公等相关政策的颁布，都进一步对民办教育规范办学提出了要求，以及部分小学转为九年一贯制或十二年一贯制学校等，这些均与民办义务教育学校发展有一定关联。

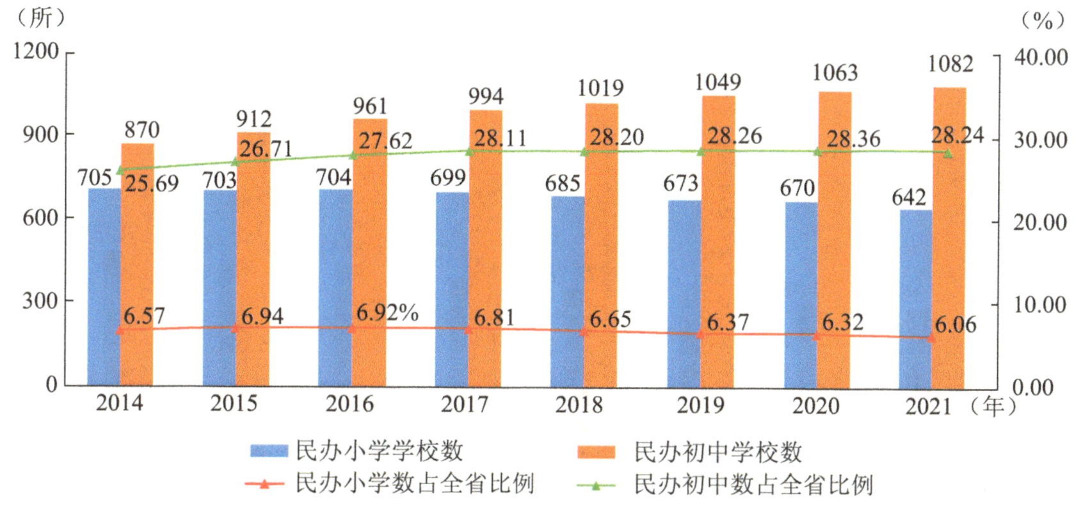

图5－27　2014—2021年广东省民办义务教育阶段学校数总体变化情况

2. 在校生数量变化情况

近八年全省民办义务教育阶段在校学生数如图5－28所示，其中民办小学和民办初中在校生数均呈增长态势。民办小学在校生数从2014年的184.52万人发展至2021年的229.36万人，增加了44.84万人，增长率为24.30%；其在全省小学在校生总数的占比自2015年开始逐渐减小，到2021年占全省小学在校生比例为21.26%。民办初中在校生数逐年增加，从2014年的69.82万人增长至2021年的98.09万人，增加了28.27万人，增长率为40.49%；其占全省初中在校生比例呈“先增加后减少”的变化趋势，从2014年的18.53%发展至2019年的23.24%，后逐年减少，到2021年其占全省初中在校生比例缩减至22.85%。可见，民办义务教育阶段在校生数量变化情况基本与义务教育在校生总体变化情况一致。

3. 专任教师数量变化情况

2014—2021年全省民办义务教育阶段专任教师数量整体呈增长态势（图5－29）。其中民办小学专任教师数从2014年的7.89万人增长至2021年的12.08万人，占全省小学专任教师数比例从17.36%增加至20.40%；民办初中专任教师数从2014年的

① 中华人民共和国教育部．中华人民共和国民办教育促进法实施条例，［EB/OL］［2021－05－17］http：//www.moe.gov.cn/fbh/live/2021/53439/.

3.96 万人发展至 2021 年的 6.75 万人，占全省初中专任教师比例从 14.22% 增加至 21.42%。这些变化与全省民办义务教育阶段学生数量增加有关。

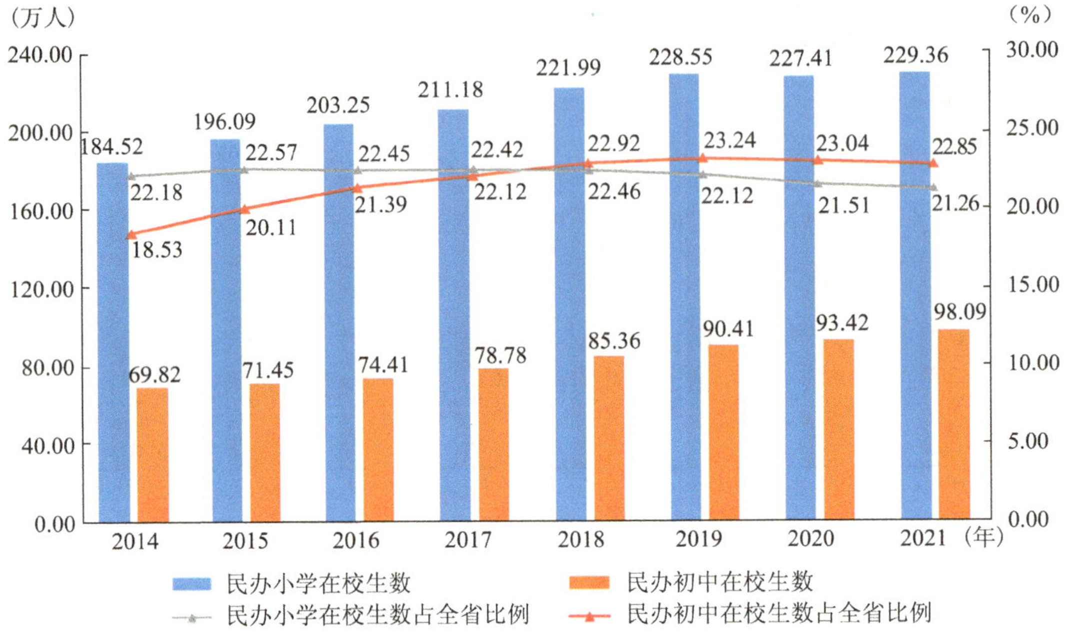

图 5-28　2014—2021 年广东省民办义务教育阶段在校生数量变化情况

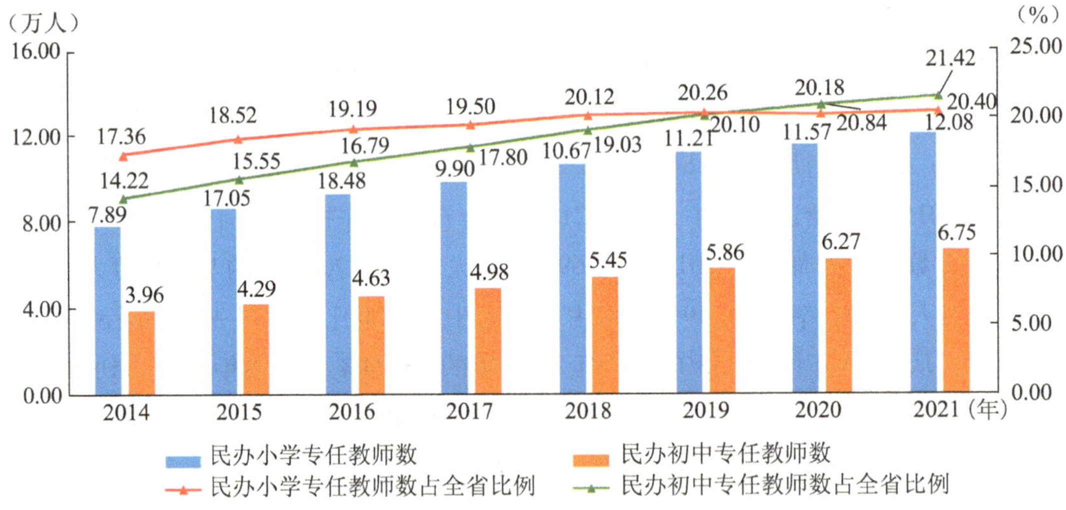

图 5-29　2014—2021 年广东省民办义务教育阶段专任教师数量变化情况

4. 专任教师学历变化情况

从学历来看，2021 年，全省民办小学专任教师本科及以上学历比例为 72.58%，比上年增长 7.85%。分区域看，全省各区域该比例均有提升。2021 年，珠江三角洲民办小学专任教师本科及以上学历比例达 76.15%，比上年增长 8.09%；东翼专任教师本科及以上学历比例为四个地区最低，为 57.61%，但增幅最大，比上年增长

8.60%。分城乡看，2021 年，广东省农村民办小学专任教师本科及以上学历比例为 62.96%，比城市低 11.66%，城乡间差距明显。2021 年广东省民办小学专任教师本科及以上学历比例情况具体如表 5－31 所示。

表 5－31 2020 年、2021 年广东省分区域民办小学专任教师本科及以上学历比例变化情况

（%）

地区	2020 年			2021 年			较上年增加
	城市	农村	合计	城市	农村	总计	
全省	67.42	52.01	64.74	74.62	62.96	72.58	7.85
珠江三角洲	69.75	55.89	68.07	77.22	68.27	76.15	8.09
东翼	52.50	45.30	49.01	58.98	56.11	57.61	8.60
西翼	56.36	42.31	54.05	62.84	50.04	60.62	6.56
山区	63.87	65.31	64.30	69.13	69.34	69.19	4.89

2021 年，全省民办初中专任教师本科及以上学历比例为 92.51%，比上年增长 3.13%。分区域看，全省各区域该比例均有提升。2021 年，珠江三角洲民办初中专任教师本科及以上学历比例最高，为 94.01%；东翼该比例最低，为 88.78%，但增幅最大，比上年增长 4.26%；山区该比例增幅最小，比上年增长 1.28%。分城乡看，2021 年，广东省城市民办初中专任教师本科及以上学历比例为 93.17%，比农村高 3.43%，相较于上年城乡差距减小。2021 年广东省民办初中专任教师本科及以上学历比例情况具体如表 5－32 所示。

表 5－32 2020 年、2021 年广东省分区域民办初中专任教师本科及以上学历比例变化情况

（%）

地区	2020 年			2021 年			较上年增加
	城市	农村	合计	城市	农村	总计	
全省	90.52	84.63	89.38	93.17	89.74	92.51	3.13
珠江三角洲	91.70	84.54	90.81	94.60	89.87	94.01	3.20
东翼	85.52	83.10	84.52	88.54	89.11	88.78	4.26
西翼	89.30	80.73	88.24	90.77	86.83	90.29	2.05
山区	89.48	90.85	90.03	90.51	92.78	91.31	1.28

具体来看广东省民办义务教育阶段专任教师各学历水平分布情况。2021 年全省民办小学本科学历教师数最多，占比为 70.93%，高中毕业及高中以下阶段毕业的专任教师数最少，总占比为 0.42%。从各学历层次变化来看，研究生、本科毕业专任教师人数有所提高，其中研究生学历教师数量增幅最大，2021 年相较于 2020 年占比增加了 17.14%；专科、高中及高中以下学历的民办小学专任教师数量减少，尤其是高中及高中以下学历，相较于 2020 年占比分别减少了 36.38%、100%。2021 年广东省民办小学各层次学历专任教师人数占比情况具体如图 5－30 所示。

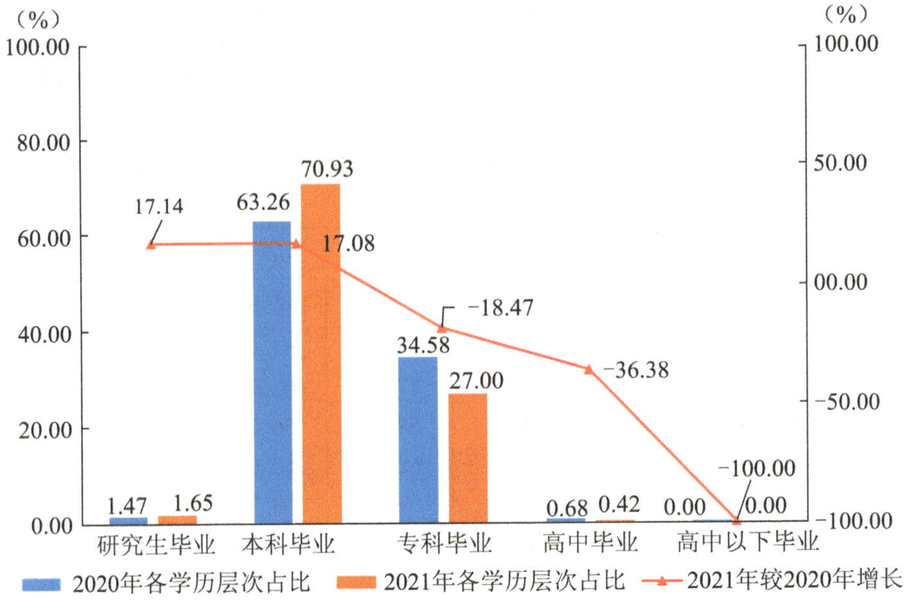

图 5 - 30　2020 年、2021 年广东省民办小学各层次学历专任教师人数占比及变化情况

2021 年全省民办初中本科学历专任教师数最多，占比为 87. 34%，高中毕业及高中以下阶段毕业的专任教师数最少，总占比为 0. 01%。从各学历层次变化来看，研究生、本科毕业专任教师人数有所提高，比上年占比分别增加了 19. 19% 和 11. 12%；高中学历教师比上年增加了 42. 86%，但增长人数及所占比例极少；专科、高中以下学历的民办初中专任教师数量减少，尤其是高中以下学历到 2021 年减少为 0。2021 年广东省民办初中各层次学历专任教师人数占比情况具体如图 5 - 31 所示。

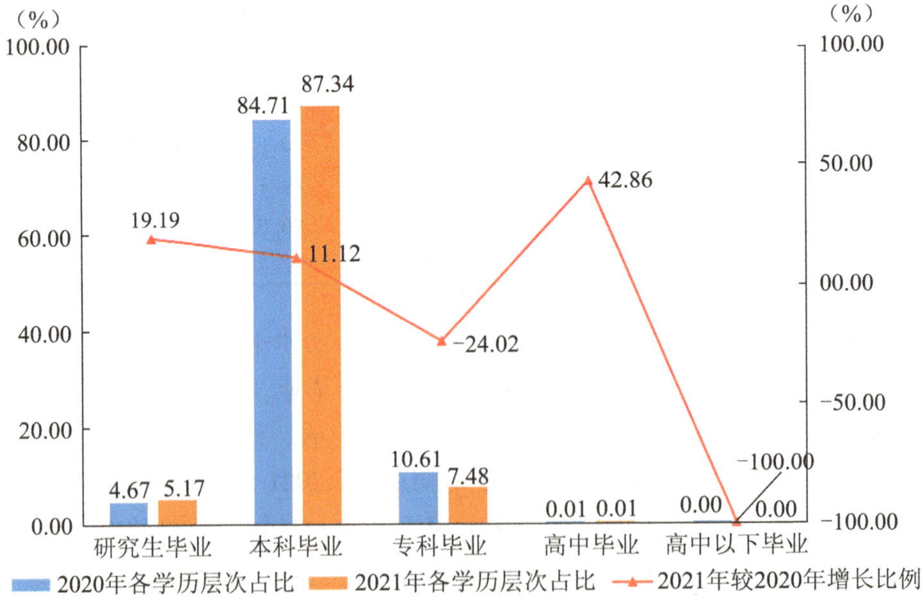

图 5 - 31　2020 年、2021 年广东省民办初中各层次学历专任教师人数占比及变化情况

七、小结

义务教育普及程度与巩固水平方面，广东省义务教育普及程度稳中求进，2021 年小学教育毛入学率为 100.00%，初中教育毛入学率为 109.52%；义务教育巩固水平稳步提高，2021 年，广东省小学毕业升学率为 97.20%，比上年增长 0.60%，初中三年巩固率为 98.09%，比上年增长 0.56%。

义务教育规模发展方面，2021 年广东省小学招生 183.80 万人，初中阶段招生数为 154.62 万人，城乡招生规模差距相对较大。义务教育阶段在校生总规模为 1508.22 万人，距离《广东省教育发展“十四五”规划》① 中，到 2025 年义务教育在校生数达到 1550 万人的目标值具有一定差距。具体来看，小学在校生总规模延续上年增长的趋势，达到 1079.01 万人，城乡差距较大；初中在校生稳定增长，达 429.21 万人。

异地务工人员随迁子女与农村留守儿童发展情况方面，2021 年，广东省义务教育阶段随迁子女达 434.96 万人。其中，小学随迁子女人数为 322.73 万人，初中随迁子女人数为 112.22 万人，城乡义务教育阶段随迁子女人数差异明显。2021 年广东省小学在校生中农村留守儿童为 58.02 万人，初中在校生中农村留守儿童有 27.91 万人。

义务教育教师队伍发展情况方面，2021 年义务教育阶段专任教师规模变化较小，小学阶段专任教师数量为 59.22 万人，初中阶段专任教师数量为 31.51 万人。生师比方面，小学阶段生师比总体下降，为 18.22∶1，初中阶段生师比则有所上升，为 13.62∶1，教师配备状况有待改善。教师学历层次方面，2021 年，广东省小学本科及以上学历教师比例达到 78.10%，城乡差距缩小，初中本科及以上学历教师比例达到 93.74%，距实现省“十四五”规划中 2025 年初中专任教师本科以上学历比例达到 96% 的目标已经非常接近。义务教育学校中级及以上职称教师比例变化较大，区域差距和城乡差距仍然显著。其中小学中级及以上职称教师比例为 51.23%，初中中级及以上职称教师比例为 57.65%。专任教师接受培训方面，2021 年广东省义务教育教师接受培训的人次为 79.28 万人次，绝大多数教师接受过县级、校级培训。

义务教育学校办学条件方面，2021 年广东省义务教育占地总面积达到 471 713 347.99 平方米，生均占地面积略有增加。其中小学寄宿生生均宿舍面积为 16.93 平方米，初中寄宿生生均宿舍面积为 11.50 平方米，均符合《广东省义务教育规范化学校标准（试行）》② 的标准。义务教育生均运动场地面积总体有所增加，2021 年生均运动场地

① 广东省人民政府．关于印发广东省教育发展“十四五”规划的通知，[EB/OL] [2021-09-23] http://www.gd.gov.cn/zwgk/gongbao/2021/31/content/post_3644881.html.

② 广东省教育厅．广东省义务教育标准化学校标准（试行），[EB/OL] [2006-08-24] http://edu.gd.gov.cn/gkmlpt/content/2/2091/post_2091009.html#1621.

面积为 10.51 平方米。图书藏量方面，2021 年义务教育图书总藏量为 601 435 594 册。生均教学仪器设备值减少，城乡差距依然较大，其中小学生均教学仪器设备值为 3197.07 元，初中生均教学仪器设备值为 6310.96 元。学校信息化水平方面，2021 年广东省小学终端数为 2 664 853 台，学生数与终端数比值为 4.05；初中终端数 1 836 459 台，学生数与终端数比值为 2.34，区域间仍存在一定差距。此外，广东省大班额问题得到一定程度的缓解，小学与初中班额情况均达到省规范化学校标准。

民办义务教育事业发展情况方面，近八年民办小学学校数量呈逐年微减趋势，民办初中学校数量呈平稳增长态势。民办小学和民办初中在校生数均呈增长趋势。2021 年，全省民办小学专任教师本科及以上学历比例为 72.58%，民办初中专任教师本科及以上学历比例为 92.51%，城乡差距逐渐缩小。

第六章　高中阶段教育

概要

本章对高中阶段教育规模与普及发展情况、高中阶段教师队伍发展情况、高中阶段教育办学条件变化情况进行分析。主要内容如图 6－1 所示：

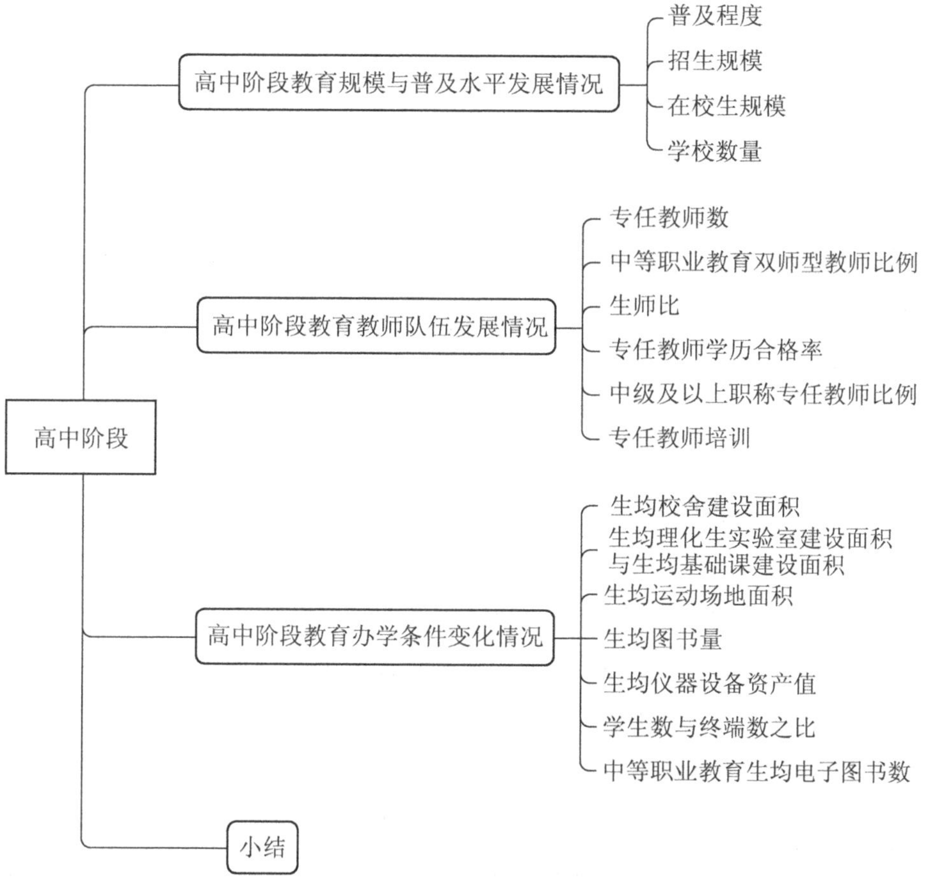

图 6－1　高中阶段教育发展情况分析架构图

一、高中阶段教育规模与普及水平发展情况

1. 高中阶段普及程度稳步提升

2014—2021 年，高中阶段毛入学率总体呈现上升趋势，基本保持在 95.66%～97.71%之间，其中除 2015 年稍有下降之外，其他年份的毛入学率均比上年有所提

高，且连续多年稳定在95%以上。这一定程度体现了相关政策对普及高中阶段教育要求的成效。2021年高中阶段教育毛入学率为97.71%，比2020年增加0.42%，比2014年增加1.81%。2014—2021年广东省高中阶段教育毛入学率变化趋势如图6－2所示。

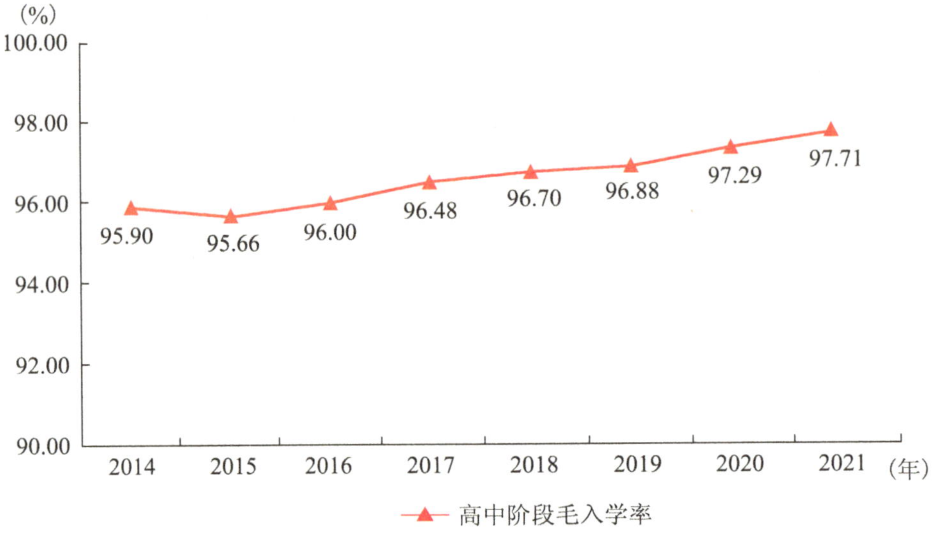

图6－2　2014—2021年广东省高中阶段教育普及水平情况

2. 高中阶段招生规模有所波动，较上年整体规模有所上升

2014—2021年，高中阶段[1]招生人数有所波动，增长率为－6.18%～5.86%。从2014年的111.39万人减少至2018年的90.14万人，后逐渐增长，到2021年高中阶段共招生104.12万人，比上年增加5.55万人，增长5.63%。原因分析发现，2014年开始，广东省各地陆续实行异地中考政策（如广州[2]、深圳[3]、东莞[4]等）。以广州为例，广州市异地招考政策明确指出符合“四个三”条件（父母具有三年合法稳定职业、三年合法稳定住所、缴纳三年社会保险、随迁子女具有三年完整学籍）才能报考公办高中，并将2014—2016年作为过渡期，2017年开始全面实施。因此2014—2018年期

① 本章所提及的高中阶段包括普通高中教育和中等职业教育（不含技工学校）。

② 广州市教育局．广州市关于做好来穗人员随迁子女在我市参加高中阶段学校招生考试工作的实施方案，[EB/OL][2014－04－21] http://jyj.gz.gov.cn/gk/zfxxgkml/bmwj/qtwj/content/post_4200073.html.

③ 深圳市人民政府．深圳市2014—2016年非本市户籍就业人员随迁子女接受义务教育后在我市参加中考的工作方案，[EB/OL][2014－03－12] http://www.sz.gov.cn/gkmlpt/content/7/7787/post_7787378.html#20044.

④ 东莞市人民政府．东莞市2014年初中毕业生学业考试与高中阶段学校招生工作意见，[EB/OL][2014－03－28] http://www.dg.gov.cn/shgysyjslyxxgkzl/ldly/jyly/sjyj/content/post_2389355.html.

间符合条件的中考报名人数下滑，高中招生计划也相应减少。而到 2019 年，“四个三”政策放宽为“两个有”①（有广州三年初中完整学籍、父母一方或其他监护人持有在广州市办理且在有效期内的《广东省居住证》），公办普通高中招收符合条件的随迁子女的比例有所增加。且由于全省加强改善高中办学条件，加强学位建设并扩大高中招生规模，高中阶段招生人数又呈现增长趋势。2014—2021 年广东省高中阶段招生人数与增长率变化趋势具体如图 6－3 所示。

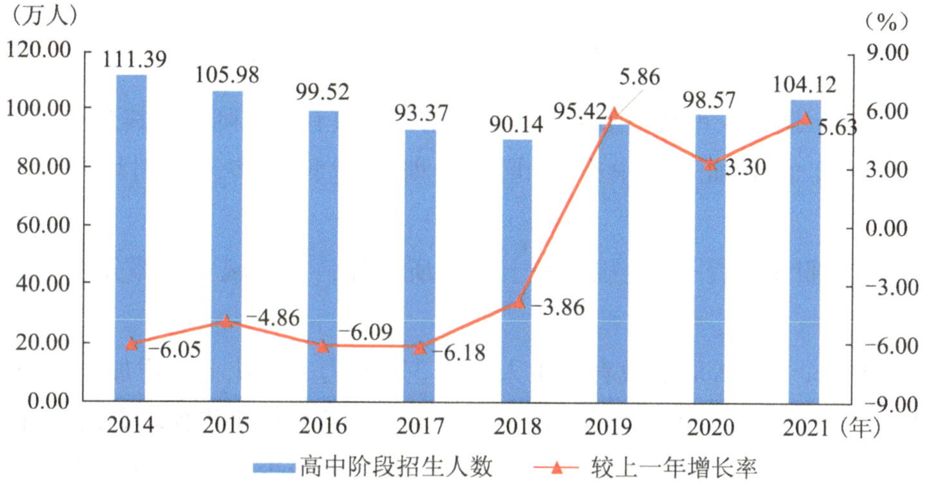

图 6－3　2014—2021 年广东省高中阶段招生数量与年变化趋势图

（1）普通高中教育招生规模较上年有所增长，各区域与大部分地市招生规模有所上升

2021 年，全省普通高中教育招生人数为 70.53 万人，比上年增加 3.34 万人，增长 4.98%。分区域来看，2021 年全省各区域普通高中教育招生规模都有所上升。其中，珠江三角洲招生人数在各区域中最多，共计招生 33.58 万人，且增幅最大，增长 7.02%；东翼普通高中教育招生人数增幅最小，增长了 1.91%；山区招生人数在各区域中最少，共招生 11.62 万人。从城乡看，2021 年城市和农村②的普通高中教育招生人数均有所增加，其中农村招生比上年增长 5.55%，增幅较大。2021 年广东省分区域普通高中教育招生情况具体如表 6－1 所示。

① 广州市教育局．关于 2019—2020 年来穗人员随迁子女参加高中阶段学校考试招生工作的实施方案的通知，［EB/OL］［2018－12－29］http：//jyj. gz. gov. cn/yw2/zcfg/content/post_5293857. html.

② 本章的“城市”指主城区，除主城区以外的均归属于“农村”。

表 6 - 1　2021 年广东省分区域普通高中教育招生规模变化情况

地区	城市		农村		合计	
	人数（万人）	增长率（%）	人数（万人）	增长率（%）	人数（万人）	增长率（%）
全省	34. 15	4. 37	36. 38	5. 55	70. 53	4. 98
珠江三角洲	20. 78	4. 98	12. 8	10. 52	33. 58	7. 02
东翼	3. 27	3. 24	10. 29	1. 50	13. 56	1. 91
西翼	6. 63	2. 09	5. 14	5. 05	11. 77	3. 36
山区	3. 47	6. 32	8. 15	3. 78	11. 62	4. 53

分地市看，除肇庆市和揭阳市普通高中招生规模有所下降外，其余各市招生规模均有不同程度的增加。其中东莞市和深圳市增长最多，分别增加了 24. 01% 和 15. 89%。

（2）中等职业教育[①]招生规模较上年有所增加，各区域与大部分地市招生规模增大

2021 年，全省中等职业教育招生人数为 33. 60 万人，比上年增加 2. 21 万人，增长 7. 04%。分区域看，2021 年全省各区域中等职业教育招生规模均有所上升。其中，珠江三角洲招生人数最多，为 18. 64 万人；东翼招生最少，为 3. 39 万人，但增幅最大，增长 14. 99%。从城乡看，2021 年城市和农村的中等职业教育招生人数均有所增加，其中农村招生比上年增长 12. 42%，增幅较大。2021 年广东省中等职业教育招生情况具体如表 6 - 2 所示。

表 6 - 2　2021 年广东省分区域中等职业教育招生规模变化情况[②]

地区	城市		农村		合计	
	人数（万人）	增长率（%）	人数（万人）	增长率（%）	人数（万人）	增长率（%）
全省	20. 89	4. 02	12. 71	12. 42	33. 60	7. 04
珠江三角洲	13. 35	6. 10	5. 29	2. 21	18. 64	4. 97
东翼	0. 95	- 19. 01	2. 44	37. 34	3. 39	14. 99
西翼	3. 47	4. 60	2. 41	18. 05	5. 88	9. 72
山区	2. 71	0. 36	2. 57	11. 10	5. 28	5. 31

① 本章中等职业教育学校均不包含技工学校。

② 全省中等职业教育招生数除各区域各地市招生数外，还含有高校中的中等职业教育招生数。

分地市来看，除广州市、韶关市和梅州市中等职业教育招生规模有小部分下降外，其余城市招生规模均有不同程度的增长，其中汕尾市增幅最大，为 19.60%。

3. 高中阶段在校生规模由“减”转“增”，近两年持续上升

2014—2021 年，全省高中阶段在校生人数呈现“先减少后增多”的变化趋势，增长率为 -6.31%~5.07%。从 2014 年开始到 2019 年在校生人数逐年递减，共减少 72.53 万人，之后逐渐增长，到 2021 年发展至 290.21 万人，比上年增长 5.07%。可见，在校生规模整体变化趋势与招生情况基本一致。2014—2021 年广东省高中阶段在校生人数与增长率变化趋势具体如图 6-4 所示。

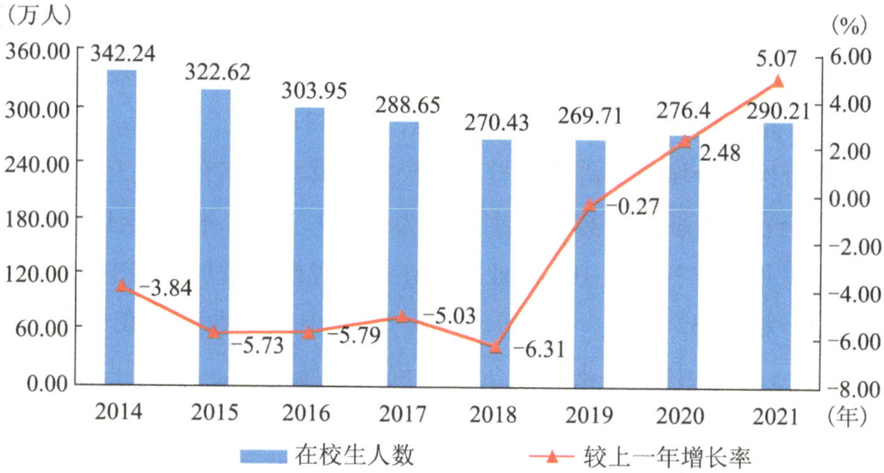

图 6-4　2014—2021 年广东省高中阶段在校生数量与年变化趋势图

（1）全省各区域和城乡间普通高中教育在校生规模较上年均有所增长

2021 年，全省普通高中在校生规模为 200.77 万人，相较于上年增长 5.47%。分区域看，2021 年全省各区域普通高中教育在校生规模均有不同程度的增加。其中，珠江三角洲在各区域中在校生人数最多，为 93.76 万人，且增幅最大，增长 7.34%；西翼增幅最小，增长 2.79%；山区普通高中教育在校生人数最少，为 33.52 万人。分城乡看，2021 年全省城市普通高中教育在校生规模为 98.24 万人，增长 4.46%；农村普通高中教育在校生规模为 102.53 万人，增长 6.46%。2021 年广东省普通高中教育在校生情况具体如表 6-3 所示。

表6-3　2021年广东省分区域普通高中教育在校生规模变化情况

地区	城市		农村		合计	
	人数（万人）	增长率（%）	人数（万人）	增长率（%）	人数（万人）	增长率（%）
全省	98.24	4.46	102.53	6.46	200.77	5.47
珠江三角洲	58.90	5.41	34.86	10.75	93.76	7.34
东翼	9.55	3.29	29.64	4.27	39.19	4.03
西翼	19.58	1.43	14.72	4.66	34.30	2.79
山区	10.21	6.18	23.31	4.33	33.52	4.89

分地市看，广东省各地市普通高中教育在校生规模均有不同程度的增长，其中东莞市增幅最大，为17.10%；广州市增幅最小，为1.37%。

（2）全省分区域分城乡中等职业教育在校生规模较上年有所上升

2021年，全省中等职业教育在校生规模为90.31万人，相较于上年增长4.18%。分区域看，2021年全省各区域中等职业教育在校生规模均增加。其中，珠江三角洲在校生规模最大，为52.32万人，增长1.44%；东翼中等职业教育在校生人数为8.45万人，规模最小；山区中等职业教育在校生规模增幅最大，比上年增加1.05万人，增长8.14%。分城乡看，2021年全省城市中等职业教育在校生规模为57.26万人，增长1.17%；农村中等职业教育在校生规模为33.05万人，增长9.83%。2021年广东省中等职业教育在校生情况具体如表6-4所示。

表6-4　2021年广东省分区域中等职业教育在校生规模变化情况

地区	城市		农村		合计	
	人数（万人）	增长率（%）	人数（万人）	增长率（%）	人数（万人）	增长率（%）
全省	57.26	1.17	33.05	9.83	90.31	4.18
珠江三角洲	37.57	1.74	14.75	0.69	52.32	1.44
东翼	2.34	-23.89	6.11	26.52	8.45	6.90
西翼	9.13	1.53	5.63	19.07	14.76	7.58
山区	7.34	5.33	6.55	11.48	13.89	8.14

分地市看，除广州市、梅州市和东莞市中等职业教育在校生规模有所下降外，其他各市中等职业教育在校生规模均有不同程度的增长，其中阳江市和河源市增长最

多，分别增加了 16.42% 和 15.71%。

2. 高中阶段学校规模逐年缩小，2021 年数量稍有增加

2014—2021 年，全省高中阶段学校数连续多年呈下降趋势，增长率为 -2.15% 到 1.89%。从 2014 年的 1507 所减少至 2020 年的 1431 所，而在 2021 年稍有增加，共计 1458 所，较上年增长 1.89%。全省高中阶段学校规模有所下降主要是由于中等职业学校数量逐年减少，其原因是为打造优质中职学校，部分中等职业教育学校资源进行整合，而一些不符合办学条件、办学质量不高的中职学校则被要求停止招生，优胜劣汰。2014—2021 年广东省高中阶段学校数与增长率变化趋势具体如图 6-5 所示。

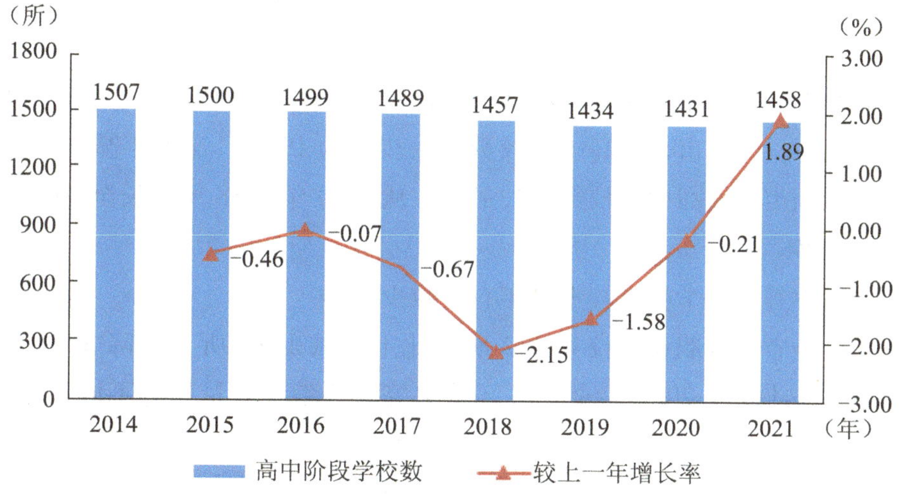

图 6-5　2014—2021 年广东省高中阶段学校数量年变化趋势图①

（1）全省普通高中学校数量较上一年有所增加

2021 年，全省普通高中学校规模为 1076 所，比上年增加 41 所，增长 3.96%，如表 6-5 所示。分区域来看，2021 年全省各区域普通高中学校数量除东翼外均有不同程度的增加。其中，珠江三角洲普通高中学校有 525 所，在各区域中数量最多，比上年增加 35 所，增长 7.14%，增幅最大。

分举办者类型看，2021 年全省公办普通高中学校数量为 811 所，比上年增加 4 所，增长 0.50%；民办普通高中学校规模为 265 所，比上年增加 37 所，增长 16.23%。全省各区域中，民办普通高中学校规模都有不同程度的增加。

① 广东省于 2014 年开始将高中阶段学校数指标纳入，故无法计算“2014 年较上一年增长率”。

表 6－5　2021 年广东省分区域普通高中公办、民办学校规模变化情况

单位：所

地区	2021 年			比上年增长情况（%）		
	公办	民办	合计	公办	民办	合计
全省	811	265	1076	0. 50	16. 23	3. 96
珠江三角洲	355	170	525	2. 90	17. 24	7. 14
东翼	191	39	230	－3. 05	18. 18	0. 00
西翼	116	30	146	0. 00	11. 11	2. 10
山区	149	26	175	0. 00	13. 04	1. 74

分地市来看，2021 年广州市普通高中学校数量最多，为 124 所，比上年增加了 4 所，增长 3. 33%；珠海市普通高中学校数量最少，为 19 所，比上年减少了 1 所，减少 5. 00%；深圳市普通高中学校数增长最多，从 2020 年的 88 所增长至 2021 年的 105 所，增长 19. 32%。

（2）全省中等职业学校数较上一年有所减少

2021 年，全省中等职业学校共 382 所，比上年减少 14 所，下降 3. 54%，如表 6－6 所示。分区域看，2021 年全省各区域中等职业学校数量均有不同程度的减少。其中，珠江三角洲学校数为 213 所，在各区域中数量最多，比上年减少了 2 所，降幅最小；东翼在各区域中中等职业学校数最少，为 48 所，比上年减少 5 所，降幅最大，比上年减少 9. 43%。

按举办者类型看，2021 年全省公办中等职业教育学校 284 所，比上年减少 12 所，下降 4. 05%；民办中等职业教育学校 98 所，比上年减少 2 所，下降 2. 00%。

表 6－6　2021 年广东省分区域中等职业教育公办、民办学校规模变化情况

单位：所

地区	2021 年			比上年增长情况（%）		
	公办	民办	合计	公办	民办	合计
全省	284	98	382	－4. 05	－2. 00	－3. 54
珠江三角洲	165	48	213	－1. 20	0. 00	－0. 93
东翼	37	11	48	－11. 90	0. 00	－9. 43
西翼	34	22	56	－8. 11	0. 00	－5. 08
山区	48	17	65	－4. 00	－10. 53	－5. 80

分地市来看，2021 年广州市中等职业教育学校数最多，为 78 所，比上年增多 1 所，增长 1.30%；阳江市中等职业教育学校数最少，为 6 所，比上年增多 1 所，增长 20.00%；茂名市中等职业教育学校数从 2020 年的 15 所减至 2021 年的 12 所，降幅最大，减少 20.00%。

二、高中教育阶段教师队伍发展情况

1. 全省高中阶段专任教师规模进一步增大

近八年全省高中阶段专任教师数量有所波动，2014—2017 年呈增长趋势，从 19.36 万人增长到 19.66 万人，增长了 0.3 万人；2017 年开始到 2019 年出现人数下降趋势，下降到 2019 年的 19.28 万人，之后快速增长。2014 年，教育部发布《关于实施卓越教师培养计划的意见》[①] 的通知，要求分类推进卓越教师培养模式改革，整合优化教师教育师资队伍。到 2021 年，全省高中阶段专任教师共计 20.23 万人，比上年增加 0.66 万人，增长 3.41%。2014—2021 年广东省高中阶段专任教师数量与增长率变化趋势具体如图 6－6 所示。

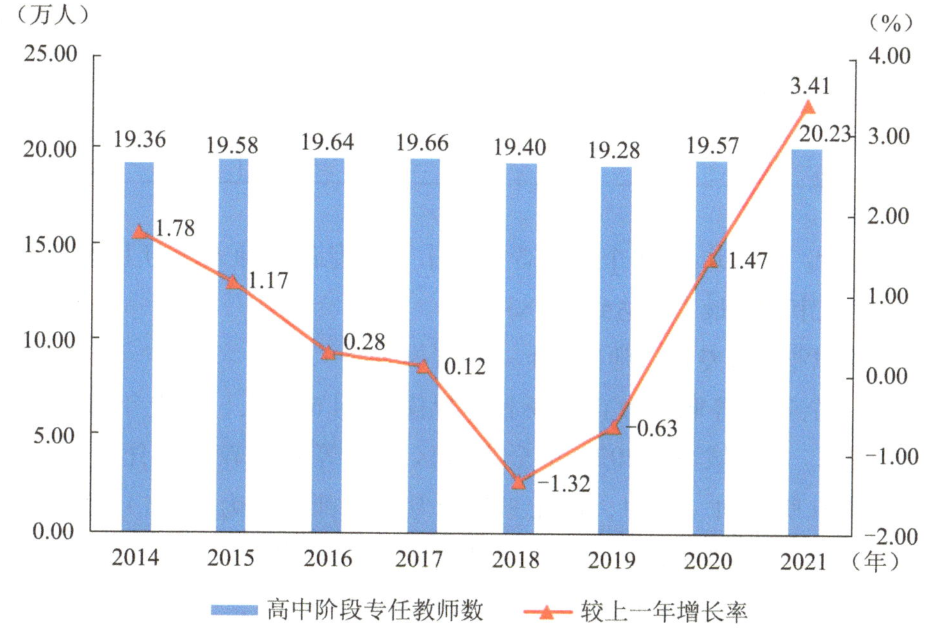

图 6－6 2014—2021 年广东省高中阶段教育专任教师数量与年变化趋势图

① 教育部．关于实施卓越教师培养计划的意见，［EB/OL］［2014－08－19］http：//www.moe.gov.cn/srcsite/A10/s7011/201408/t20140819_174307.html.

（1）全省普通高中专任教师数快速上升

2021 年广东省普通高中专任教师人数为 15.74 万人，比上年增长 3.62%。分区域看，2021 年全省各区域普通高中教育专任教师规模仅西翼减小，比上年减少 0.43%。其中，珠江三角洲普通高中教育专任教师规模为 7.45 万人，相比上年增长 6.82%，在各区域中增幅最大。分城乡看，2021 年广东省城市和农村普通高中教育专任教师规模差距显著，其中城市专任教师规模为 11.11 万人，较上年增加了 4.53%；农村专任教师规模为 4.63 万人，较上年增加了 1.68%。2021 年广东省普通高中教育专任教师数量情况具体如表 6－7 所示。

表 6－7　2021 年广东省分区域普通高中教育专任教师规模变化情况

地区	城市		农村		合计	
	人数（万人）	增长率（%）	人数（万人）	增长率（%）	人数（万人）	增长率（%）
全省	11.11	4.53	4.63	1.68	15.74	3.62
珠江三角洲	6.30	7.66	1.15	2.47	7.45	6.82
东翼	1.58	1.35	1.31	0.78	2.89	1.09
西翼	2.04	－1.23	0.67	2.06	2.71	－0.43
山区	1.18	3.22	1.49	1.70	2.67	2.37

分地市来看，全省共有 18 个地市普通高中教育专任教师人数与上年相比有所增加。其中，东莞市增幅最大，达到 14.83%。

（2）中等职业教育专任教师数较上一年规模有所扩大

2021 年，全省中等职业教育专任教师规模为 44 658 人，比上年增加 1126 人，增长了 2.59%。从区域看，2021 年全省各区域中等职业教育专任教师规模除珠江三角洲外均有所增加。其中，珠江三角洲专任教师人数为 26 414 人，比上年减少 218 人，减少了 0.82%；山区和西翼中等职业教育专任教师人数接近，分别为 6786 人和 6739 人；东翼在所有区域中专任教师规模最小，为 4719 人。分城乡来看，2021 年全省城市和农村中等职业教育专任教师规模差距显著，其中城市专任教师规模为 26 836 人，较上年减少 1.59%；农村专任教师规模为 17 822 人，较上年增加 8.75%。2021 年广东省中等职业教育专任教师规模变化情况如表 6－8 所示。

表 6－8　2021 年广东省分区域中等职业教育专任教师规模变化情况

地区	城市		农村		合计	
	人数（人）	增长率（%）	人数（人）	增长率（%）	人数（人）	增长率（%）
全省	26 836	－1. 59	17 822	8. 75	44 658	2. 59
珠江三角洲	18 463	－2. 12	7951	2. 29	26 414	－0. 82
东翼	1088	－30. 52	3631	16. 08	4719	2. 30
西翼	3910	6. 60	2829	23. 47	6739	15. 53
山区	3375	6. 40	3411	3. 78	6786	5. 14

分地市看，全省只有 8 个地市中等职业教育专任教师人数下降，其余城市专任教师人数均比上年有所增加，其中惠州市增幅最大，为 20. 47%。

2. 中等职业教育双师型教师比例有所下降，但仍符合国家规定标准

2014—2021 年，全省中等职业教育双师型教师比例波动明显，增长率为－3. 91%～2. 98%。从 2014 年到 2019 年比例整体呈上升趋势，2019 年达到峰值 43. 93% 后开始逐年下降，到 2021 年下降到 40. 43%。双师型教师占比较 2020 年减少了 1. 66%。近八年中等职业教育双师型教师比例均达到了《中等职业学校设置标准》[①] 提出的双师型教师比例不低于 30% 的标准。2017 年广东省出台的《广东省教师队伍建设“十三五”规划》中对中职教育双师型教师提出具体的量化要求，职业院校（包括高等职业院校与中等职业院校）专业课教师中双师型教师比例要在 2018 年达到 65% 以上，中职学校教师双师比例与广东省的要求仍有一定差距。2014—2021 年广东省中等职业教育双师型教师占比情况及增长率趋势具体如图 6－7 所示。

从区域看，2021 年全省各区域中等职业教育双师型教师比例除东翼增加了 2. 21% 外，其余地区均减少，其中珠江三角洲比例下降最多，较上年减少 1. 88%；山区中等职业教育双师型教师比例最高，为 44. 37%；西翼的双师型比例最低，为 36. 21%。2021 年广东省中等职业教育双师型教师比例年变化情况如表 6－9 所示。

① 中华人民共和国教育部．中等职业学校设置标准，［EB/OL］［2010－07－06］http：//www. moe. gov. cn/srcsite/A07/moe_950/201007/t20100706_96545. html.

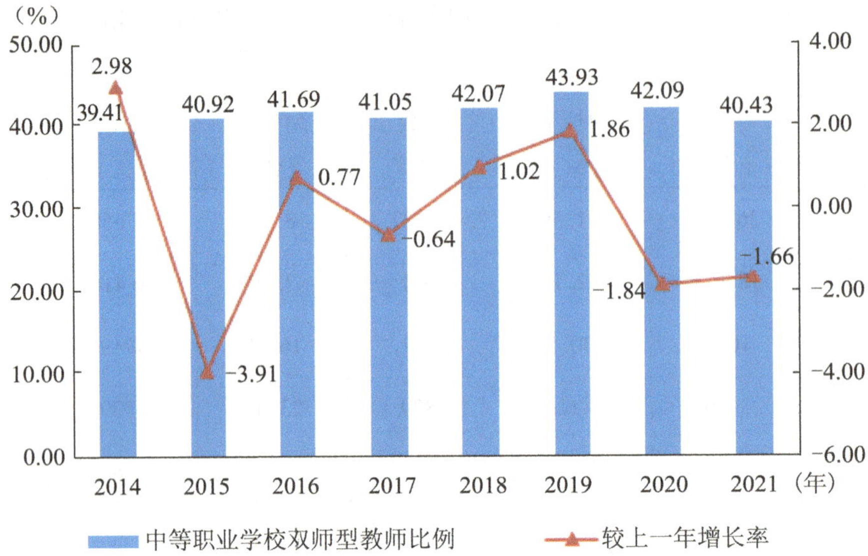

图 6-7　2014—2021 年广东省中等职业教育双师型教师比例年变化趋势图

表 6-9　2021 年广东省分区域中等职业教育双师型教师比例

(%)

地区	城市		农村		合计	
	比例	增加	比例	增加	比例	增加
全省	41. 18	-2. 02	39. 28	-0. 99	40. 43	-1. 66
珠江三角洲	41. 40	-2. 28	40. 28	-1. 20	41. 15	-1. 88
东翼	39. 94	0. 35	38. 94	3. 30	39. 17	2. 21
西翼	35. 67	-1. 14	36. 95	-2. 84	36. 21	-1. 71
山区	49. 10	-0. 47	39. 25	-2. 73	44. 37	-1. 29

分地市看，2021 年全省 21 个地市中仅东莞市和汕尾市中等职业教育双师型教师比例低于 30%，其余 19 个地市均达到国家设置标准。

3. 全省高中阶段生师比有所上升

2014—2018 年，广东省普通高中生师比呈现稳定优化的趋势，从 2014 年的 14. 43∶1 下降到 2018 年的 12. 25∶1，达到 2014 年教育部印发的《关于统一城乡中小学教职工编制标准的通知》[①] 中高中教职工与学生比为 12. 5∶1 的要求。2018 年后，广东省普通高

① 中央编办 教育部 财政部. 关于统一城乡中小学教职工编制标准的通知，[EB/OL] [2014-12-09] http://www.moe.gov.cn/s78/A10/tongzhi/201412/t20141209_181014.html.

中生师比呈现增长趋势，并逐渐超出国家标准。

2014—2019 年，广东省中等职业教育生师比呈现下降的趋势，直至 2019 年降至 19.56∶1，而后稳定在《中等职业学校设置标准》① 所规定的生师比，达到 20.00∶1 附近。2014—2021 年广东省高中阶段生师比变化情况具体如图 6－8 所示。

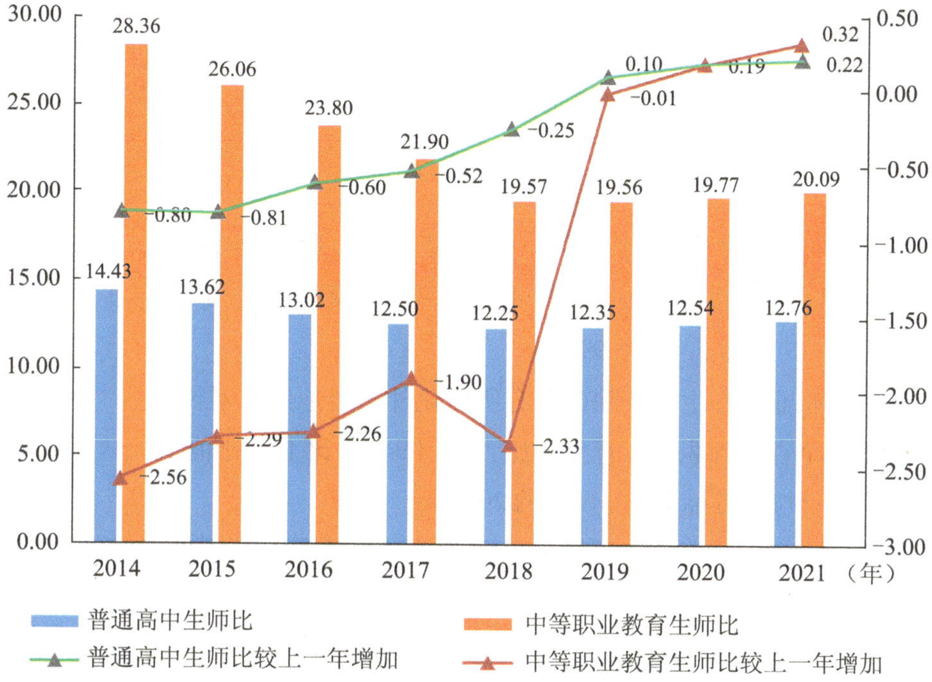

图 6－8　2014—2021 年广东省高中阶段生师比年变化趋势图

（1）全省普通高中生师比略有上升，城乡差距呈现缩小趋势

2021 年，全省普通高中教育生师比为 12.76∶1，相较于上年比值上升了 0.22。分区域看，2021 年全省各区域普通高中教育教师配置水平参差不齐，生师比均有所上升。从生师比值来看，东翼生师比最高，为 13.56∶1；山区生师比最低，为 12.53∶1，其次是珠江三角洲。从增长幅度来看，西翼增长最多，生师比相较于上年上升了 0.40；珠江三角洲生师比较为稳定，相较于上年比值有轻微上升，上升了 0.06。各地区普通高中教育生师比值均有待进一步优化。分城乡看，2021 年全省城市和农村普通高中教育生师比与上年相比均有所上升。其中城市生师比为 12.68∶1，比上年比值上升 0.44；农村生师比为 12.93∶1，比上年比值上升 0.08。城乡间差距呈现出缩小的趋势。2021 年广东省普通高中教育生师比情况具体如表 6－10 所示。

① 中华人民共和国教育部．中等职业学校设置标准，［EB/OL］［2010－07－06］http：//www.moe.gov.cn/srcsite/A07/moe_950/201007/t20100706_96545.html.

表6－10　2020年、2021年广东省分区域普通高中教育生师比变化情况

地区	2020年			2021年			较上年比值
	城市	农村	合计	城市	农村	合计	
全省	12.24:1	12.85:1	12.54:1	12.68:1	12.93:1	12.76:1	0.22
珠江三角洲	12.26:1	12.99:1	12.51:1	12.50:1	12.95:1	12.57:1	0.06
东翼	12.71:1	13.34:1	13.18:1	13.53:1	13.59:1	13.56:1	0.38
西翼	11.94:1	12.68:1	12.24:1	12.57:1	12.85:1	12.64:1	0.40
山区	12.29:1	12.20:1	12.23:1	12.71:1	12.39:1	12.53:1	0.30

分地市看，2021年全省仅汕头市、惠州市等9个地市的普通高中教育生师比大于2020年全国普通高中教育生师比12.90:1，其中，阳江市生师比最高，为14.63:1；生师比最低的是广州市，为10.99:1。

（2）中等职业教育生师比除西翼有所优化外其余地区均增长

2021年，全省中等职业教育生师比为20.09:1，比上年比值增长0.32，超出教育部《中等职业学校设置标准》[①] 规定的20:1。

分区域看，2021年全省各区域中等职业教育生师比除西翼地区以外均有所上升。其中，西翼中等职业教育生师比值最高，达到22.24:1，但与上年相比有明显优化，比值下降1.29；东翼生师比为17.91:1，为所有区域中生师比值最低。分城乡看，2021年全省城市和农村中等职业教育生师比与上年相比均有所上升。其中城市生师比为21.11:1，比上年比值上升0.02；农村生师比为18.54:1，比上年比值上升0.86。2021年广东省分区域中等职业教育生师比如表6－11所示。

表6－11　2020年、2021年广东省分区域中等职业教育生师比

地区	2020年			2021年			较上年比值
	城市	农村	合计	城市	农村	合计	
全省	21.09:1	17.68:1	19.77:1	21.11:1	18.54:1	20.09:1	0.32
珠江三角洲	19.48:1	18.63:1	19.36:1	20.35:1	18.55:1	19.84:1	0.48
东翼	28.86:1	13.43:1	17.14:1	21.52:1	16.83:1	17.91:1	0.77
西翼	24.41:1	21.88:1	23.53:1	23.35:1	19.92:1	22.24:1	－1.29
山区	22.28:1	17.30:1	19.91:1	21.75:1	19.21:1	20.48:1	0.57

① 中华人民共和国教育部．中等职业学校设置标准，［EB/OL］［2010－07－06］http：//www.moe.gov.cn/srcsite/A07/moe_950/201007/t20100706_96545.html.

分地市来看，全省共有11个地市的中等职业教育生师比低于20:1，而广州、梅州、湛江、阳江4市的生师比较高，分别为24.82:1、24.66:1、24.22:1、23.82:1，超出国家相关标准。从优化程度来看，惠州市和湛江市中等职业教育生师比优化程度最大，比值分别下降了2.81、2.14。

4. 全省普通高中专任教师学历合格率[①]相比上年略有下降，中等职业教育专任教师学历合格率相比上年有所增长

（1）全省普通高中专任教师学历合格率较上年有所降低

2021年，全省普通高中专任教师学历合格率为99.48%，比上年增加了0.22%。分区域看，2021年全省各区域中西翼专任教师学历合格率最高，为99.80%；东翼专任教师学历合格率为98.98%，合格率最低。分城乡看，2021年全省城市普通高中教育专任教师学历合格率为99.65%，比上年增加0.30%；农村专任教师学历合格率为99.05%，比上年下降0.13%；城乡之间专任教师学历合格率差值为0.6%，城乡差距较上一年有所增大。2020年、2021年广东省普通高中教育专任教师学历合格率变化情况如表6-12所示。

表6-12 2020年、2021年广东省普通高中教育专任教师学历合格率变化情况

（%）

地区	2020年				2021年				比上年比率增长
	城市	农村	合计	城乡差值	城市	农村	合计	城乡差值	
全省	99.35	99.18	99.26	0.17	99.65	99.05	99.48	0.60	0.22
珠江三角洲	99.34	99.50	99.39	0.16	99.71	99.57	99.69	0.14	0.30
东翼	99.68	98.78	99.01	0.90	99.61	98.20	98.98	1.41	-0.03
西翼	99.25	99.64	99.41	0.39	99.81	99.78	99.80	0.03	0.39
山区	99.28	98.95	99.05	0.33	99.13	99.06	99.11	0.07	0.06

2021年全省普通高中教育博士、硕士和本科学历专任教师数较上一年均有提高，其中博士学历专任教师实现0的突破，硕士学历专任教师增长变化最大，增长率为13.86%。进一步对2021年广东省普通高中专任教师硕士研究生以上学历占比进行计算，为16.33%，可见距离《广东省教育发展“十四五”规划》中2025年普通高中专任教师该学历比例达到22%的预期性目标仍有一定差距。专科、高中阶段学历专任教师快速下降，其中专科学历的专任教师下降幅度最大，下降26.31%，高中阶段以下学历的专任教师数近两年来一直都为0。2021年广东省普通高中专任教师各学历人数情况如图6-9所示。

① 高中阶段专任教师学历合格率是指本科及以上的专任教师数占专任教师总数的比例。

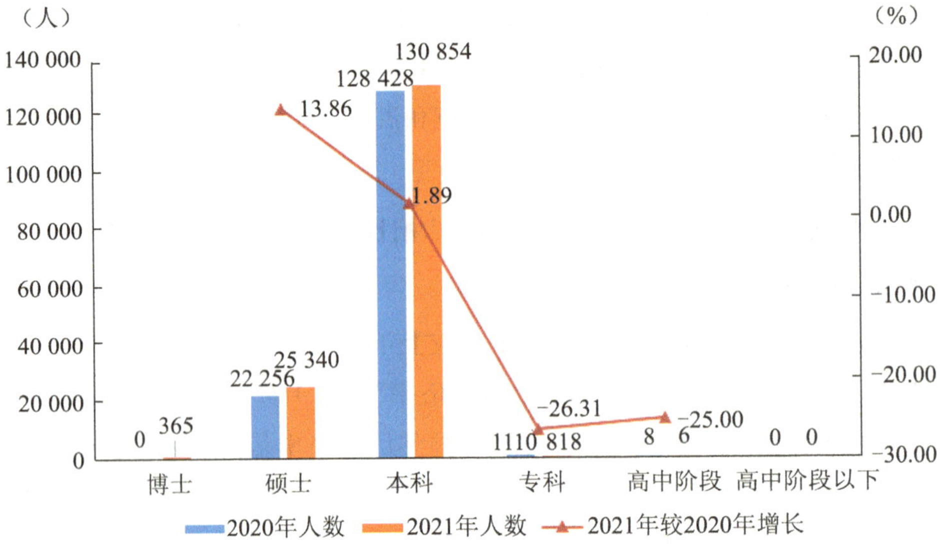

图 6－9　2020 年、2021 年广东省普通高中专任教师各学历人数情况

分区域来看，全省各区域研究生①、本科学历专任教师人数大多有所增长，本科以下学历的专任教师人数大多减少。其中珠江三角洲研究生学历的专任教师增长幅度最大，为 17.17%，高中阶段学历的专任教师减少幅度最大，减少 100.00%。西翼是全省唯一一个本科学历专任教师减少的区域，减少比例为 1.20%；山区是全省唯一一个高中阶段学历专任教师增加的地区。2021 年广东省分区域普通高中专任教师各学历人数情况具体如表 6－13 所示。

表 6－13　2021 年广东省分区域普通高中各学历层次专任教师人数情况②

学历层次	珠江三角洲		东翼		西翼		山区	
	人数	较上年变化（%）	人数	较上年变化（%）	人数	较上年变化（%）	人数	较上年变化（%）
研究生	19 225	17.17	1667	12.30	2574	12.60	1874	6.10
本科	54 767	3.97	26 939	0.44	24 516	－1.20	24 632	2.14
专科	230	－44.98	296	5.34	54	－66.67	238	－4.42
高中阶段	0	－100.00	1	－66.67	0	—	5	—
高中以下	0	—	0	—	0	—	0	—

分地市来看，2021 年阳江市和茂名市普通高中专任教师学历合格率最高，达到 100%；潮州市该比例最低，为 96.35%。

① 这里的研究生包括博士研究生和硕士研究生。
② 由于 2020 年部分指标值为 0，不能做除数，故表中统一用“—”表示。

（2）全省中等职业教育专任教师学历合格率较上年有所增长

2021 年，全省中等职业教育专任教师学历合格率为 94.89%，比上年增加 0.55%。分区域看，西翼专任教师学历合格率最高，达到 96.25%，比上年增加 2.56%；山区学历合格率为 91.67%，合格率最低，比上年减少 0.96%。分城乡看，2021 年城市中等职业教育专任教师学历合格率为 95.41%，比上一年增长 0.58%；2021 年农村中职专任教师学历合格率为 94.09%，比上一年增长 0.57%，2021 年城乡差值为 1.32%，城乡差距进一步增大。2020 年、2021 年广东省中等职业教育专任教师学历合格率变化情况如表 6－14 所示。

表 6－14　2020 年、2021 年广东省中等职业教育专任教师学历合格率变化情况

（%）

地区	2020 年				2021 年				比上年比率增长
	城市	农村	合计	城乡差值	城市	农村	合计	城乡差值	
全省	94.83	93.52	94.34	1.31	95.41	94.09	94.89	1.32	0.55
珠江三角洲	95.71	93.56	95.07	2.15	95.89	94.53	95.30	1.36	0.23
东翼	91.95	93.99	93.31	2.04	90.90	95.26	94.26	4.36	0.95
西翼	94.08	93.02	93.69	1.06	96.85	95.40	96.25	1.45	2.56
山区	91.90	93.32	92.63	1.42	92.53	90.74	91.67	1.79	－0.96

2021 年全省中等职业教育除本科学历专任教师数较上一年增长 5.19% 外，其余学历层次专任教师人数均有不同程度的减少。其中高中阶段及以下学历专任教师人数减少幅度最大，减少率为 38.97%。2021 年全省中等职业教育各学历专任教师中，本科学历教师占比最大，为 37 934 人。具体情况如图 6－10 所示。

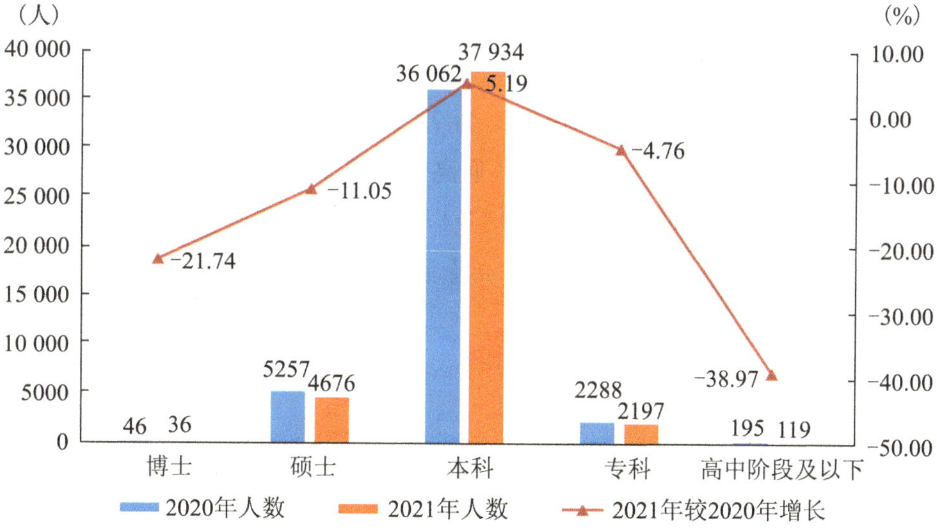

图 6－10　2020 年、2021 年广东省中等职业教育专任教师各学历人数

分区域来看，全省各区域高中阶段及以下学历专任教师人数均有所减少，其余学历层次专任教师人数在各区域中存在不同程度的增加。其中东翼研究生学历层次专任教师人数增幅最大，为85.19%；珠江三角洲研究生学历人数减少幅度最大，减少16.07%；西翼专科和高中阶段及以下学历的专任教师人数减少最多，分别减少31.02%和50.00%。2021年广东省分区域中等职业教育各学历层次专任教师人数如表6－15所示。

表6－15　2021年广东省分区域中等职业教育各学历层次专任教师人数

学历层次	珠江三角洲		东翼		西翼		山区	
	人数	较上年变化（%）	人数	较上年变化（%）	人数	较上年变化（%）	人数	较上年变化（%）
研究生①	3761	－16.07	300	85.19	311	10.28	340	－10.05
本科	21 704	3.30	4148	－0.96	6175	18.84	5907	4.24
专科	1128	－4.33	263	－13.20	249	－31.02	539	21.12
高中阶段及以下	78	－45.07	8	－11.11	4	－50.00	29	－19.44

分地市来看，2021年中山市中等职业教育专任教师学历合格率最高，为99.62%，比上年增长0.19%；惠州市该比例最低，为82.48%。

5. 全省高中阶段中级及以上职称专任教师比例相比上年普遍下降

（1）普通高中教育中级及以上职称专任教师比例有所下降

2021年，全省普通高中教育中级及以上职称专任教师比例为65.60%，比上年下降1.07%。分区域看，山区该比例最高，为72.58%；东翼该比例为58.01%，为各区域最低。分城乡看，2021年全省城市普通高中教育中级及以上职称专任教师比例为66.53%，比上年下降3.21%；农村中级及以上职称专任教师比例为63.36%，比上年下降0.16%。2021年广东省分区域普通高中教育中级及以上专任教师比例如表6－16所示。

① 这里的研究生包括博士研究生和硕士研究生。

表 6 – 16 2021 年广东省分区域普通高中教育中级及以上专任教师比例

地区	城市		农村		合计	
	比例（%）	比上一年增长	比例（%）	比上一年增长	比例（%）	比上一年增长
全省	66.53	-3.21	63.36	-0.16	65.60	-1.07
珠江三角洲	66.06	-4.86	63.91	0.27	65.73	-2.66
东翼	61.05	-0.97	54.33	-2.62	58.01	-0.23
西翼	67.91	2.25	61.94	-0.09	66.43	2.25
山区	73.96	-4.54	71.49	-0.41	72.58	-1.30

分地市来看，2021 年梅州市普通高中中级及以上专任教师比例最高，为 81.39%，较上年下降 0.61%；揭阳市该比例最低，为 50.43%，较上年下降 1.28%。

（2）中等职业教育中级及以上职称专任教师比例有所下降

2021 年，全省中等职业教育中级及以上职称专任教师比例为 58.45%，比上年下降 3.02%。分区域看，2021 年山区该比例最高，达到 62.58%，比上年下降 3.33%；东翼该比例为 55.14%，比例最低，比上年下降 4.64%。分城乡看，2021 年全省城市中等职业教育中级及以上职称专任教师比例为 59.60%，比上年下降 2.02%；农村中级及以上职称专任教师比例为 56.72%，比上年下降 4.21%。情况具体如表 6 – 17 所示。

表 6 – 17 2021 年广东省分区域中等职业教育中级及以上专任教师比例变化情况

地区	城市		农村		合计	
	比例（%）	比上一年增长	比例（%）	比上一年增长	比例（%）	比上一年增长
全省	59.60	-2.20	56.72	-4.21	58.45	-3.02
珠江三角洲	60.75	-1.88	54.87	-5.01	58.98	-2.84
东翼	51.65	-9.97	56.18	-2.67	55.14	-4.64
西翼	57.44	0.08	53.06	-1.37	55.60	-0.67
山区	60.53	-1.51	64.61	-4.94	62.58	-3.33

分地市来看，2021 年中山市中等职业教育中级及以上专任教师比例最高，为 78.51%，较上年下降 1.18%；惠州市该比例最低，为 33.09%，较上年下降 9.84%。

6. 全省高中阶段专任教师培训均以校级培训为主

（1）普通高中教育专任教师培训以校级培训为主，接受国家级培训比例有待提高

2021 年，全省普通高中专任教师接受过不同层级的培训总计达到 236 311 人次，比上年增加 86 437 人次。

分区域看，各地区普通高中专任教师参加校级培训的占比最大。其中接受培训的专任教师人数和人次均位于首位的是珠江三角洲，其次是山区、东翼和西翼。如图 6－11 所示。

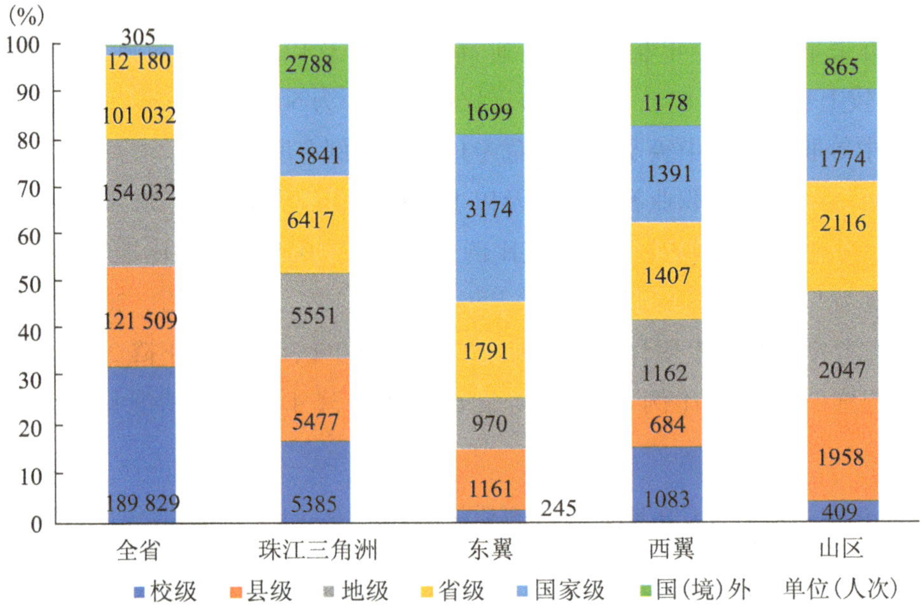

图 6－11　2021 年广东省普通高中分区域专任教师参加培训情况

（2）中等职业教育专任教师培训人次有所减少，接受国家级培训比例有待提高

2021 年，全省中等职业教育专任教师接受过不同层级的培训总计达到 40 967 人次，比上年减少 673 人次。

分区域看，各地区中等职业教育专任教师参加校级培训的占比最大。其中，接受培训的专任教师人数和人次均位于首位的是珠江三角洲，其次是山区、东翼、西翼。如图 6－12 所示。

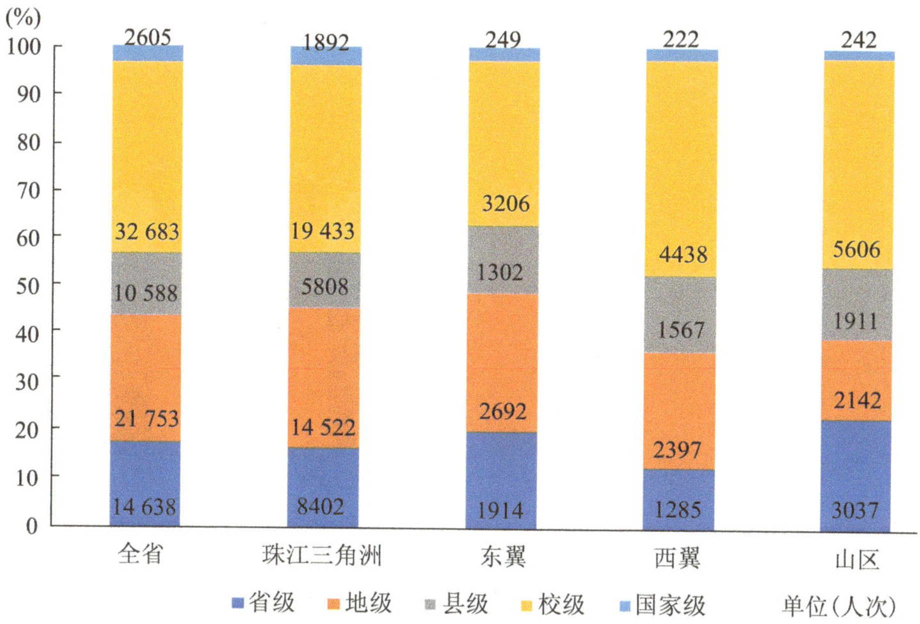

图 6－12　2021 年广东省中等职业教育分区域专任教师参加培训情况

三、高中阶段教育办学条件变化情况

1. 普通高中生均校舍建设面积增加，中等职业教育生均校舍建设面积减少

2021 年，广东省高中阶段教育校舍建设总面积为 74 956 043. 50 平方米，比上年增加 4 350 145. 51 平方米。其中，普通高中生均校舍建筑面积为 30. 92 平方米，中等职业教育生均校舍面积为 14. 40 平方米。

（1）各区域普通高中生均校舍建筑面积较上年均有所增长

2021 年，全省普通高中生均校舍建筑面积为 30. 92 平方米，比上年增加 0. 77 平方米，增长 2. 55% 。

分区域来看，全省普通高中生均校舍建筑面积较上年均有不同程度的增长。其中珠江三角洲生均面积最大，为 36. 11 平方米，比上年增加 0. 65 平方米；东翼增长最快，比上年增加 1. 04 平方米，为 24. 92 平方米。全省分区域普通高中生均校舍建筑面积具体情况如图 6－13 所示。

分城乡来看，2021 年城市普通高中生均校舍面积为 78. 25 平方米，比上年增加 27. 18 平方米；农村普通高中生均校舍建筑面积为 52. 25 平方米，比上年减少 42. 46 平方米，普通高中生均校舍面积城乡差距为 26 平方米。具体情况如表 6－18 所示。

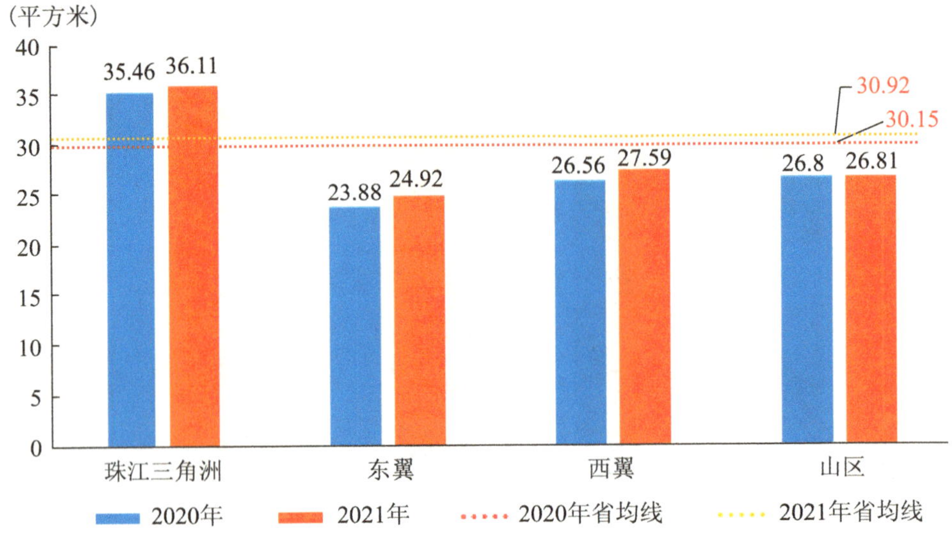

图 6－13　2020、2021 年广东省普通高中分区域生均校舍建筑面积变化情况

表 6－18　2020 年、2021 年广东省分城乡普通高中校舍建筑面积变化情况

单位：平方米

项目	年份		增加
	2020	2021	
普通高中校舍面积	57 397 143. 11	62 074 208. 85	4 677 065. 74
生均校舍面积	30. 15	30. 92	0. 77
城市普通高中校舍面积	28 900 051. 74	44 805 091. 88	15 905 040. 14
城市生均校舍面积	51. 07	78. 25	27. 18
农村普通高中校舍面积	28 497 091. 37	17 269 116. 97	－11 227 974. 40
农村生均校舍面积	94. 71	52. 25	－42. 46

分地市来看，在全省 21 个地市中，东莞市普通高中教育生均校舍建筑面积最高，为 42. 95 平方米，相比上年下降 1. 07%；潮州市生均面积最低，为 17. 61 平方米，相比上年下降 3. 27%。

（2）除西翼外其他地区中等职业生均校舍建筑面积较去年均有所减少

2021 年，全省中等职业教育生均校舍建筑面积比上年减少 0. 27 平方米，下降 1. 84%，生均校舍建筑面积为 14. 40 平方米，与《中等职业学校设置标准》① 要求的

① 中华人民共和国教育部．中等职业学校设置标准，[EB/OL]［2010－07－06］http：//www. moe. gov. cn/srcsite/A07/moe_950/201007/t20100706_96545. html.

生均20平方米相比仍有一定差距。

分区域看，除西翼生均校舍建筑面积较上年有轻微增加外，其他各地区均呈现不同程度的减少。其中东翼生均校舍建筑面积最大，为18.11平方米，比上年减少0.43平方米；珠江三角洲生均校舍建筑面积最小，为13.56平方米，比上年减少0.18平方米。具体情况如图6－14所示。

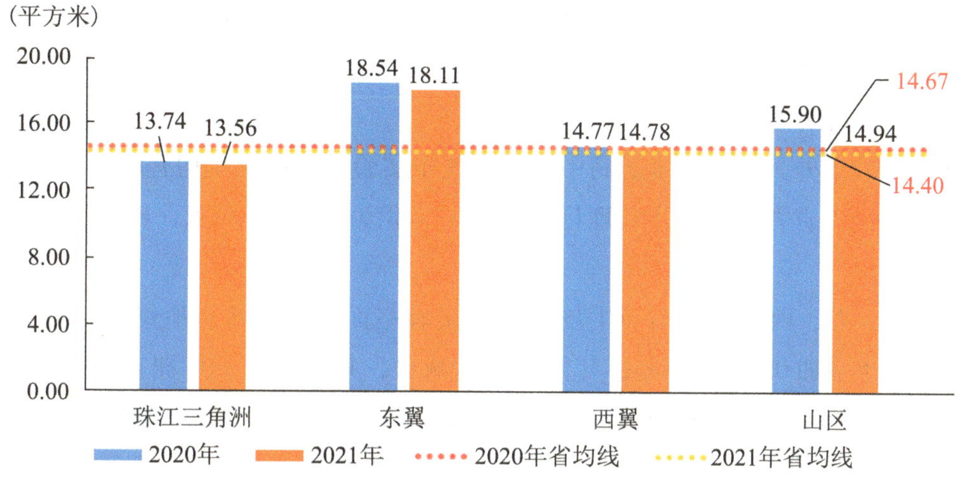

图6－14 2020年、2021年广东省分区域中等职业教育生均校舍建筑面积变化情况

分城乡来看，2021年城市中等职业教育生均校舍面积为13.27平方米，比上年减少1.18平方米；农村中等职业教育生均校舍建筑面积为15.99平方米，比上年减少0.73平方米。城乡中等职业教育生均校舍面积存在一定差距。具体情况如表6－19所示。

表6－19 2020年、2021年广东省分城乡中等职业教育校舍建筑面积变化情况

单位：平方米

项目	年份		增加
	2020	2021	
中等职业教育校舍面积	13 208 754.88	12 881 834.65	－326 920.23
生均校舍面积	14.67	14.40	－0.27
城市中等职业教育校舍面积	8 177 591.40	7 597 659.67	－579 931.73
城市生均校舍面积	14.45	13.27	－1.18
农村中等职业教育校舍面积	5 031 163.48	5 284 174.98	253 011.50
农村生均校舍面积	16.72	15.99	－0.73

分地市看，2021 年全省各地市中有 6 个城市中等职业教育生均校舍建筑面积增加，分别是韶关市、惠州市、东莞市、茂名市、阳江市、云浮市。其中佛山市生均校舍面积最大，为 20.48 平方米；阳江市增长率最高，为 11.74%；梅州市下降幅度最大，下降 17.86%。

2. 高中阶段生均理化生实验室与生均基础课实验室建设面积均有所下降

2021 年，广东省高中阶段生均理化生实验室面积为 1.16 平方米，比上年减少了 0.03 平方米。其中普通高中生均理化生实验室面积为 1.57 平方米，中等职业教育生均基础课实验室面积为 0.25 平方米。

（1）除西翼外其他区域普通高中生均理化生实验室建设面积均有所减少

2021 年，全省普通高中生均理化生实验室面积为 1.57 平方米，比上年减少 0.04 平方米。

分区域来看，西翼普通高中生均理化生实验室面积较上年有所增加，为 1.36 平方米，比上年增加 0.03 平方米；其他地区均减少，其中珠江三角洲普通高中生均理化生实验室面积最大，为 1.73 平方米，比上年减少 0.08 平方米。具体情况如图 6－15 所示。

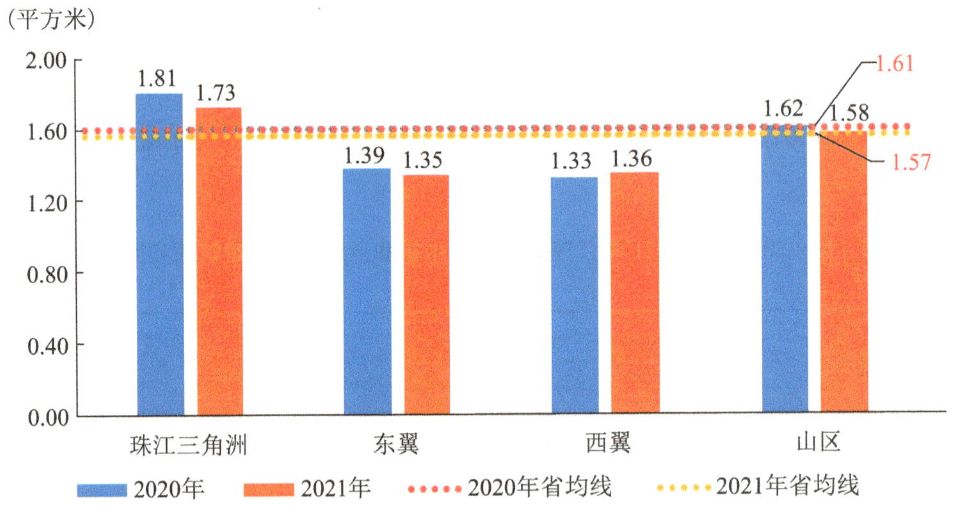

图 6－15　2020 年、2021 年广东省普通高中生均理化生实验室面积变化情况

分城乡来看，2021 年城市普通高中生均理化生实验室面积为 3.86 平方米，比上年增加 0.07 平方米；农村普通高中生均理化生实验室面积为 2.82 平方米，比上年减少 0.24 平方米。城市普通高中生均理化生实验室面积高于农村，城乡差距为 1.04 平方米，差距变大。全省具体情况如表 6－20 所示。

表 6－20 2020 年、2021 年广东省分城乡普通高中理化生实验室面积变化情况

单位：平方米

项目	年份		增加
	2020	2021	
普通高中理化生实验室面积	3 067 979. 91	3 145 222. 45	77 242. 54
生均理化生实验室面积	1. 61	1. 57	－0. 04
城市普通高中理化生实验室面积	2 147 049. 32	2 211 701. 36	64 652. 04
城市生均理化生实验室面积	3. 79	3. 86	0. 07
农村普通高中理化生实验室面积	920 930. 59	933 521. 09	12 590. 50
农村生均理化生实验室面积	3. 06	2. 82	－0. 24

分地市来看，全省各地市中只有广州市、深圳市 2 个市生均理化生实验室面积均超过 2. 00 平方米，湛江市生均实验室面积比上年增长 12. 38%，增幅最大。

（2）全省中等职业教育生均基础课实验室建设面积有所减少

2021 年，全省中等职业教育生均基础课实验室面积为 0. 25 平方米，比上年减少 0. 02 平方米。

分区域看，2021 年东翼中等职业教育生均基础课实验室面积最大，为 0. 82 平方米，比上年减少 0. 06 平方米；珠江三角洲生均面积最小，为 0. 13 平方米，较上年相比变化不大。具体情况如图 6－16 所示。

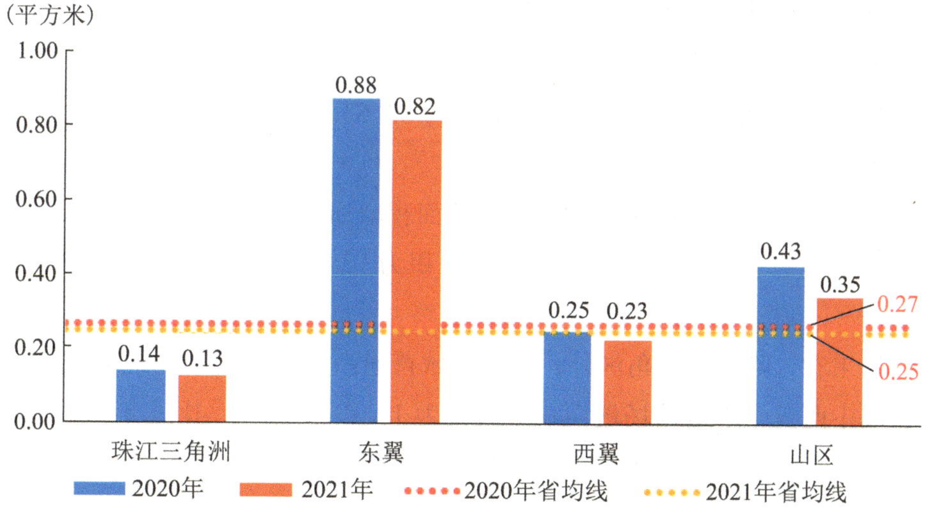

图 6－16 2020 年、2021 年广东省中等职业教育生均基础课实验室面积变化情况

分城乡来看，2021 年城市中等职业教育生均基础课实验室面积为 0.14 平方米，与上一年保持不变；农村中等职业教育生均基础课实验室建筑面积为 0.43 平方米，比上年减少 0.07 平方米。全省分城乡中等职业教育生均基础课实验室面积具体如表 6－21 所示。

表 6－21　2020 年、2021 年广东省分城乡中等职业教育生均基础实验室面积变化情况

单位：平方米

项目	年份		增加
	2020	2021	
中等职业教育基础课实验室面积	229 662.9	222 562.9	－7100.00
生均基础课实验室面积	0.27	0.25	－0.02
城市中等职业教育基础课实验室面积	79 398.56	79 414.56	16.00
城市生均基础课实验室面积	0.14	0.14	0.00
农村中等职业教育基础课实验室面积	150 264.34	143 148.34	－7116.00
农村生均基础课实验室面积	0.50	0.43	－0.07

分地市看，2021 年全省各地市中，除中山市数据缺失外，广州市、东莞市和云浮市三市中等职业教育生均基础课实验室面积上升，分别增长了 1.31%、2.47% 和 7.22%，其余 17 个地市生均面积均下降。其中梅州市下降幅度最大，面积为 0.75 平方米，比上年减少 0.28 平方米，减少 27.18%。

3. 高中阶段生均运动场地面积较上年有所减少

2021 年，广东省高中阶段生均运动场地面积为 10.17 平方米，比上年减少 0.33 平方米。其中，普通高中生均运动场地面积为 12.63 平方米，中等职业生均运动场地面积为 4.77 平方米。

（1）珠江三角洲普通高中生均运动场地面积增加，其他区域减少

2021 年，全省普通高中生均运动场地面积为 12.63 平方米，比上年减少 0.32 平方米。

分区域来看，除珠江三角洲外，其他区域普通高中生均运动场地面积相较于上年均减少。其中西翼生均运动场地面积最大，为 13.79 平方米，比上年减少 0.29 平方米；东翼生均面积最小，为 9.74 平方米，比上年减少 0.65 平方米。具体情况如图 6－17 所示。

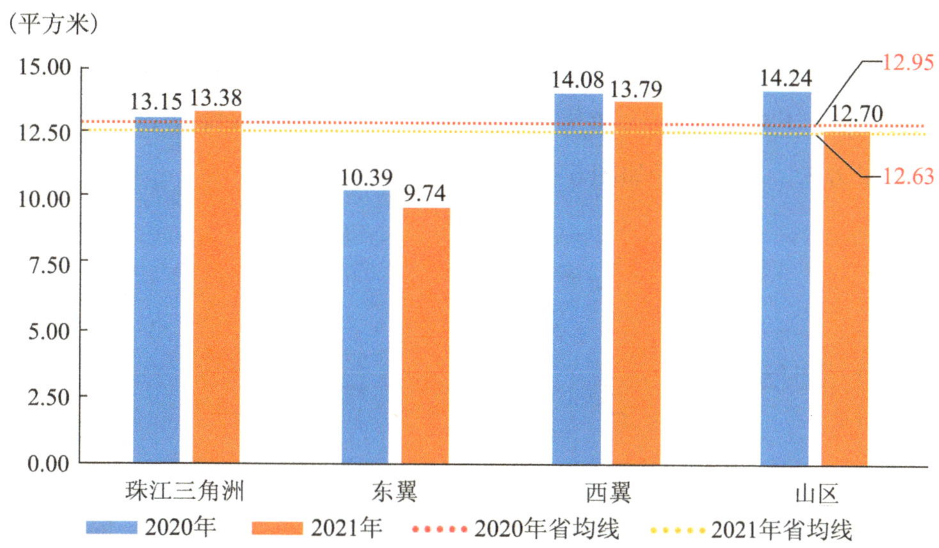

图 6－17 2020 年、2021 年广东省普通高中生均运动场地面积变化情况

分城乡来看，2021 年城市普通高中生均运动场面积为 30. 38 平方米，比上年增加 10. 05 平方米；农村普通高中生均运动场建筑面积为 24. 08 平方米，比上年减少 19. 61 平方米。具体情况如表 6－22 所示。

表 6－22 2020 年、2021 年广东省分城乡普通高中运动场面积变化情况

单位：平方米

项目	年份		增加
	2020	2021	
普通高中运动场面积	24 649 741. 13	25 349 832. 05	700 090. 92
生均运动场面积	12. 95	12. 63	－0. 32
城市普通高中运动场面积	11 504 889. 41	17 391 551. 27	5 886 661. 86
城市生均运动场面积	20. 33	30. 38	10. 05
农村普通高中运动场面积	13 144 851. 72	7 958 280. 78	－5 186 570. 94
农村生均运动场面积	43. 69	24. 08	－19. 61

分地市来看，全省共有 6 个城市普通高中生均运动场地有所增加，其余城市均有不同程度的减少。其中，深圳市普通高中生均运动场地面积最大，为 17. 94 平方米，并且增幅最大，增加了 9. 39%；揭阳市生均运动场面积最小，为 7. 39 平方米，比上年减少 0. 83 平方米，减少率为 10. 09%。

（2）全省各区域中等职业教育生均运动场地面积减少

2021 年，全省中等职业教育生均运动场地面积为 4. 77 平方米，比上年减少 0. 40

平方米，下降7.74%。

分区域看，2021年全省各区域中东翼中等职业教育生均运动场地面积最大，为6.69平方米，比上年减少0.28平方米；西翼生均面积最小，为4.32平方米，比上年减少1.01平方米。具体情况如图6－18所示。

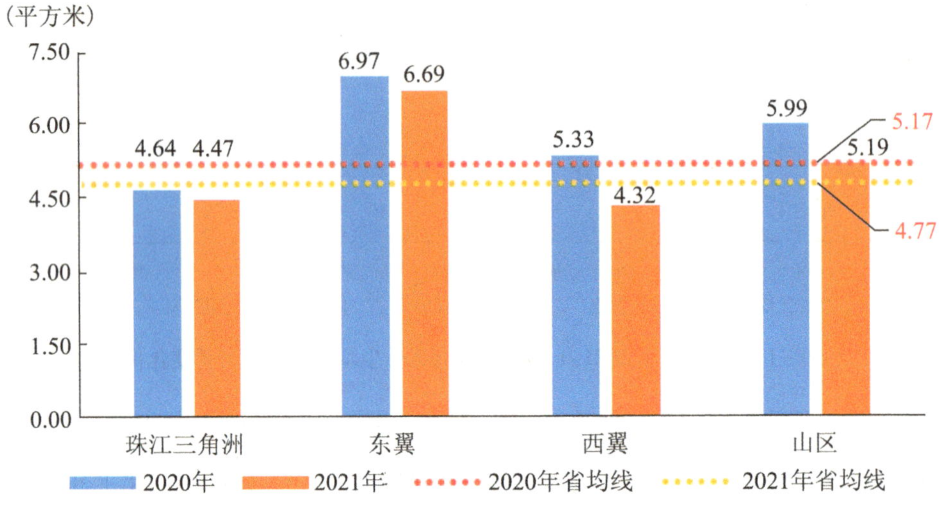

图6－18　2020年、2021年广东省中等职业教育生均运动场地面积变化情况

分城乡来看，2021年城市中等职业教育生均运动场面积高于农村。其中城市中等职业教育生均运动场面积为4.05平方米，比上年减少了0.45平方米；农村中等职业教育生均运动场建筑面积为5.88平方米，比上年减少了0.43平方米。具体情况如表6－23所示。

表6－23　2020年、2021年广东省分城乡中等职业教育运动场面积变化情况

单位：平方米

项目	年份		增加
	2020	2021	
中等职业教育运动场面积	4 447 205. 63	4 262 791. 45	－184 414. 18
生均运动场面积	5. 17	4. 77	－0. 40
城市中等职业教育运动场面积	2 549 187. 47	2 321 056. 74	－228 130. 73
城市生均运动场面积	4. 50	4. 05	－0. 45
农村中等职业教育运动场面积	1 898 018. 16	1 941 734. 71	43 716. 55
农村生均运动场面积	6. 31	5. 88	－0. 43

分地市看，2021 年全省有 4 个地市中等职业教育生均运动场地面积增加，其中深圳市生均运动场地面积为 5.95 平方米，比上年增加 1.54 平方米，增长率为 34.96%，增幅最大。

4. 普通高中生均图书量除西翼外，其他地区均有不同程度减少，中等职业生均图书量减少

2021 年，广东省高中阶段总图书量为 14 293.33 万册，生均图书量为 48.11 册，比上年减少 3.12 册。其中，全省普通高中图书总量为 11 737.76 万册，生均图书数为 58.46 册；中等职业图书总量为 2555.57 万册；生均图书数为 28.58 册。

（1）全省仅西翼普通高中生均图书数有所上升

2021 年，全省普通高中图书总量为 11 737.76 万册，比上年增加 1.90%。全省生均图书数为 58.46 册，比上年减少 2.05 册，减少了 3.39%。

分区域来看，2021 年全省各区域中珠江三角洲图书总量最多，为 5389.37 万册，生均图书量为 57.48 册，比上年减少 2.03 册；西翼生均图书量最高，为 66.47 册，比上年增加 5.21 册；山区生均图书量最少，为 55.26 册，比上年减少 3.36 册。具体情况如图 6－19 所示。

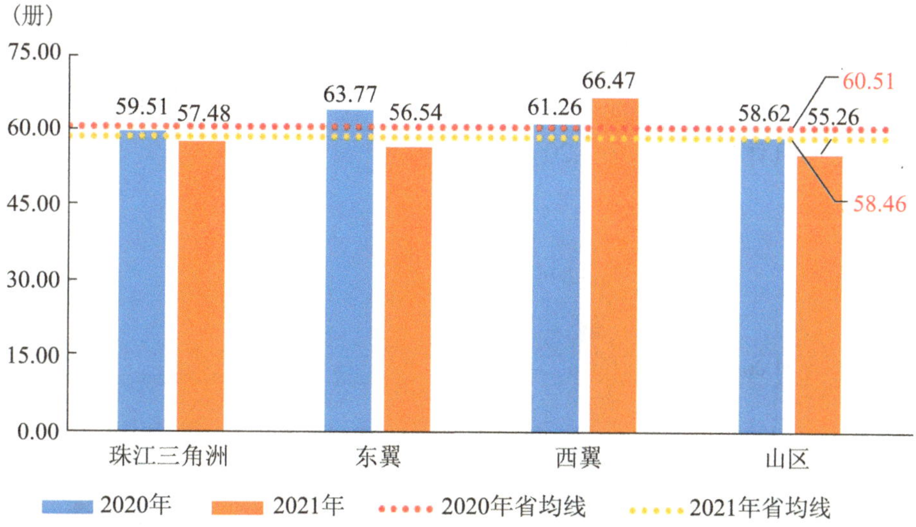

图 6－19 2020 年、2021 年广东省分区域普通高中生均图书数变化情况

分城乡来看，2021 年城市普通高中生均图书量为 145.09 册，比上年增加 43.06 册；农村普通高中生均图书量为 103.80 册，比上年减少 87.11 册，城乡差距明显。全省分城乡普通高中生均图书数具体如表 6－24 所示。

表 6－24　2020 年、2021 年广东省分城乡普通高中图书数情况

单位：册

项目	年份		增加
	2020	2021	
普通高中图书总量	115 185 438	117 377 602	2 192 164
生均图书量	60.51	58.46	－2.05
城市普通高中图书总量	57 740 115	83 071 528	25 331 413
城市生均图书量	102.03	145.09	43.06
农村普通高中图书总量	57 445 323	34 306 074	－23 139 249
农村生均图书量	190.91	103.80	－87.11

分地市来看，2021 年全省 21 个地市中除广州、东莞、茂名、肇庆和云浮 5 个地市生均图书量有所增长，其他地市均有不同程度减少。其中广州市普通高中生均图书量达 87.93 册，生均图书量最多。

（2）全省中等职业教育阶段图书总量与生均图书量均减少

2021 年，全省中等职业教育图书总量为 2555.57 万册，比上年减少 4.42%；全省生均图书数为 28.58 册，比上年减少 2.49 册，减少率为 8.01%。

分区域看，2021 年全省各区域中等职业教育生均图书量均有所下降。其中，西翼的生均图书量最少，为 22.51 册，下降比例最小；东翼生均图书量最多，为 31.34 册，下降幅度最大。具体情况如图 6－20 所示。

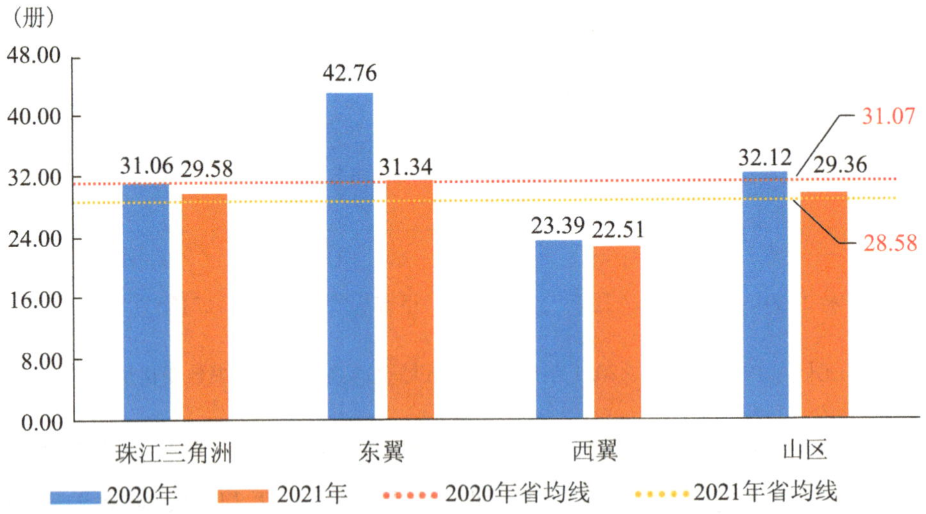

图 6－20　2020 年、2021 年广东省中等职业教育生均图书变化情况

分城乡来看，2021 年城市中等职业教育生均图书量为 27.87 册，比上年减少 1.75 册；农村中等职业教育生均图书量为 31.90 册，比上年减少 1.24 册。具体情况如表 6－25 所示。

表 6－25　2020 年、2021 年广东省分城乡中等职业教育图书量情况

单位：册

项目	年份		增加
	2020	2021	
中等职业教育图书总量	26 736 364	25 555 735	－1 180 629
生均图书量	31.07	28.58	－2.49
城市中等职业教育图书总量	16 763 801	15 955 768	－781 033
城市生均图书量	29.62	27.87	－1.75
农村中等职业教育图书总量	9 972 563	9 599 967	－372 596
农村生均图书量	33.14	31.90	－1.24

分地市来看，2021 年全省共有 5 个地市中等职业教育生均图书量有所增加，分别是广州市、珠海市、东莞市、湛江市和揭阳市，其他地市均有不同程度减少。其中，广州市中等职业教育生均图书量达到 35.24 册，生均图书量最多，较上年增加了 1.16 册，增长率为 3.39%。

5. 普通高中生均教学、实习仪器设备资产值有所提高，中等职业生均教育教学、实习仪器设备资产值下降

2021 年，高中阶段教学、实习仪器总设备资产值为 2 288 239.96 元。其中，全省普通高中生均教学、实习仪器设备资产值为 6906.53 元，中等职业生均教学、实习仪器设备资产值为 10 081.77 元。

（1）全省各区域普通高中教学、实习仪器设备生均资产值稳步提高

2021 年，全省普通高中生均教学、实习仪器设备资产值达到 6906.53 元，比上年增加 418.87 元，增长 6.46%。

分区域来看，2021 年全省各区域中西翼生均教学、实习仪器设备资产值为 4396.97 元，比上年增加 355.59 元，增长幅度最大，增长 8.80%；珠江三角洲生均教学、实习仪器设备资产值最大，为 9412.62 元，比上年增加 579.58 元。具体情况如图 6－21 所示。

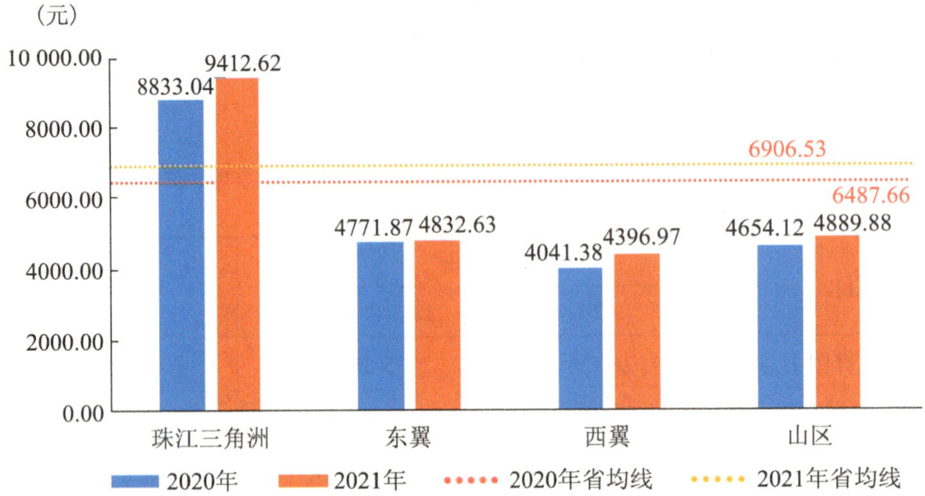

图 6－21　2020 年、2021 年广东省分区域普通高中教育生均仪器设备资产值变化情况

分城乡来看，2021 年城市普通高中生均教学、实习仪器设备资产值高于农村。城市普通高中生均仪器设备资产值为 8141. 06 元，比上年增加 734. 82 元；农村普通高中生均教学、实习仪器设备资产总值为 5723. 79 元，比上年增长约 176. 95 元。2021 年，普通高中生均仪器设备资产城乡差距 2417. 27 元，相较于上年差距拉大。具体情况如表 6－26 所示。

表 6－26　2020 年、2021 年广东省分城乡普通高中仪器设备资产值变化情况

单位：元

项目	年份		增加
	2020	2021	
仪器设备资产总值	1 234 936. 69	1 386 642. 01	151 705. 32
生均仪器设备资产值	6487. 66	6906. 53	418. 87
城市仪器设备资产总值	713 327. 59	799 743. 20	86 415. 61
城市生均仪器设备资产值	7406. 23	8141. 06	734. 82
农村仪器设备资产总值	521 609. 10	586 898. 81	65 289. 71
农村生均仪器设备资产值	5546. 84	5723. 79	176. 95

分地市来看，大部分地市的普通高中生均教学、实习仪器设备资产值有所波动。其中，广州市的增长幅度最大，比上年增长 18. 14%，涨幅最大；深圳市普通高中生均仪器设备资产值最高，为 18 741. 94 元。

（2）除东翼中等职业教育生均教学、实习仪器设备资产值有所上升，其他地区均减少

2021 年，全省中等职业教育生均教学、实习仪器设备资产值为 10 081.77 元，比上年减少 333.49 元。

分区域来看，2021 年全省各区域中等职业教育生均教学、实习仪器设备资产值均有所波动。其中，西翼生均教学、实习仪器设备资产值为 6308.03 元，比上年减少 393.55 元，降幅最大；东翼生均教学、实习仪器设备资产值为 8749.96 元，比上年增加 52.71 元，增幅最大。具体情况如图 6－22 所示。

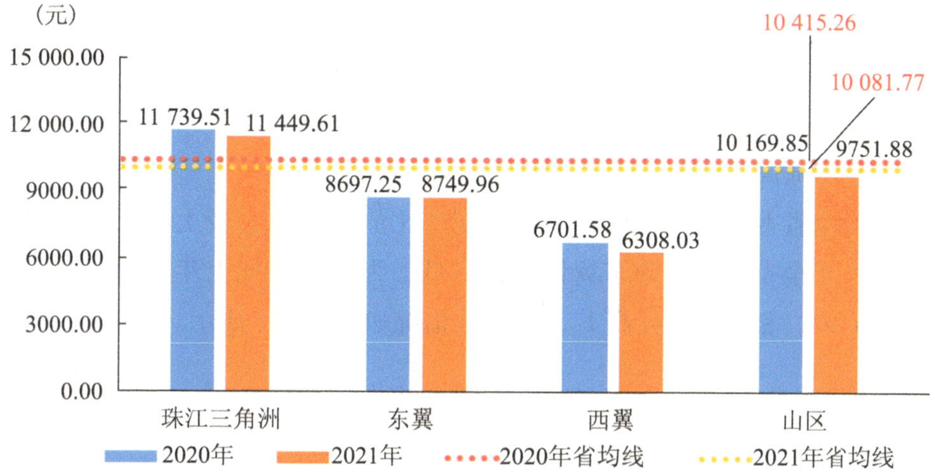

图 6－22　2020 年、2021 年广东省中等职业教育生均教学、实习仪器设备资产值变化情况

分城乡来看，2021 年城市中等职业教育生均仪器设备资产值低于农村。城市中等职业教育生均仪器设备资产值为 9798 元，比上年减少 718.92 元；农村中等职业教育生均仪器设备资产值为 10 306.06 元，比上年增长约 82 元。2021 年城乡差距 508.06 元，较上年差距拉大。具体情况如表 6－27 所示。

表 6－27　2020 年、2021 年广东省分城乡中等职业教育仪器设备资产值变化情况

单位：元

项目	年份		增加
	2020	2021	
仪器设备资产总值	902 827.06	901 597.95	－1229.11
生均仪器设备资产值	10 415.26	10 081.77	－333.49
城市仪器设备资产总值	595 190.47	560 995.18	－34 195.29
城市生均仪器设备资产值	10 516.92	9798.00	－718.92
农村仪器设备资产总值	307 636.59	340 602.77	32 966.18
农村生均仪器设备资产值	10 224.05	10 306.06	82.01

分地市来看，2021 年全省有 10 个地市中等职业教育生均教学、实习仪器设备资产值有所增加。其中，生均教学、实习仪器设备资产值最高的地市是深圳市，为 23 688. 42 元；珠海市生均教学、实习仪器设备资产值涨幅最高，为 10 445. 94 元，相比上年增加 2143. 56 元，增长 25. 82%。

6. 全省普通高中学生数与终端数比值有所上升，中等职业教育两者之比上升且存在较大地市差异

2021 年，广东省高中阶段学生终端数共 780 942 台，在校学生与终端数比值为 3. 73。其中，全省普通高中学生终端数为 508 050 台，在校生与终端数比值为 3. 95；中等职业学生终端数为 272 892 台，在校学生与终端数比值为 3. 28。

（1）全省普通高中学生数与终端数之比上升

2021 年，全省普通高中在校学生与终端数比值为 3. 95，较上年上升 0. 98。分区域来看，2021 年全省各区域中东翼该比值最低，为 3. 49，比上年提高 0. 64；山区比值最高，为 4. 97，相比上年提高 1. 37。具体情况如图 6 – 23 所示。

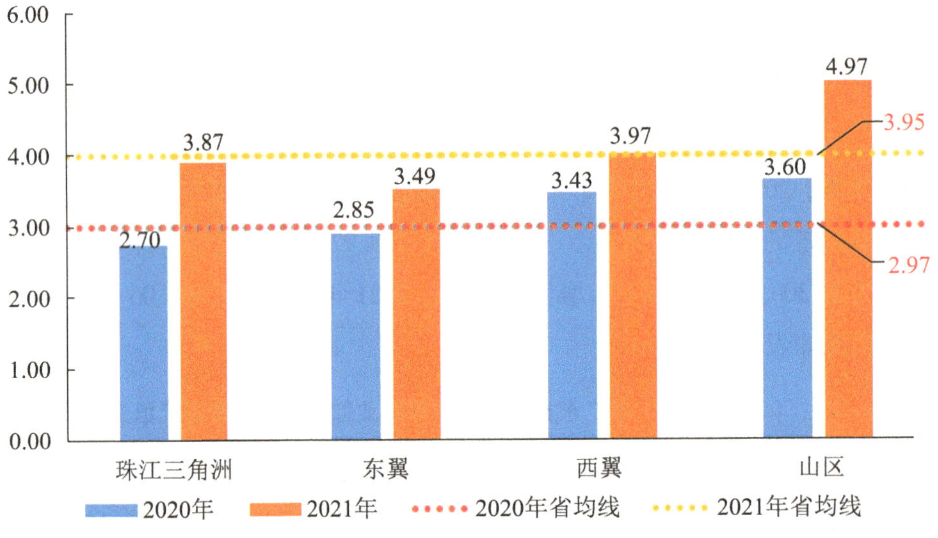

图 6 – 23　2020 年、2021 年广东省普通高中阶段在校学生数与终端数比值变化情况

分城乡来看，2021 年城市普通高中在校学生数与终端数之比低于农村，城市学生占有终端数更多。城市普通高中在校学生与终端数之比为 3. 73，比上年增加 0. 85；农村普通高中在校学生与终端数之比为 4. 19，比上年增长约 1. 14，比城市高 0. 46，城乡间差距不明显。具体情况如表 6 – 28 所示。

表 6－28 2020 年、2021 年广东省分城乡普通高中在校生数与终端数比值变化情况

单位：台

项目	年份		增加
	2020	2021	
学生终端数	641 727	508 050	－133 677
学生数与终端数之比	2. 97	3. 95	0. 98
城市学生终端数	333 898	263 234	－70 664
城市学生数与终端数之比	2. 88	3. 73	0. 85
农村学生终端数	307 829	244 816	－63 013
农村学生数与终端数之比	3. 05	4. 19	1. 14

分地市来看，全省 21 个地市中广州市、深圳市、汕头市普通高中在校学生与终端数比值在 3. 00 以下，说明这些城市学生占有终端数水平较高。

（2）全省中等职业教育在校学生数与终端数之比均有所上升

2021 年，中等职业教育在校生数与终端数比值为 3. 28，上升 0. 44。分区域看，全省各区域中等职业教育在校学生数与终端数之比均有所上升，其中东翼中等职业教育在校学生数与终端数比值最小，为 2. 84；西翼在校学生数与终端数比值最大，为 5. 06。全省分区域中等职业教育在校生数与终端数比值具体如图 6－24 所示。

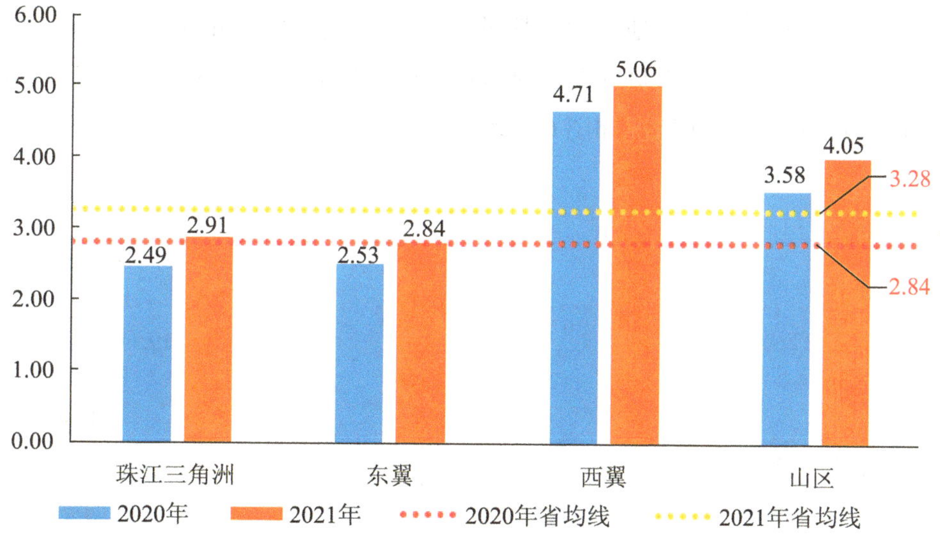

图 6－24 2020 年、2021 年广东省中等职业教育在校学生数与终端数比值变化情况

分城乡来看，城市中等职业教育在校学生数与终端数之比为 3. 40，比上年增加 0. 55；农村中等职业教育在校学生数与终端数之比为 3. 16，比上年增加 0. 34。具体情况如表 6－29 所示。

表 6－29　2020 年、2021 年广东省分城乡中等职业教育在校生数与终端数比值变化情况

单位：台

项目	年份		增加
	2020	2021	
学生终端数	305 150	272 892	－32 258
学生数与终端数之比	2.84	3.28	0.44
城市学生终端数	198 612	168 445	－30 167
城市学生数与终端数之比	2.85	3.40	0.55
农村学生终端数	106 538	104 447	－2091
农村学生数与终端数之比	2.82	3.16	0.34

分地市看，2021 年全省 21 个地市中仅有东莞市和阳江市在校学生数与终端数比值下降，即这两市学生占有终端数水平有所优化，分别比上年下降了 0.09 和 0.25，其他各市中等职业教育在校学生数与终端数比值均上升。

7. 全省中等职业教育阶段生均电子图书数明显下降

2021 年，全省中等职业教育在校生人数上涨，但电子图书总量下降，生均电子图书量有所减少，相比上年减少了 33.86%，为 16.00GB/生。

分区域看，2021 年东翼地区中等职业教育生均电子图书量最大，高达 19.28GB/生，比上年下降 7.08%；山区中等职业教育生均电子图书量最小，仅 14.56GB/生，比上年下降 4.88%。具体情况如图 6－25 所示。

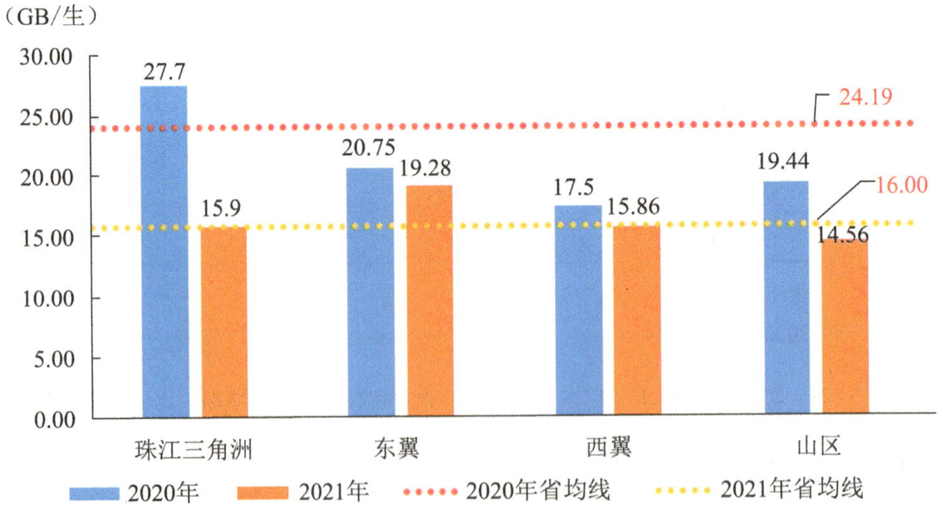

图 6－25　2020 年、2021 年广东省分区域中等职业教育生均电子图书变化情况

分城乡来看，2021 年城市中等职业教育生均电子图书量高于农村。城市中等职业教育生均电子图书量为 17.22GB/生，比上年减少 10.29GB/生；农村中等职业教育生均电子图书量为 13.48GB/生，比上年减少 4.46GB/生。具体情况如表 6－30 所示。

表 6－30 2020 年、2021 年广东省分城乡中等职业教育电子图书量变化情况

单位：GB

项目	年份		增加
	2020	2021	
电子图书总量	20 967 039	14 311 575	－6 655 464
生均电子图书量	24.19	16.00	－8.19
城市电子图书总量	15 568 646	9 857 718	－5 710 928
城市生均电子图书量	27.51	17.22	－10.29
农村电子图书总量	5 398 393	4 453 857	－944 536
农村生均电子图书量	17.94	13.48	－4.46

分地市来看，2021 年全省 21 个地市中有 6 个地市中等职业教育生均电子图书量有所增加。潮州市生均电子图书量最小，仅 1.17GB/生，比上年下降了 10.92%；云浮市生均电子图书量最大，达到 36.78GB/生。

四、小结

高中阶段教育普及程度方面，广东省该教育阶段普及水平稳步提升，2021 年高中阶段教育毛入学率为 97.71%。办学规模方面，2021 年广东省高中教育阶段总招生人数为 104.12 万人，比上年增加 5.55 万人；在校生数为 290.21 万人，其中普通高中在校生 200.77 万人，中等职业教育在校生 90.30 万人，相较于上年均有所增长。学校数量方面，近八年广东省高中阶段学校数整体呈下降趋势，2021 年数量稍有增加，共计 1458 所，其中普通高中学校规模为 1076 所，中等职业学校为 382 所。

高中阶段师资队伍建设方面，全省高中阶段专任教师规模有所增大，其中普通高中专任教师有 15.74 万人，生师比为 12.76∶1；中等职业教育专任教师有 44 658 人，生师比为 20.09∶1，其中双师型教师比例为 40.43%，达到教育部《中等职业学校设置标准》[①] 中提出的双师型教师比例不低于 30% 的要求。教师学历层次与专业技术职务方面，2021 年全省普通高中本科及以上学历专任教师比例为 99.48%，中等职业教

① 中华人民共和国教育部．中等职业学校设置标准，［EB/OL］［2010－07－06］http：//www.moe.gov.cn/srcsite/A07/moe_950/201007/t20100706_96545.html.

育该比例为94.89%；全省高中阶段中级及以上职称专任教师比例相较上年普遍下降，其中普通高中教育中级及以上职称专任教师比例为65.60%，比上年下降1.07%，中等职业教育该比例为58.45%，比上年下降3.02%。此外，普通高中教育学校专任教师培训人次增加，中等职业教育专任教师参加培训人次有所减少，两者培训层次均以校级培训为主，接受国家级培训比例有待提高。

高中阶段办学条件方面，2021年广东省普通高中教育阶段生均校舍建筑面积、生均仪器设备值有所提高，其中生均校舍建筑面积为30.92平方米，生均仪器设备资产值为6906.53元。生均实验室建筑面积、生均运动场地、生均图书量均有不同程度的下降，其中生均理化生实验室面积为1.57平方米，比上年减少0.04平方米；生均运动场地面积为12.63平方米，比上年减少0.32平方米；全省普通高中图书总量为11 737.76万册，生均图书数为58.46册，比上年减少2.05册。中等职业教育各方面均呈减少趋势。其中生均校舍面积为14.40平方米，与《中等职业教育设置标准》要求的生均20平方米相比仍有一定差距；生均基础课实验室面积为0.25平方米，比上年减少0.02平方米；生均运动场地面积为4.77平方米，比上年减少0.40平方米，下降7.74%。图书藏量方面，2021年广东省中等职业教育图书总量为2555.57万册，生均图书数为28.58册，比上年减少2.49册。生均仪器设备资产值下降，为10 081.77元。教育信息化方面，全省普通高中学生数与终端数比值为3.95，较上年有所上升；中等职业教育两者之比为3.28，有所上升且存在较大地市差异。此外，中等职业教育生均电子图书为16.00GB/生，较上年有所减少。

第七章　高等教育

本章对高等教育规模发展与结构调整情况、高等教育教师队伍发展情况、普通高校办学条件变化情况、民办高等教育事业发展的基本状况进行分析。主要内容如图 7－1 所示：

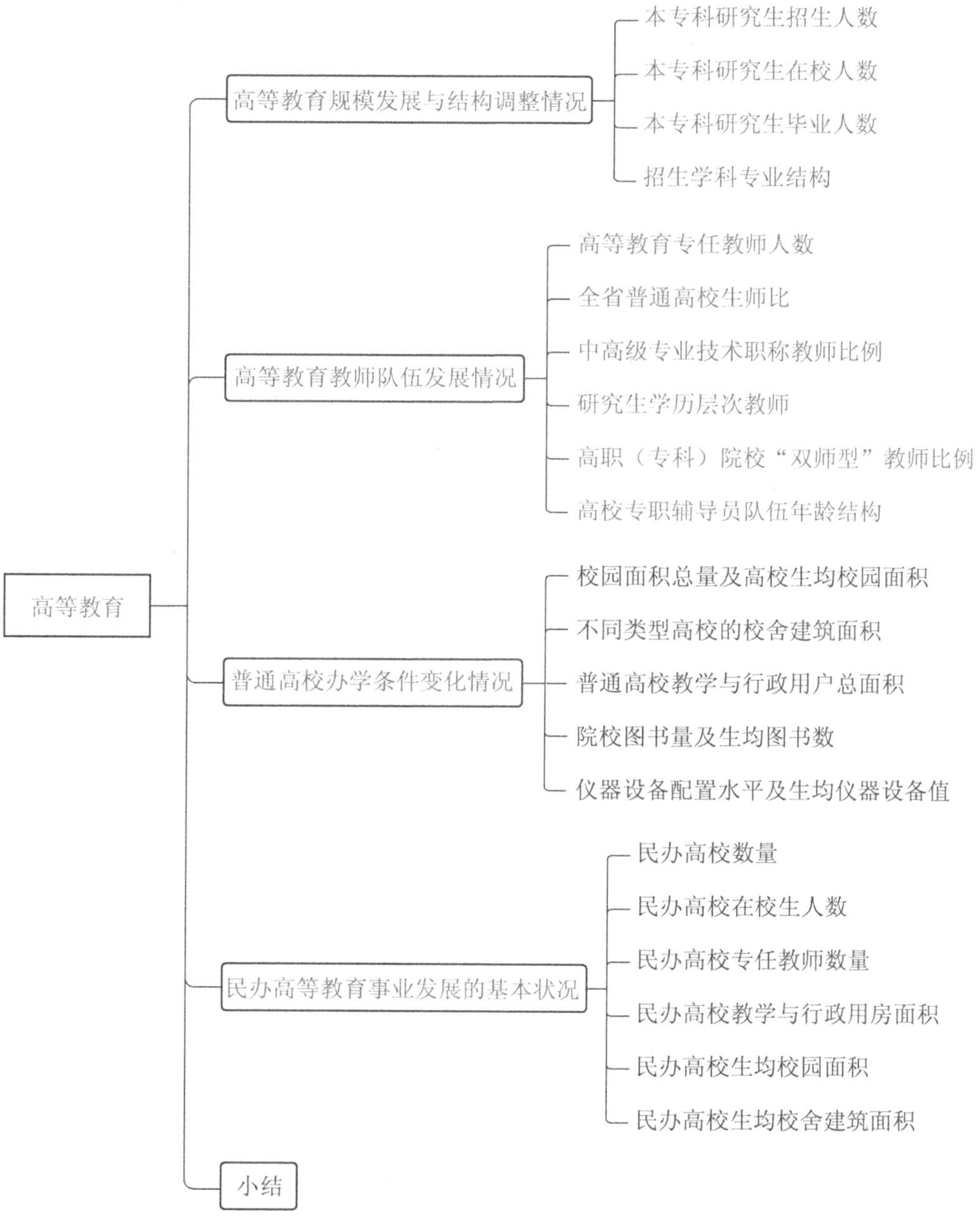

图 7－1　高等教育发展情况分析架构图

一、高等教育规模发展与结构调整情况

1. 高等教育普及程度稳步提升

2014—2021年，高等教育毛入学率稳步提升，从2014年的31.88%提升到2021年的57.65%。与2020年相比，上升了4.24%，如图7-2所示。2021年全国高等教育毛入学率为57.80%，广东省与全国相比存在0.15%的细微差距。而《广东省教育发展“十四五”规划》① 在“发展目标”一节中指出到2025年广东省高等教育毛入学率需达到60%，广东省与该目标仍存在2.35%的差距。

2020年，教育部、广东省人民政府联合印发《推进粤港澳大湾区高等教育合作发展规划》②，持续推进高等教育合作发展，明确到2035年粤港澳大湾区将建成若干所世界一流水平的高校。2021年，广东省人民政府办公厅印发《高等教育“冲一流、补短板、强特色”提升计划实施方案（2021—2025年）》③，提出了高水平大学建设计划、粤东西北高校振兴计划、特色高校提升计划三大建设目标。以上文件的颁布有效推动了广东省高等教育毛入学率的提升。

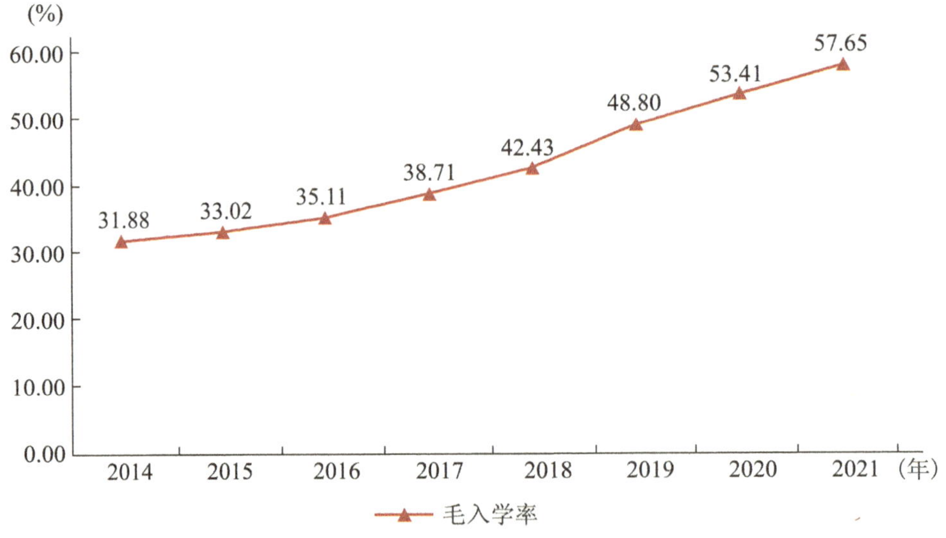

图7-2 2014—2021年广东省高等教育毛入学率变化

---

① 广东省人民政府．关于印发广东省教育发展“十四五”规划的通知，[EB/OL] [2021-09-23] http://www.gd.gov.cn/zwgk/gongbao/2021/31/content/post_3644881.html.

② 南方日报网络版．教育部、省政府联合印发《推进粤港澳大湾区高等教育合作发展规划》，[EB/OL] [2020-12-09] http://www.gd.gov.cn/zwgk/zcjd/snzcsd/content/post_3145724.html.

③ 广东省人民政府．高等教育“冲一流、补短板、强特色”提升计划实施方案（2021—2025年），[EB/OL] [2021-08-19] http://www.gd.gov.cn/xxts/content/post_3491966.html.

2. 高等教育本专科招生人数显著下降，研究生招生稳步增长，民办高职（专科）院校招生人数降幅明显

2021 年，各种形式高等教育招生规模为 1 398 363 人。全省普通高校（不含成人教育和网络教育）共招收本专科 751 886 人，较上年相比下降 18.02%，其中本科 354 583 人，专科 397 303 人；招收研究生 64 355 人，其中博士生 7023 人，硕士生 57 478 人，较上年相比增长 7.64%。

2014—2021 年，广东省普通高校招生人数（不含成人教育和网络教育）呈现波动性上涨趋势，由 2014 年的 574 817 人上涨到 2015 年的 592 006 人，2016 年回落到 582 111 人，2020 年突破 90 万人规模，达到 976 981 人，2021 年又回落至 816 241 人，与上年相比下降 16.45%，八年的增长率为 -16.45%～42.31%。2014—2021 年广东省普通高校招生规模变化如图 7-3 所示。

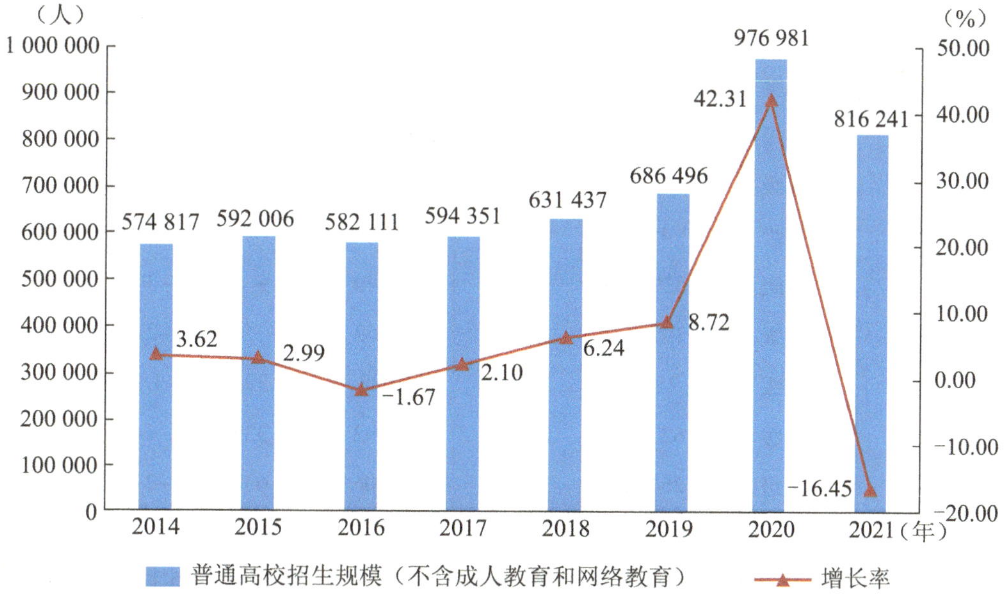

图 7-3　2014—2021 年广东省普通高校招生规模变化

分层次来看，在一般本科院校的研究生招生人数中，部级增长 5.51%，其中暨南大学增长最多，相比 2020 年增长 12.78%。省级院校增长 8.76%，其中广东金融学院增长最多，相比 2020 年增长 28.91%。地级院校增长 9.54%，其中南方科技大学增长最多，相比 2020 年增长 22.76%。

在一般本科院校的本专科招生人数中，部级增长 3.06%，其中华南理工大学最多，相比 2020 年增长 3.94%。省级增长 2.10%，其中肇庆学院增长 75.91%，广东工商职业技术大学减少61.08%。地级的招生人数减少显著，减少了40.80%，原因是

韶关学院等4所院校由地级转为省级，而在原地级一般本科院校中，佛山科学技术学院缩招最显著，增长率为－29.00%。

在高职（专科）院校中，部级、省级和地级的本专科招生人数均呈现减少的趋势。唯一一所部级高职院校广州民航职业技术学院相比上年减少4.29%。省级高职院校减少30.35%，其中广东食品药品职业学院和广东科贸职业学院分别增长315.17%和256.45%，缩招最显著的为广东文理职业学院，增长率为－82.39%。地级高职（专科）院校减少22.62%，其中肇庆医学高等专科学校缩招最显著，增长率为－49.64%。

2020年、2021年广东省普通高校各层次院校本专科及研究生招生人数如表7－1所示。

表7－1　2020年、2021年广东省普通高校各层次院校本专科及研究生招生人数

单位：人

院校类别	院校层次	2020年		2021年		增长（%）	
		本专科	研究生	本专科	研究生	本专科	研究生
一般本科院校	部级	21 048	23 118	21 693	24 392	3.06	5.51
	省级	297 708	26 043	303 952	28 325	2.10	8.76
	地级	67 150	10 624	39 753	11 638	－40.80	9.54
高职（专科）院校	部级	4592	—	4395	—	－4.29	—
	省级	329 298	—	229 340	—	－30.35	—
	地级	197 400	—	152 753	—	－22.62	—
全省	部级	25 640	23 118	26 088	24 392	1.75	5.51
	省级	627 006	26 043	533 292	28 325	－14.95	8.76
	地级	264 550	10 624	192 506	11 638	－27.23	9.54

从办学性质来看，2021年全省公办院校本专科招生数与上年相比降幅较为显著，减少了12.81%。公办一般本科院校的本专科招生人数与上年相比基本持平，仅下降0.73%，其中个别高校的本专科招生人数增加显著。增加人数最多的是肇庆学院，由6209人增加到10 922人，扩招4713人；增长率最高的是深圳技术大学，本专科招生人数从1577人增加到2971人，增长率达到88.40%。公办高职（专科）院校的本专科招生人数与上年相比减少显著，减少了19.70%，其中广东农工商职业技术学院等9所公办高职院校缩招最显著，减少的本专科招生数均超过3000人。缩招人数最多的公办高职院校是深圳信息职业技术学院，2021年比2020年减少了7248人。

2021年全省民办院校本专科招生数呈减少趋势，较上年减少了29.16%。民办一般本科院校的本专科招生人数减少11.78%，其中北京师范大学珠海分校停止招生，另外有 11 所院校的招生人数相比 2020 年均减少，华南农业大学珠江学院、电子科技大学中山学院、北京理工大学珠海学院三所院校减少的本专科招生人数超过了 1000 人。民办高职（专科）院校的本专科招生人数显著降低，下降了 49.78%。民办高职（专科）中，除新增一所广东肇庆航空职业学院，珠海艺术职业学院和广东亚视演艺职业学院两所院校扩招外，其余 23 所院校均缩招，其中缩招最显著的是广东南方职业学院，2020 年招生 16 925 人，2021 年招生 5273 人，减少了 11 652 人，增长率为 -68.84%。2020 年、2021 年广东省普通高校各办学性质院校本专科及研究生招生人数如表 7-2 所示。

表 7-2 2020 年、2021 年广东省普通高校各办学性质院校本专科及研究生招生人数

单位：人

院校类别	院校性质	2020 年		2021 年		增长（%）	
		本专科	研究生	本专科	研究生	本专科	研究生
一般本科院校	公办	227 043	59 785	225 394	64 355	-0.73	7.64
	民办	158 691	—	140 004	—	-11.78	—
高职（专科）院校	公办	397 580	—	319 246	—	-19.70	—
	民办	133 882	—	67 242	—	-49.78	—
全省	公办	624 623	59 785	544 640	64 355	-12.81	7.64
	民办	292 573	—	207 246	—	-29.16	—

2021 年广东省各地区普通本专科招收本地生源 682 329 人，与 2020 年相比下降 19.88%，其中一般本科院校下降 11.8%，高职（专科）院校下降 25.17%。外地生源（含港澳台侨）69 557 人，与 2020 年相比增加了 6.07%，其中一般本科院校增加 4.27%，高职（专科）院校增加 11.28%，如表 7-3 所示。这说明广东省高校在外的影响力不断提升，对外省学生的吸引力越来越强，最明显的是在河南省与湖南省的招生，2021 年招生均超过 5000 人，分别为 5755 人和 5075 人。

表 7-3 2020 年、2021 年广东省普通高校本专科招生生源情况

单位：人

院校类别	2020 年		2021 年		增长（%）	
	本地生源	外地生源	本地生源	外地生源	本地生源	外地生源
一般本科院校	337 129	48 777	297 335	50 860	-11.8	4.27
高职（专科）院校	514 488	16 802	384 994	18 697	-25.17	11.28
全省	851 617	65 579	682 329	69 557	-19.88	6.07

3. 在校本专科、研究生学生规模较上年均有增长，其中研究生学生规模增幅较大

2021年，广东省各种形式高等教育在校生总规模达到4 088 174人。普通高校（不包括成人教育和网络教育）在校生规模为2 713 663人，与上年相比，增加了162 483人，增长率为6.37%。

2014—2021年，广东省普通高校在校生规模呈现持续增长的态势，从2014年的1 880 488人发展到2021年的2 713 663人，增加833 175人，增长率为1.49%～16.84%。2014—2021年广东省普通高校在校生规模及增长率如图7－4所示。

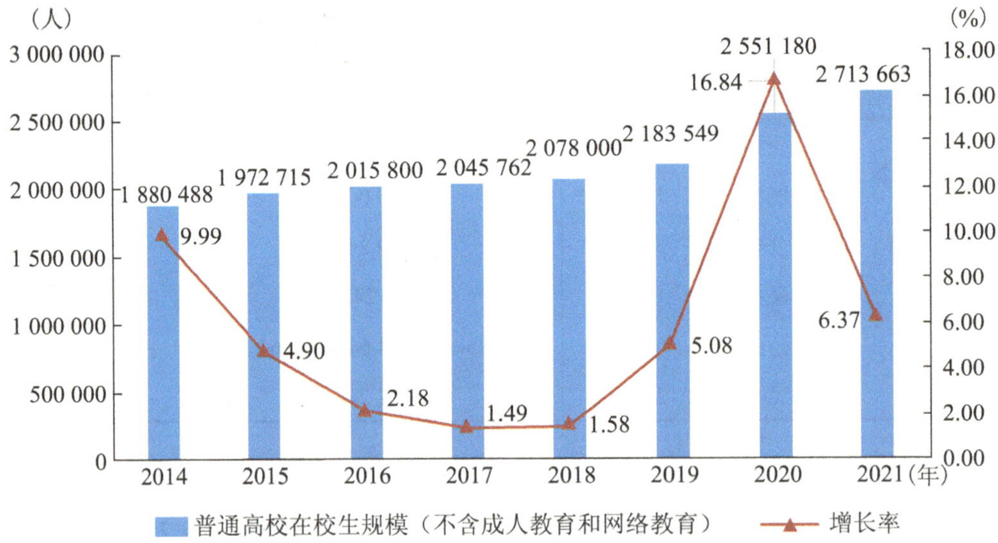

图7－4　2014—2021年广东省普通高校在校生规模及增长率

从办学层次来看，较2020年而言，2021年，全省部级和省级普通高校本专科在校生人数均增幅显著，分别增长了2.86%和10.19%，地级普通高校本专科在校生人数较上年减少了5.05%。其中地级一般本科院校本专科在校生人数降幅最为显著，下降了34.41%，原因是地级一般本科院校数量有所变动，与上年相比，韶关学院、嘉应学院、惠州学院与肇庆学院由地级院校升级为省级院校，广州航海学院由省级院校更改为地级院校，使得地级一般本科院校在校生人数变化较大。全省部级、省级和地级院校研究生在校生数均增幅显著，增幅分别为9.68%、17.52%、23.82%，如表7－4所示。

表 7－4 2020 年、2021 年广东省普通高校各层次院校在校生人数情况

单位：人

院校类别	院校层次	2020 年		2021 年		增长（%）	
		本专科	研究生	本专科	研究生	本专科	研究生
一般本科院校	部级	84 329	63 937	86 858	70 127	3.00	9.68
	省级	989 741	63 248	1 118 096	74 328	12.97	17.52
	地级	235 252	23 768	154 297	29 429	－34.41	23.82
高职（专科）院校	部级	12 744	—	12 990	—	1.93	—
	省级	671 232	—	712 081	—	6.09	—
	地级	406 929	—	455 457	—	11.93	—
全省	部级	97 073	63 937	99 848	70 127	2.86	9.68
	省级	1 660 973	63 248	1 830 177	74 328	10.19	17.52
	地级	642 181	23 768	609 754	29 429	－5.05	23.82

从办学性质来看，2021 年，全省公办院校本专科生在校生人数为 1 747 276 人，较上年增长了 8.63%。其中公办高职（专科）院校本专科生在校生数量增加显著，原因是 2021 年新建 5 所公办高职院校，分别为广州幼儿师范高等专科学校、广东汕头幼儿师范高等专科学校、广东梅州职业技术学院、广东云浮中医药职业学院、广东潮州卫生健康职业学院，合计新增本专科在校生 3084 人。2021 年，全省民办院校本专科生在校生人数为 792 503 人，与上年相比基本持平，仅增长 0.1%。民办本科院校中在校本专科人数最多的是广东理工学院，为 41 933 人；民办高职（专科）院校中在校本专科人数最多的是广东南方职业学院，为 24 075 人。全省普通高校在校研究生 173 884 人，较上年增长 15.19%，其中博士生 24 996 人，硕士生 148 888 人。其中研究生在校生数量增长率最高的是东莞理工学院，增长率为 86.15%。2020 年、2021 年广东省普通高校各办学性质院校在校生人数如表 7－5 所示。

表 7－5 2020 年、2021 年广东省普通高校各办学性质院校在校生人数

单位：人

院校类别	院校性质	2020 年		2021 年		增长（%）	
		本专科	研究生	本专科	研究生	本专科	研究生
一般本科院校	公办	785 245	150 953	829 588	173 884	5.65	15.19
	民办	524 077	—	529 663	—	1.07	—
高职（专科）院校	公办	823 260	—	917 688	—	11.47	—
	民办	267 645	—	262 840	—	－1.80	—
全省	公办	1 608 505	150 953	1 747 276	173 884	8.63	15.19
	民办	791 722	—	792 503	—	0.10	—

4. 本专科毕业生和研究生毕业生规模同上年相比均有所增长

2014—2021 年全省普通高校（不包括成人教育和网络教育）毕业生规模较为波动。2014 年与 2015 年均呈增长态势，2016 年略微下降，增长率为 -0.22%，2017 年与 2018 年连续增长，2019 年数量有所减少，2020 年与 2021 年均增长。2021 年普通高校（不包括成人教育和网络教育）毕业生规模为 613 202 人，与上年相比增加了 4.64%，如图7 -5 所示。

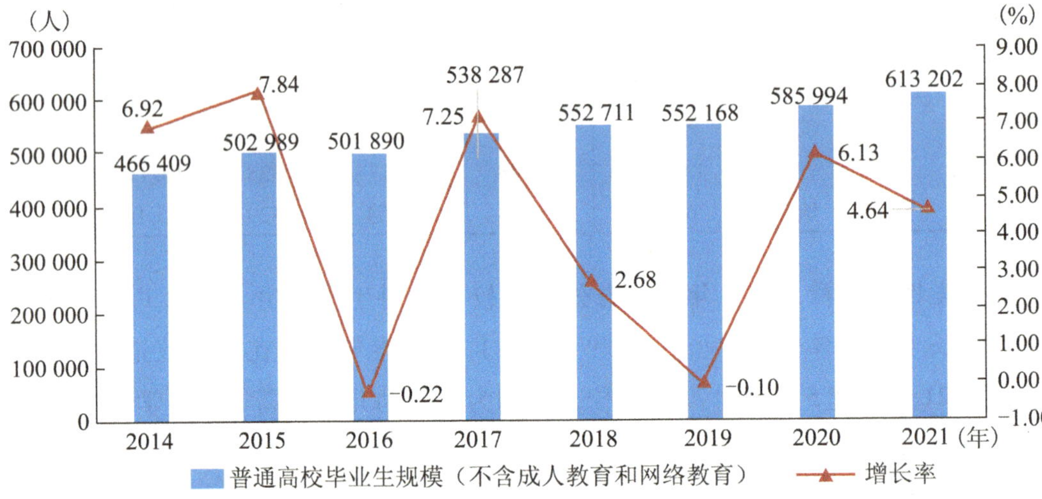

图 7 -5　2014—2021 年广东省普通高校毕业生规模变化

从办学层次来看，2021 年，全省普通高校本专科毕业生为 574 407 人，较上年增加了 4.42%，部级和地级院校的普通本专科毕业生数量分别减少了 2.24%、5.10%，省级普通本专科毕业生则增加了 8.54%。全省普通高校毕业研究生 38 795 人（其中博士毕业生 3724 人，硕士毕业生 35 071 人），与 2020 年相比，增加了 8.05%，具体情况如表7 -6 所示。

表 7 -6　2020 年、2021 年广东省普通高校各层次研究生和普通本专科院校毕业生规模变化情况

单位：人

院校层次	学生类型	一般本科院校			高职（专科）院校			全省普通高校		
		2020 年	2021 年	增长（%）	2020 年	2021 年	增长（%）	2020 年	2021 年	增长（%）
部级	研究生	15 272	16 570	8.50	—	—	—	15 272	16 570	8.50
	本专科	19 127	18 614	-2.68	3989	3984	-0.13	23 116	22 598	-2.24
省级	研究生	15 550	16 479	5.97	—	—	—	15 550	16 479	5.97
	本专科	218 825	250 382	14.42	160 425	161 238	0.01	379 250	411 620	8.54

续表

院校层次	学生类型	一般本科院校			高职（专科）院校			全省普通高校		
		2020 年	2021 年	增长（%）	2020 年	2021 年	增长（%）	2020 年	2021 年	增长（%）
地级	研究生	5082	5746	13.07	—	—	—	5082	5746	13.07
	本专科	55 155	35 345	-35.92	92 569	104 844	0.13	147 724	140 189	-5.10
全省	研究生	35 904	38 795	8.05	—	—	—	35 904	38 795	8.05
	本专科	293 107	304 341	3.83	256 983	270 066	0.05	550 090	574 407	4.42

从办学性质来看，2021 年，全省公办本专科毕业生规模与上年相比增加了 4.21%，民办本专科毕业生规模较上年增加了 4.84%。公办一般本科院校本专科毕业生规模与上年相比减少 0.02%，但民办一般本科院校本专科毕业生规模有所增加，增长率为 0.12%。公办高职（专科）院校本专科毕业生规模与上年相比呈上升趋势，增加了 9.71%；民办高职（专科）院校本专科毕业生规模与上年相比则呈下降趋势，减少了 6.94%。2021 年全省研究生毕业生规模相比上年增幅显著，增长率为 8.05%。具体情况如表 7-7 所示。

表 7-7　2020 年、2021 年广东省普通高校各办学性质院校研究生和普通本专科毕业生规模变化情况

单位：人

院校性质	学生类型	一般本科院校			高职（专科）院校			全省普通高校		
		2020 年	2021 年	增长（%）	2020 年	2021 年	增长（%）	2020 年	2021 年	增长（%）
公办	研究生	35 904	38 795	8.05	—	—	—	35 904	38 795	8.05
	本专科	177 996	175 260	-0.02	185 658	203 693	9.71	363 654	378 953	4.21
民办	研究生	—	—	—	—	—	—	—	—	—
	本专科	11 511	129 081	0.12	71 325	66 373	-6.94	186 436	195 454	4.84

5. 高等学校招生学科专业结构稳定，与经济社会发展需求相适应

2021 年，广东省高等教育继续调整专业结构并优化学科布局。普通高校本科各学科招生人数方面，大部分学科的招生人数保持缓慢增长，科类构成结构变动较小。而高职（专科）大类专业招生结构变动幅度较大，一些大类招生人数下降幅度显著。

2021年，全省普通本科（分学科）共计招生348 195人，与上年相比增加0.87%。招生人数变动幅度较大的学科有哲学、艺术学、教育学、医学、工学等，尤其是哲学的招生人数比上年减少了83.96%，艺术学的招生人数比上年减少了21.77%；教育学、医学、工学的招生人数较上年分别增加了8.50%、5.89%、5.66%。从科类构成结构来看，科类结构的变动幅度不大，工学、管理学、文学学科占比较大，分别占全省招生人数的30.33%、20.33%、12.34%，具体情况如表7-8所示。

表7-8　2020年、2021年广东省普通高校本科各学科招生人数及科类构成结构

科类	人数（人）			构成比例（%）		
	2020年	2021年	增长率（%）	2020年	2021年	增长
哲学	293	47	-83.96	0.08	0.01	-0.07
经济学	24 330	23 511	-3.37	7.05	6.75	-0.30
法学	12 571	13 216	5.13	3.64	3.80	0.15
教育学	10 971	11 904	8.50	3.18	3.42	0.24
文学	41 545	42 974	3.44	12.04	12.34	0.31
历史学	1917	1855	-3.23	0.56	0.53	-0.02
理学	24 317	24 222	-0.39	7.04	6.96	-0.09
工学	99 936	105 593	5.66	28.95	30.33	1.37
农学	4793	4751	-0.88	1.39	1.36	-0.02
医学	19 907	21 079	5.89	5.77	6.05	0.29
管理学	68 485	70 783	3.36	19.84	20.33	0.49
艺术学	36 126	28 260	-21.77	10.47	8.12	-2.35
全省	345 191	348 195	0.87	100.00	100.00	0.00

2021年，高职（专科）院校共招生390 846人，与上年相比下降幅度显著，减少了31.67%。从全省来看，较上年相比，公共管理与服务大类在各专业大类中招生人数减少最显著，下降幅度高达52.90%。此外，财经商贸大类、教育与体育大类、农林牧渔大类的招生人数也呈显著的下降趋势，较上年分别减少了48.48%、35.37%、31.60%。从科类构成结构来看，科类结构的变动幅度不大，趋于稳定水平，财经商贸大类、电子信息大类、教育与体育大类占比较大，具体情况如表7-9所示。

表 7 – 9 2020 年、2021 年广东省高职（专科）19 大类专业招生人数及科类构成结构

科类	人数（人）			构成比例（%）		
	2020 年	2021 年	增长率（%）	2020 年	2021 年	增长
农林牧渔	6323	4325	–31.60	1.11	1.11	0.00
资源环境与安全	5816	5348	–8.05	1.02	1.37	0.35
能源动力与材料	2417	2708	12.04	0.42	0.69	0.27
土木建筑	35 371	25 119	–28.98	6.18	6.43	0.24
水利	679	757	11.49	0.12	0.19	0.07
装备制造	49 808	37 725	–24.26	8.71	9.65	0.94
生物与化工	3163	3122	–1.30	0.55	0.80	0.25
轻工纺织	5119	4134	–19.24	0.89	1.06	0.16
食品药品与粮食	8255	7299	–11.58	1.44	1.87	0.42
交通运输	13 419	14 437	7.59	2.35	3.69	1.35
电子信息	87 627	65 071	–25.74	15.32	16.65	1.33
医药卫生	51 507	40 741	–20.90	9.00	10.42	1.42
财经商贸	159 990	82 422	–48.48	27.97	21.09	–6.88
旅游	12 440	11 799	–5.15	2.17	3.02	0.84
文化艺术	25 167	20 394	–18.97	4.40	5.22	0.82
新闻传播	3704	3783	2.13	0.65	0.97	0.32
教育与体育	74 512	48 158	–35.37	13.03	12.32	–0.70
公安与司法	3639	2648	–27.23	0.64	0.68	0.04
公共管理与服务	23 049	10 856	–52.90	4.03	2.78	–1.25
全省	572 005	390 846	–31.67	100.00	100.00	0.00

二、高等教育教师队伍发展情况

1. 高等教育专任教师总体规模稳步增长，高职（专科）院校增幅显著

2014—2021 年，全省普通高校专任教师人数持续增长，增长率为 2.29%～6.67%，其中 2016—2017 年增长率变化最大，2018—2019 年增长率变化最小。2021 年，全省普通高校专任教师共计 128 811 人，比上年增加 6461 人，增长率为 5.28%。

2014—2021 年广东省普通高校专任教师数量与增长率趋势如图 7－6 所示。

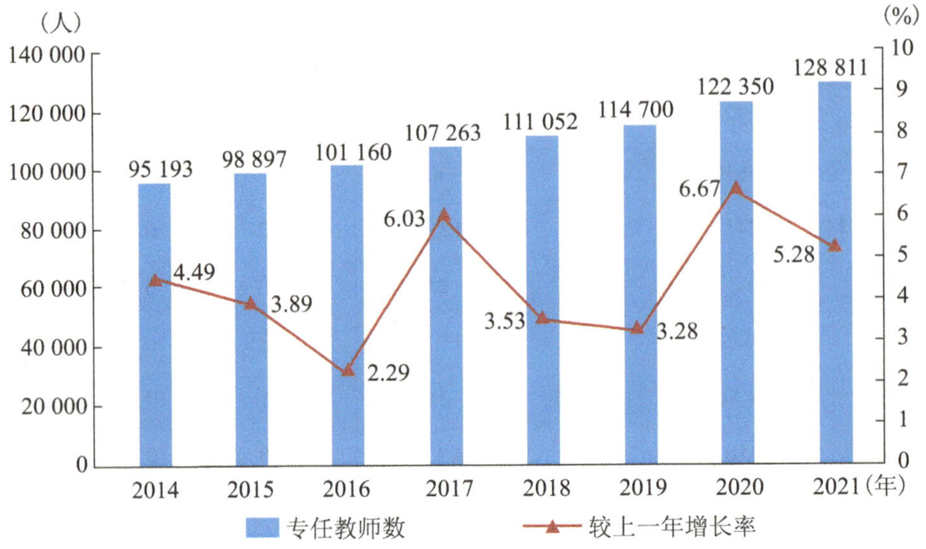

图 7－6　2014—2021 年广东省普通高校专任教师数量与增长率趋势图

2021 年，广东省一般本科院校专任教师合计 82 359 人，高职（专科）院校专任教师合计 46 452 人。

分层次来看，2021 年全省普通高校中地级院校的专任教师增幅最大，增长率为 5.81%，其次是省级和部级。部级一般本科院校专任教师人数较上年增长了 4.92%，其中，中山大学增长量最多，专任教师人数较上年增加 439 人。省级一般本科院校的专任教师人数较上年的增长幅度为 3.23%。其中，广东技术师范大学增长数量最多，专任教师人数较上年增加 214 人。地级一般本科院校专任教师人数与上年相比有所减少，减少幅度为 3.43%，其中，南方科技大学专任教师减少量最多，减少了 330 人，其次是广州医科大学和广州大学，分别减少了 175 人和 119 人。

2021 年全省各层次高职（专科）院校的专任教师人数增幅显著，增长率为 10.67%（表 7－10），其中增幅最大的是地级高职（专科）院校，专任教师增长了 12.44%。部级高职（专科）院校中专任教师增长数量最多的是广州民航职业技术学院，专任教师增加了 7 人。省级高职（专科）院校中专任教师增长数量最多的是广东工程职业技术学院，增加了 374 人。地级高职（专科）院校中专任教师增长量最多的是广东江门中医药职业学院、肇庆医学高等专科学校，均增加 184 人。

影响专任教师人数变化的原因之一是 2021 年新增地级高职（专科）院校 5 所，分别为广州幼儿师范高等专科学校、广东汕头幼儿师范高等专科学校、广东梅州职业技术学院、广东潮州卫生健康职业学院、广东云浮中医药职业学院，5 所新增院校专任教师共计 500 人。

表 7 - 10　2020 年、2021 年广东省普通高校分层次专任教师总规模情况

院校层次	一般本科院校			高职（专科）院校			全省普通高校		
	2020 年	2021 年	增长(%)	2020 年	2021 年	增长(%)	2020 年	2021 年	增长(%)
部级	9587	10 059	4.92	574	581	1.22	10 161	10 640	4.71
省级	55 198	61 050	3.23	25 164	27 618	9.75	84 305	88 668	5.18
地级	15 593	11 250	-3.43	16 234	18 253	12.44	27 884	29 503	5.81
全省	80 378	82 359	2.46	41 972	46 452	10.67	122 350	128 811	5.28

2021 年全省公办与民办性质的普通高校专任教师数量较上年均有所增长。公办一般本科院校专任教师增长率为 2.95%，其中深圳北理莫斯科大学增幅最为明显，增长率为 115.63%，较上年增加了 74 人。另有 4 所院校专任教师人数增长超过 170 人，分别是中山大学、广东工业大学、广东技术师范大学、韶关学院。但南方科技大学专任教师人数较上年减少了 330 人，降幅达 33.50%。在民办一般本科院校中，广州商学院增幅显著，其增幅为 21.42%，专任教师人数较上年相比增加了 172 人。而广东理工学院专任教师人数较上年减少了 256 人，降幅为 14.36%。

2020—2021 年，公办高职（专科）院校专任教师增长了 14.32%（表 7 - 11），其中广东工程职业技术学院增长显著，增加了 374 人，但广东食品药品职业学院的专任教师人数较上年减少了 133 人。民办性质的高职（专科）院校专任教师数量变化较小，仅增长了 0.22%，其中专任教师增长率最高的是广东酒店管理职业技术学院增幅为 35.23%，增加了 62 人。

表 7 - 11　2020 年、2021 年广东省普通高校分办学性质专任教师总体规模情况

院校层次	一般本科院校			高职（专科）院校			全省普通高校		
	2020 年	2021 年	增长(%)	2020 年	2021 年	增长(%)	2020 年	2021 年	增长(%)
公办	56 298	57 958	2.95	31 114	35 570	14.32	87 412	93 528	7.00
民办	24 080	24 401	1.33	10 858	10 882	0.22	34 938	35 283	0.99
全省	80 378	82 359	2.46	41 972	46 452	10.67	122 350	128 811	5.28

2. 高职（专科）院校生师比有所优化，一般本科院校专任教师数量配置呈紧张趋势

2014—2021 年，全省普通高校生师比（在校学生人数与专任教师人数的比值）呈现波动性变化态势，从 2014 年的 19.11∶1 增加至 2016 年的 19.93∶1，随后优化至 2018 年的 18.71∶1，后又增加至 2021 年的 21.07∶1。

2021年，广东省普通高校生师比为21.07:1，该比值较2020年全国普通高校生师比值23.81:1较为优化①，具体情况如图7-7所示。

图7-7　2014—2021年广东省普通高校在校生与专任教师比变化趋势图

分办学层次看，2021年全省各层次普通高校生师比值较上年有小幅度变化。在一般本科院校中，地级院校生师比有所优化，比值下降0.28；而部级和省级的一般本科院校生师比有所上升，比值分别增加0.14和0.45，其中增长明显的部级院校是华南理工大学，生师比上升了0.92；在高职（专科）院校中，省级和地级高职（专科）院校生师比均有优化，比值分别下降了0.21和1.18，而部级高职（专科）院校生师比值有所提高，提高了0.16。具体情况如表7-12所示。

表7-12　2020年、2021年广东省普通高校分层次生师比例

院校层次	一般本科院校			高职（专科）院校			全省普通高校		
	2020年	2021年	增长	2020年	2021年	增长	2020年	2021年	增长
部级	15.47:1	15.61:1	0.14	22.20:1	22.36:1	0.16	15.85:1	15.98:1	0.13
省级	19.08:1	19.53:1	0.45	25.99:1	25.78:1	-0.21	21.26:1	21.48:1	0.22
地级	16.61:1	16.33:1	-0.28	26.13:1	24.95:1	-1.18	21.42:1	21.67:1	0.25
全省	18.17:1	18.62:1	0.45	25.99:1	25.41:1	-0.58	20.85:1	21.07:1	0.22

分办学性质看，2021年全省公办院校和民办院校生师比分别为19.75:1和22.46:1。在一般本科院校中，公办院校的生师比提高了0.68，而民办院校生师比下降了0.05。在高职（专科）院校中，公办与民办院校的生师比分别下降了0.66和0.50。其中，广东省外语艺术职业学院的生师比下降幅度最明显，从38.94:1下降为22.45:1，下降

① 中华人民共和国教育部．各级各类学历教育学生情况，［EB/OL］［2021-08-30］http://www.moe.gov.cn/jyb_sjzl/moe_560/2020/quanguo/202108/t20210831_556364.html.

了16.49。具体情况如表7－13所示。

表7－13　2020年、2021年广东省普通高校分办学性质生师比例

院校层次	一般本科院校			高职（专科）院校			全省普通高校		
	2020年	2021年	增长	2020年	2021年	增长	2020年	2021年	增长
公办	16.63∶1	17.31∶1	0.68	26.46∶1	25.80∶1	－0.66	20.13∶1	19.75∶1	0.38
民办	21.76∶1	21.71∶1	－0.05	24.65∶1	24.15∶1	－0.50	22.66∶1	22.46∶1	0.20
全省	18.17∶1	18.62∶1	0.45	25.99∶1	25.41∶1	－0.58	20.85∶1	21.07∶1	0.22

3. 高级专业技术职称教师占比略有下降，高职（专科）院校降幅明显

2014—2021年，全省普通高校专任教师中高级专业技术职称教师人数[①]逐年增加，高级专业技术职称教师在普通高校专任教师中的比例呈现波动性变化态势，比例在37.84%～40.87%之间，从2014年的37.84%上升到2018年的40.87%，随后逐步下降至2021年的40.35%，具体如图7－8所示。

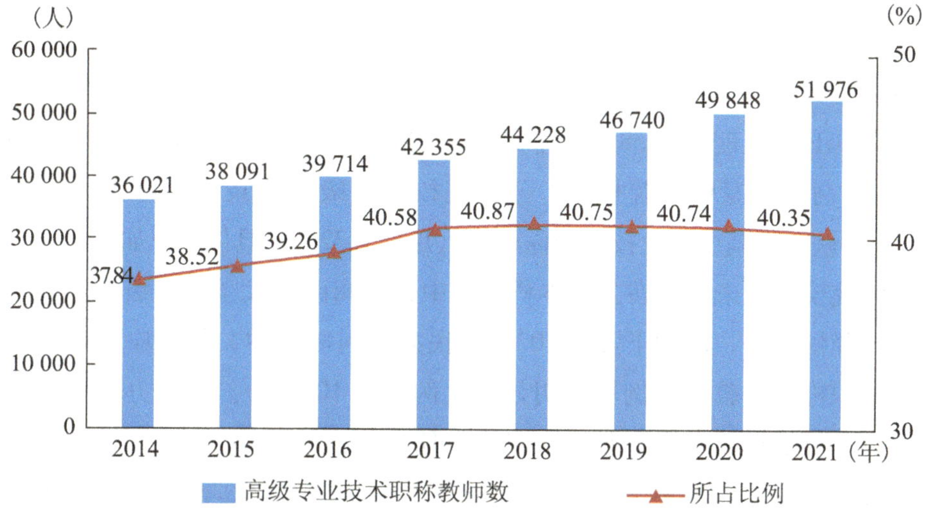

图7－8　2014—2021年广东省普通高校专任教师中高级专业技术职称教师占比变化趋势图

2021年，全省一般本科院校专任教师中高级专业技术职称教师占比为46.64%，比上年减少了0.20%；高职（专科）院校中高级专业技术职称教师比例为29.20%，较上年增加了0.15%。

分办学层次看，在全省一般本科院校中，部级和省级院校专任教师中高级专业技术职称教师比例均有所增长，分别增长了0.33%和0.44%，而地级院校专任教师中

① 高级专业技术职称教师包含正高级和副高级专业技术职称教师。

高级专业技术职称教师比例减少了4.02%；全省高职（专科）院校中，部级院校专任教师中高级专业技术职称教师比例增长明显，增长了1.32%，而地级院校专任教师中高级专业技术职称教师比例减少了-1.02%。具体情况如表7-14所示。

从具体院校情况来看，在部级院校中，暨南大学高级专业技术职称教师比例上升显著，增长了2.12%；在省级院校中，广东亚视演艺职业学院高级专业技术职称教师比例增长显著，增长了15.04%；广州卫生职业技术学院高级专业技术职称教师比例增长显著，增长了30.28%。

表7-14 2020年、2021年广东省普通高校分层次专任教师中高级专业技术职称教师情况

（%）

院校	一般本科院校			高职（专科）院校			全省普通高校		
层次	2020年	2021年	增长	2020年	2021年	增长	2020年	2021年	增长
部级	77.93	78.26	0.33	32.93	34.25	1.32	73.46	75.86	2.40
省级	40.09	40.53	0.44	27.91	28.76	0.85	38.76	36.87	-1.89
地级	55.55	51.53	-4.02	30.71	29.69	-1.02	29.57	38.02	8.45
全省	46.84	46.64	-0.20	29.05	29.20	0.15	40.74	40.35	-0.39

分办学性质看，2021年全省一般本科院校中，公办院校的高级专业技术职称教师比例有所下降，下降幅度为0.58%，而民办院校中高级专业技术职称教师比例增长了0.43%；全省高职（专科）院校中，公办院校的高级专业技术职称教师比例下降了0.32%，民办院校中高级专业技术职称教师上升了1.32%。具体情况如表7-15所示。

从具体院校情况来看，在公办本科院校中，广州医科大学的高级专业技术职称专任教师占比降幅明显，比例下降26.02%；民办本科院校中，广州应用科技学院的高级专业技术职称专任教师比例增幅明显，比例上升10.50%。在公办高职院校中，湛江幼儿师范专科学校的高级专业技术职称专任教师占比降幅明显，比例下降6.09%；民办高职院校中，广东亚视演艺职业学院高级专业技术职称教师比例增长显著，增长15.04%。

表7-15 2020年、2021年广东省普通高校分办学性质专任教师中高级专业技术职称教师情况

（%）

院校	一般本科院校			高职（专科）院校			全省普通高校		
层次	2020年	2021年	增长	2020年	2021年	增长	2020年	2021年	增长
公办	53.91	53.33	-0.58	30.44	30.12	-0.32	45.56	44.50	-1.05
民办	30.33	30.76	0.43	24.86	26.18	1.32	28.69	29.35	0.66
全省	46.84	46.64	-0.20	29.05	29.20	0.15	40.74	40.35	-0.39

4. 研究生学历教师所占比例继续提高，高职（专科）院校增幅大于本科院校

2014—2021 年，全省普通高校专任教师中研究生学历教师人数[①]逐年增加，其在（校本）专任教师总数中所在比例也呈现逐年上升态势，比例为 67.70%～78.39%。具体情况如图 7－9 所示。

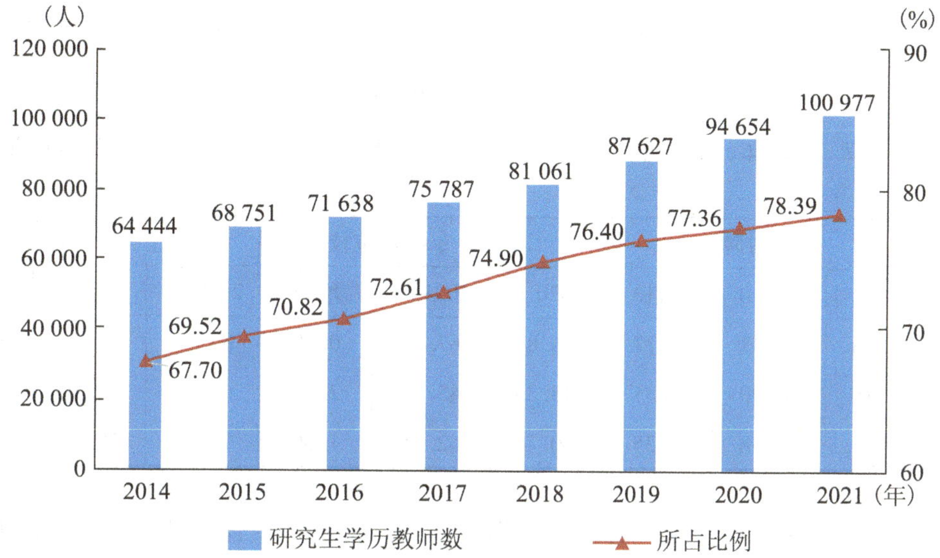

图 7－9　2014—2021 年广东省普通高校专任教师中教师研究生学历比例

全省普通高校专任教师学历层次继续提高，2021 年全省普通高校专任教师中，研究生学历教师比例为 78.39%，比上年增加 1.03%。其中一般本科院校研究生学历层次教师所占比例为 87.38%，比上年增加 1.35%；高职（专科）院校研究生学历层次教师所占比例为 62.45%，比上年增加 1.69%，具体情况如表 7－16 所示。

表 7－16　2020 年、2021 年广东省普通高校专任教师中研究生学历比例

院校类别	2020 年		2021 年		增长	
	数量（人）	比例（%）	数量（人）	比例（%）	数量（人）	比例（%）
高职（专科）高校	25 504	60.76	29 010	62.45	3506	1.69
一般本科高校	69 150	86.03	71 967	87.38	2817	1.35
全省普通高校	94 654	77.36	100 977	78.39	6323	1.03

分办学性质看，2021 年全省公办、民办一般本科高校研究生学历专任教师占比分别增长 0.77% 和 2.55%。在高职院校中，民办院校中研究生学历专任教师比例较上

① 研究生学历教师指具有硕士研究生和博士研究生学位的教师。

年增幅明显，增长率为2.53%。总体来看，高职（专科）院校增幅大于一般本科院校，具体情况如表7－17所示。

从具体院校情况来看，在公办本科院校中，广东海洋大学研究生学历专任教师比例增幅明显，比例增长10.68%；民办本科院校中，广州科技职业技术大学研究生学历专任教师比例增幅明显，比例增长10.06%；公办高职院校中，广东松山职业技术学院研究生学历专任教师比例增幅明显，比例增长23.37%；民办高职院校中，广东亚视演艺职业学院研究生学历专任教师比例增幅明显，比例增长38.32%。

表7－17　2020年、2021年广东省普通高校分办学性质研究生学历专任教师比例情况

（%）

院校性质	一般本科院校			高职（专科）院校			全省普通高校		
	2020年	2021年	增长	2020年	2021年	增长	2020年	2021年	增长
公办	90.56	91.33	0.77	66.84	67.52	0.68	82.12	82.27	0.15
民办	75.45	78.00	2.55	43.35	45.88	2.53	65.47	68.10	2.63
全省	86.03	87.38	1.35	60.76	62.45	1.69	77.36	78.39	1.03

5. 各层次高职（专科）院校“双师型”教师比例整体上升，不同层次的高职（专科）院校有所差异

2021年，广东省高职（专科）院校的“双师型”教师比例由上年的60.34%上升至61.97%，共增加了1.63%。该比例与广东省人民政府办公厅关于印发《广东省职业教育“扩容、提质、强服务”三年行动计划（2019—2021年）》[①]的通知中指出的，到2021年，“双师型”教师占专业课教师的比例超过65%还有一定差距。

分办学层次看，省级高职（专科）院校所占比例最大，达到66.64%，比上年上升5.22%。其次是地级和部级高职（专科）院校。具体情况如表7－18所示。

表7－18　2021年高职（专科）院校分层次“双师型”教师比例

院校层次	2020年		2021年		增长	
	数量（人）	比例（%）	数量（人）	比例（%）	数量（人）	比例（%）
部级	339	59.06	277	47.68	－62	－11.38
省级	15 698	61.42	18 406	66.64	2708	5.22
地级	9290	58.65	10 103	55.35	813	－3.30
全省	29 485	60.34	28 786	61.97	3459	1.64

① 广东省人民政府办公厅关于印发广东省职业教育“扩容、提质、强服务”三年行动计划（2019—2021年）的通知，［EB/OL］［2019－02－20］http：//edu. gd. gov. cn/zwgknew/jyzcfg/dfjyzcfg/content/post_3379684. html.

6. 高校专职辅导员队伍不断壮大，队伍内部结构逐渐优化

2021 年广东省普通高校共有专职辅导员 11 895 人，较上年增加了 1694 人。从专业技术职称分布来看，2021 年全省高校的初级及以下职称的专职辅导员比例仍然占据首位，高达 62.56%，其次是中级和副高及以上职称，分别占比 32.08% 和 5.36%。在一般本科院校，副高及以上职称的专职辅导员比例上升明显，上升了 0.89%，如中山大学的副高及以上职称专职辅导员增加 32 人；在高职（专科）院校，中级职称的专职辅导员比例变化较小，所占比例仅增长 0.06%，而副高及以上、初级及以下职称的专职辅导员增长比例持平，均增长 0.32%，如罗定职业技术学院的初级及以下职称专职辅导员增加 43 人。具体情况如表 7－19 所示。

表 7－19　2020 年、2021 年广东省分院校类别普通高校专职辅导员职称分布

（%）

院校性质	一般本科院校			高职（专科）院校			全省普通高校		
	2020 年	2021 年	增长	2020 年	2021 年	增长	2020 年	2021 年	增长
初级及以下	59.78	60.49	0.71	2.58	2.90	0.32	62.29	62.56	0.27
中级	34.18	32.58	－1.60	31.24	31.30	0.06	33.02	32.08	－0.95
副高及以上	6.04	6.93	0.89	2.58	2.90	0.32	4.69	5.36	0.67

从学历构成比例来看，2021 年全省普通高校中硕士、博士研究生学历的专职辅导员比例较上年有所增加，而本科、专科及以下学历的专职辅导员比例呈现缩减。在一般本科院校，博士研究生的专职辅导员比例上升幅度显著，比例上升 1.63%，如华南农业大学的博士研究生专职辅导员增加 36 人；在高职（专科）院校，本科学历的专职辅导员比例下降幅度明显，比例下降 3.21%，如广东理工职业学院的专职辅导员减少 28 人，具体情况如表 7－20 所示。

表 7－20　2020 年、2021 年广东省普通高校分院校类别专职辅导员学历构成比例情况

（%）

学历层次	一般本科院校			高职（专科）院校			全省普通高校		
	2020 年	2021 年	增长	2020 年	2021 年	增长	2020 年	2021 年	增长
博士研究生	5.48	7.11	1.63	0.33	0.62	0.29	3.46	4.57	1.11
硕士研究生	67.21	66.16	－1.05	42.25	45.64	3.39	57.44	58.14	0.70
本科	26.96	26.70	－0.26	53.84	50.63	－3.21	37.49	36.06	－1.43
专科及以下	0.35	0.03	－0.32	3.58	3.10	－0.48	1.62	1.23	－0.39

三、普通高校办学条件变化情况

1. 校园面积总量及高校生均校园面积较上一年均略有增加

2021 年广东省公办高校校园面积为 10 737.30 万平方米，同上年相比有所增加，

增幅为9.92%；民办高校校园面积为3867.66万平方米，较上年增长了1.81%。其中公办高职（专科）院校校园面积总量增加了15.02%。2021年全省普通高校校园面积为14 604.96[①]万平方米，较上年增加7.65%。其中，部级高校校园面积总量变化不大，省级高校校园面积较上年涨幅明显，上涨了13.61%，地级院校校园面积较上年略微下降，下降了4.20%。具体情况如表7－21、表7－22所示。

从生均维度来看，2014年以来，全省公办与民办院校的生均校园面积均呈现波动态势，全省公办院校的生均校园面积除了在2016年和2021年较上年有所增加外，整体上呈下降态势。2020年全省公办院校的生均校园面积减少最多。全省民办院校的生均校园面积在2018年和2021年较上年有所增加，但整体上呈下降态势。2020年，全省民办院校的生均校园面积波动较大，较上年减少面积最多。全省公办和民办院校的生均校园面积均在2014年达到峰值，分别为64.34平方米和62.39平方米，2020年面积最小，分别为55.05平方米和47.83平方米，具体情况如图7－10所示。

表7－21　2020年、2021年广东省普通高校分办学性质高校校园总面积

院校类别	院校性质	2020年总面积（万平方米）	2021年总面积（万平方米）	总面积增长率（%）
一般本科	公办	6296.72	6743.70	7.10
	民办	2692.93	2742.91	1.86
高职（专科）院校	公办	3471.95	3993.60	15.02
	民办	1106.03	1124.74	1.69
全省	公办	9768.67	10 737.30	9.92
	民办	3798.96	3867.65	1.81

表7－22　2020年、2021年广东省普通高校分层次高校校园总面积

院校层次	2020年总面积（万平方米）	2021年总面积（万平方米）	总面积增长率（%）
部级	1517.41	1517.39	－0.01
省级	8663.23	9842.66	13.61
地级	3387.00	3244.91	－4.20
全省	13 567.64	14 604.96	7.65

① 广东省普通高校各办学性质高校校园面积与各层次高校校园面积计算方式因四舍五入导致计算结果存在些许偏差，此处采用各层次高校校园面积计算结果。

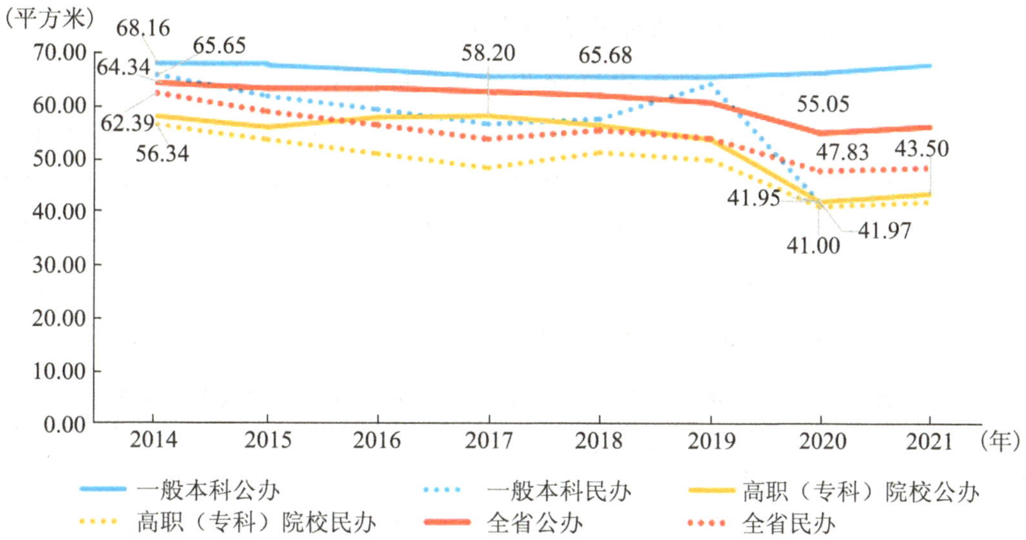

图 7－10　2014—2021 年广东省普通高校分办学性质校园生均面积

从生均值来看，2014—2020 年全省普通高校生均校园面积呈下降态势，2020—2021 年又呈上升态势。2021 年全省普通高校部级、地级生均校园①面积浮动较小，省级生均校园面积增幅较大。全省高校生均校园面积在 2014 年达到峰值，为 64. 34 平方米，2020 年面积最小，为 52. 82 平方米。具体情况如图 7－11 所示。

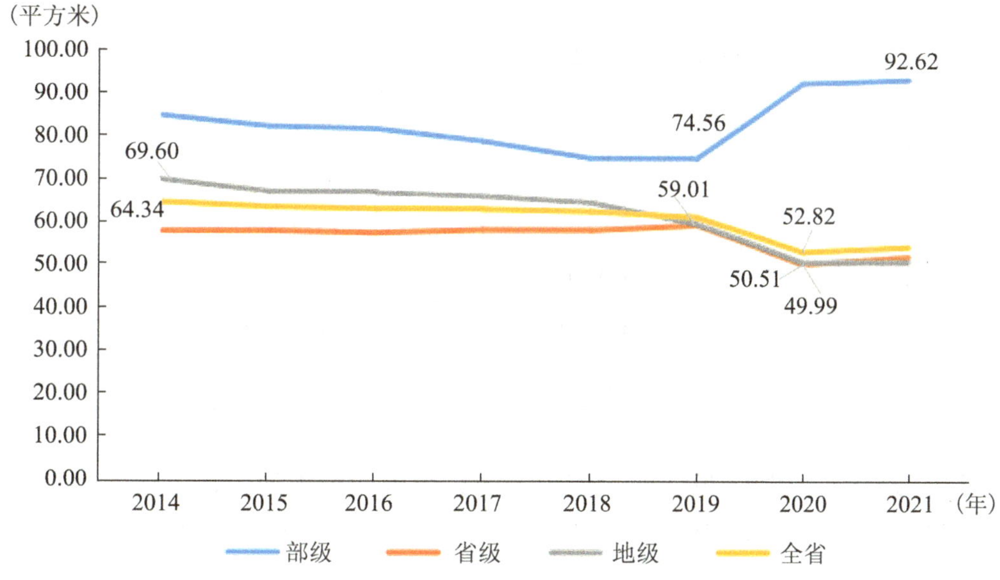

图 7－11　2014—2021 年广东省普通高校分层次校园生均面积

① 普通高校“校园面积”中含非产权独立使用部分，指学校租借用一年以上的校园面积，不含学校与其他单位共享的校园面积。

2. 不同类型高校校舍建筑面积普遍呈现上升趋势

2021 年全省普通高校校舍建筑面积约为 7346.83 万平方米，比上年增加了 12.83%，全省公办普通高校与民办普通高校校舍建筑面积分别为 5352.91 万平方米和 1993.93 万平方米，与上年相比分别增加了 14.33% 和 8.99%。其中民办一般本科院校及公办高职（专科）院校增幅较大，分别为 11.35% 和 25.54%。2021 年部级、省级、地级各层次高校校舍建筑总面积变化情况较上年相比均呈现不同幅度的上升，分别为 7.84%、15.22% 和 8.56%。具体情况如表 7－23、表 7－24 所示。

表 7－23　2020 年、2021 年广东省普通高校分办学性质校舍建筑总面积

院校类别	院校性质	2020 年总面积（万平方米）	2021 年总面积（万平方米）	总面积增长率（%）
一般本科	公办	3134.24	3409.84	8.79
	民办	1223.88	1362.75	11.35
高职（专科）院校	公办	1547.75	1943.07	25.54
	民办	605.52	631.18	4.24
全省	公办	4681.99	5352.91	14.33
	民办	1829.40	1993.93	8.99

表 7－24　2020 年、2021 年广东省普通高校分层次校舍建筑总面积

院校层次	2020 年总面积（万平方米）	2021 年总面积（万平方米）	总面积增长率（%）
部级	641.43	691.72	7.84
省级	4243.60	4889.52	15.22
地级	3387.00	1765.59	8.56
全省	1626.37	7346.83	12.83

从生均来看，2014—2017 年全省公办高校校舍建筑生均面积呈现上升态势，而 2017—2020 年呈现下降态势。全省民办高校校舍建筑生均面积在 2016 年、2018 年和 2020 年较上一年有所下降，但整体上 2014—2021 年全省民办高校校舍建筑生均面积呈现上升态势。在 2021 年，全省公办、民办高校校舍建筑生均面积较上年有所增加，各类别、各性质高校的校舍建筑面积均有不同幅度的增长，其中民办一般本科院校与公办高职（专科）院校生均校舍建筑面积增幅较大，如图 7－12 所示。

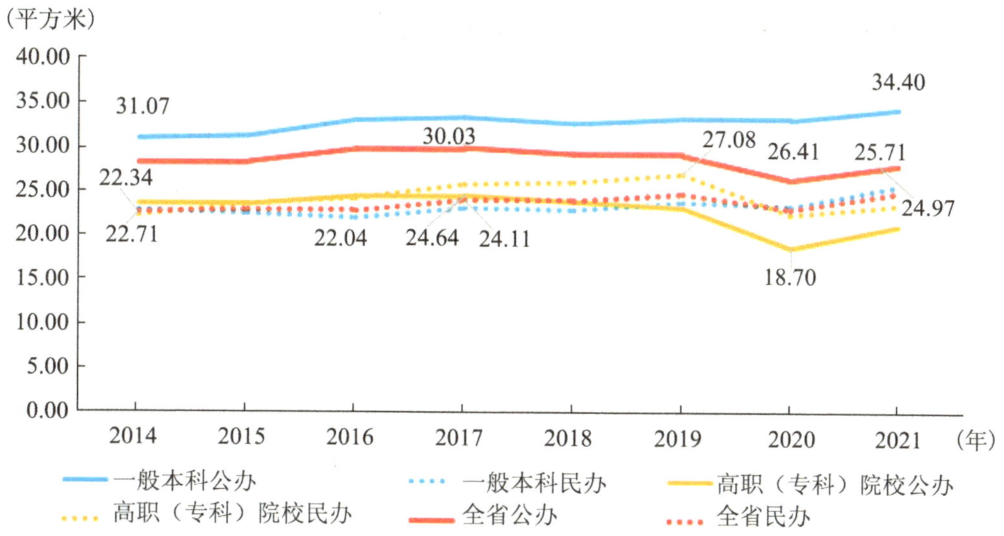

图 7－12　2014—2021 年广东省普通高校分办学性质校舍建筑生均面积

从生均维度来看，2014—2021 年全省普通高校校舍建筑生均面积呈现波动态势，2014—2017 年呈上升态势，2017—2020 年呈下降态势。2021 年部级院校、省级院校及地级院校生均校舍面积较上年有所增加。全省高校校舍建筑生均面积在 2017 年达到峰值，为 30.06 平方米，2020 年面积最小，为 25.35 平方米，具体情况如图 7－13 所示。

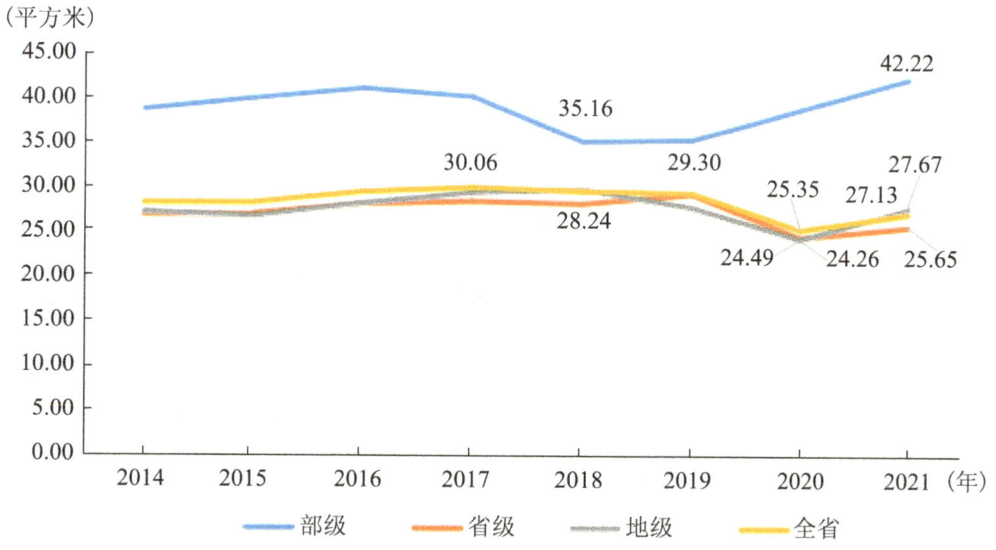

图 7－13　2014—2021 年广东省普通高校分层次校舍建筑生均面积

3. 全省普通高校教学与行政用房总面积总量增加，生均层面有所下降

2021 年，全省普通高校教学与行政用房总面积为 4065.37 万平方米，比上年增加了 2.35%；2021 年全省普通高校中，公办院校的教学与行政用房总面积增加了 3.68%，民办院校的教学与行政用房面积则减少了 1.17%。其中，公办高职（专科）院校的教学与行政用房面积增幅较大，为 17.09%。具体情况如表 7－25、表 7－26 所示。

表 7－25　2020 年、2021 年广东省普通高校分层次生均教学与行政用房总面积

院校层次	2020 年总面积（万平方米）	2021 年总面积（万平方米）	总面积增长率（%）
部级	419.16	373.09	－10.99
省级	2444.54	2633.36	7.72
地级	1108.27	1058.92	－4.45
全省	3971.97	4065.37	2.35

表 7－26　2020 年、2021 年广东省普通高校分办学性质教学与行政用房总面积

院校类别	院校性质	2020 年总面积（万平方米）	2021 年总面积（万平方米）	总面积增长率（%）
一般本科院校	公办	1833.37	1760.22	－3.99
	民办	703.04	711.22	1.16
高职（专科）院校	公办	1049.14	1228.47	17.09
	民办	386.40	365.47	－5.42
全省	公办	2882.51	2988.69	3.68
	民办	1089.44	1076.69	－1.17

从生均来看，全省生均教学与行政用房面积在 2015 年和 2018 年较上年有所上升，但 2014—2021 年整体上呈下降态势，其中 2020 年部级院校生均教学与行政用房面积较上年增长较多。全省高校教学与行政用房生均面积在 2018 年达到峰值，为 15.76 平方米，2021 年面积最小，为 15.01 平方米，具体情况如图 7－14 所示。

从生均来看，2014—2021 年全省公办生均教学与行政用房面积在 2017 年、2019 年和 2021 年较上年有所减少，但 2014—2021 年整体上呈上升态势。全省民办生均教学与行政用房面积在 2017 年和 2021 年较上年有所减少，但 2014—2021 年整体上呈上

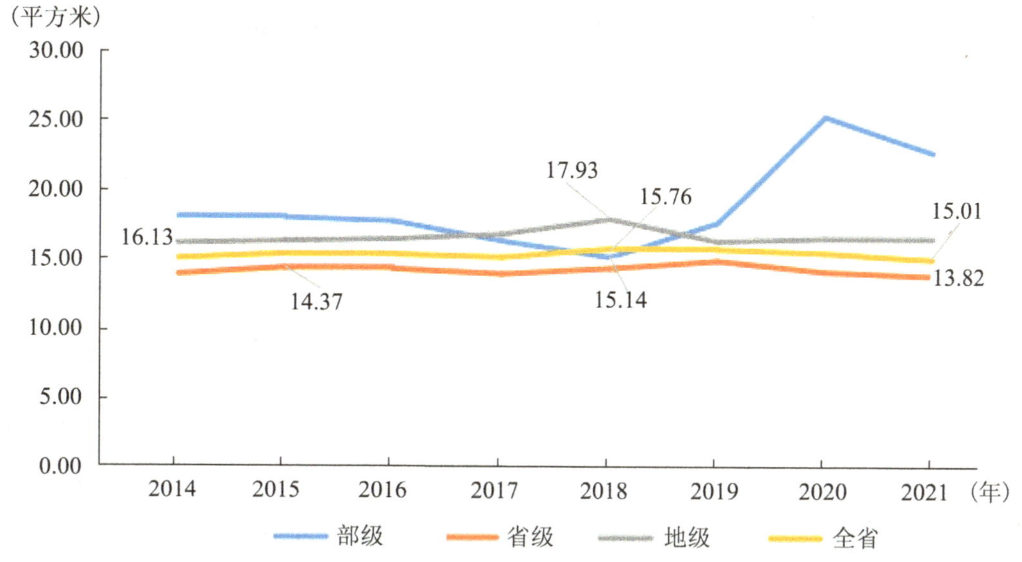

图 7－14　2014—2021 年广东省普通高校分层次生均教学与行政用房生均面积

升态势。2021 年，全省公办、民办的生均教学与行政用房[①]较上年均有不同程度的减少，其中公办一般本科院校较上年减少最多。全省公办生均教学与行政用房面积在 2020 年达到峰值，为 16.24 平方米，2014 年面积最小，为 15.05 平方米。全省民办生均教学与行政用房面积在 2019 年和 2020 年达到峰值，为 13.72 平方米，2014 年面积最小，为 12.06 平方米，具体情况如图 7－15 所示。

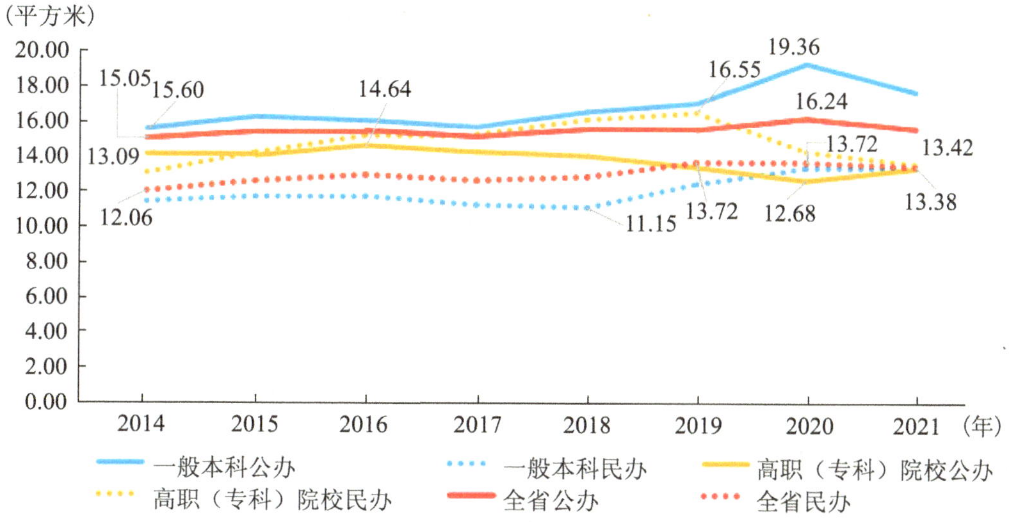

图 7－15　2020 年、2021 年广东省普通高校分办学性质教学与行政用房生均面积

① 普通高校"教学与行政用房"中含非产权独立使用部分，指学校租借用一年以上的教学与行政用房，不含学校与其他单位共享的教学与行政用房。

4. 全省院校图书总量总体呈增长趋势，但生均图书数量有所下降

2021年，全省普通高校图书总数为20 413.98万册，较上年增长了5.37%；生均图书数为67.86册，比上年减少了1.06%。由于部分地级院校转为了省级院校，地级院校图书总量下降了10.78%，省级院校图书总量增加了10.73%，从办学性质看，2021年全省普通高校中，公办学校图书总数为14 035.47万册，比上年增长了6.00%；生均图书数为64.87册，比上年减少了2.45%。民办院校图书总数为6378.52万册，比上年增长了3.99%；生均图书数为75.51册，比上年增加了2.61%。具体情况如表7－27、表7－28所示。

从生均来看，2014—2018年全省普通高校生均图书数呈上升态势，2018—2021年呈下降态势。2021年部级院校生均图书量较上年有所增加，省级、地级院校生均图书量较上年有所减少。全省普通高校生均图书数在2018年达到峰值，为84.21册，2021年数量最少，为67.86册，具体情况如图7－16所示。

表7－27　2020年、2021年广东省普通高校分层次图书总数

院校层次	2020年总数（万册）	2021年总数（万册）	总数增长率（%）
部级	1666.55	1840.17	10.42
省级	12 903.59	14 287.96	10.73
地级	4803.90	4285.85	－10.78
全省	19 374.04	20 413.98	5.37

表7－28　2020年、2021年广东省普通高校分办学性质图书总数

院校类别	院校性质	2020年总数（万册）	2021年总数（万册）	总数增长率（%）
一般本科院校	公办	8752.16	9001.24	2.85
	民办	4262.66	4378.81	2.72
高职（专科）院校	公办	4488.29	5034.23	12.16
	民办	1870.93	1999.71	6.88
全省	公办	13 240.45	14 035.47	6.00
	民办	6133.59	6378.52	3.99

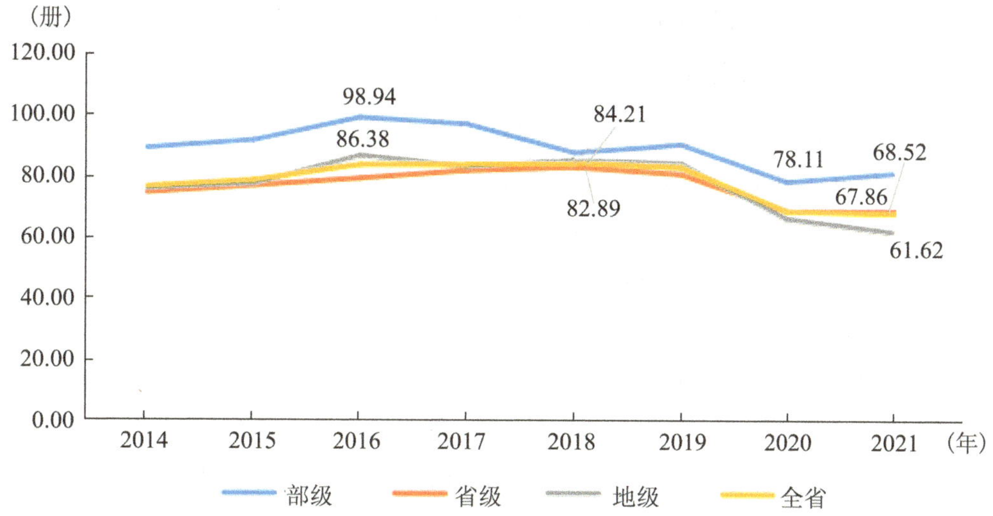

图 7－16　2014—2021 年广东省普通高校分层次生均图书数

从生均来看，2014—2021 年全省公办和民办生均图书数均呈波动态势，公办生均图书数自 2018 年之后不断减少，民办生均图书数自 2019 年后不断减少，生均图书数量的减少可能与学生人数增加有关。2021 年，各性质类别院校中，除公办一般本科院校在生均图书数上较上年略有减少，民办一般本科院校、公办及民办高职（专科）院校均有不同程度的上升，全省公办高校生均图书数在 2018 年达到峰值，为 84.59 册，2021 年数量最少，为 64.87 册，全省民办高校生均图书数在 2019 年达到峰值，为 82.39 册，2014 年数量最少，为 69.73 册，具体情况如图 7－17 所示。

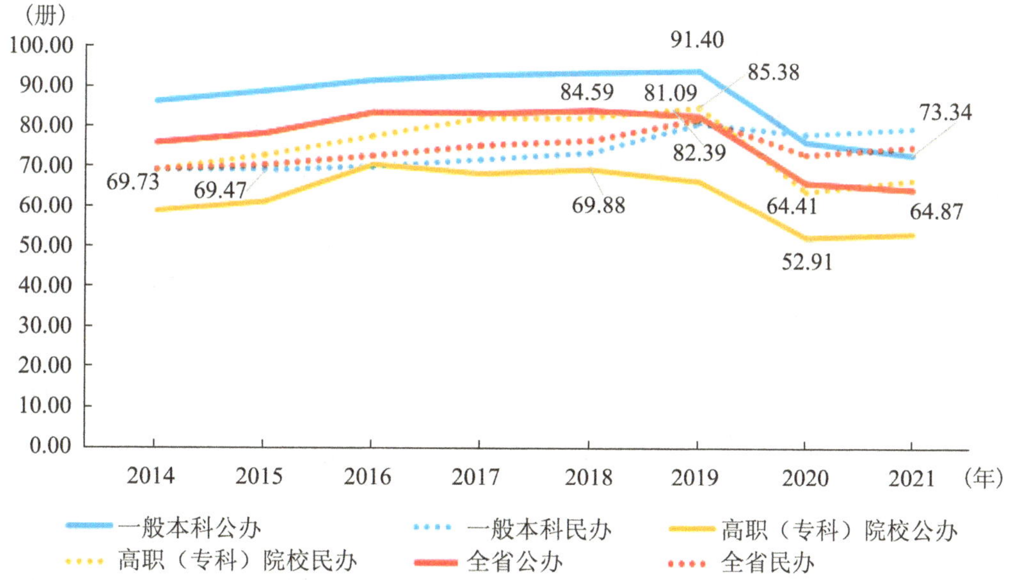

图 7－17　2014—2021 年广东省普通高校分办学性质生均图书数

5. 教学与科研仪器设备配置水平整体提高明显，不同办学性质高校教学与科研生均仪器设备值差别较大

2021 年，全省普通高校教学与科研仪器设备总值约为 546.06 亿元，比上年增长了 16.06%；从办学性质看，2021 年全省普通高校中，公办学校教学与科研仪器设备总值为 494.65 亿元，比上年增长了 16.27%，部级、省级、地级高校教学与科研仪器设备值均有增长，增长率分别为 12.87%、14.99% 和 19.65%。具体情况如表 7－29、表 7－30 所示。

分层次来看，2014—2021 年全省高校教学与科研生均仪器设备值呈波动态势，从 2014 年的 13 995.61 元增加至 2019 年的 24 578.12 元，后减少至 2020 年的 16 657.15 元。2021 年教学与科研生均仪器设备值为 18 151.66 元，比上年增长了 1494.51 元。2021 年，部级、省级、地级高校教学与科研生均仪器设备值均呈现增长态势，具体情况如图 7－18 所示。

表 7－29　2020 年、2021 年广东省普通高校分层次教学与科研仪器设备总值

院校层次	2020 年总值（万元）	2021 年总值（万元）	总量增长率（%）
部级	1 171 312.42	1 322 007.60	12.87
省级	1 915 051.64	2 202 076.35	14.99
地级	1 618 490.95	1 936 543.09	19.65
全省	4 704 855.01	5 460 627.04	16.06

表 7－30　2020 年、2021 年广东省普通高校分办学性质教学与科研仪器设备总值

院校类别	院校性质	2020 年总值（万元）	2021 年总值（万元）	总量增长率（%）
一般本科院校	公办	3 399 111.03	3 895 473.36	14.60
	民办	309 783.73	349 979.46	12.98
高职（专科）院校	公办	855 210.54	1 050 989.43	22.89
	民办	140 749.71	164 184.79	16.65
全省	公办	4 254 321.57	4 946 462.79	16.27
	民办	450 533.44	514 164.25	14.12

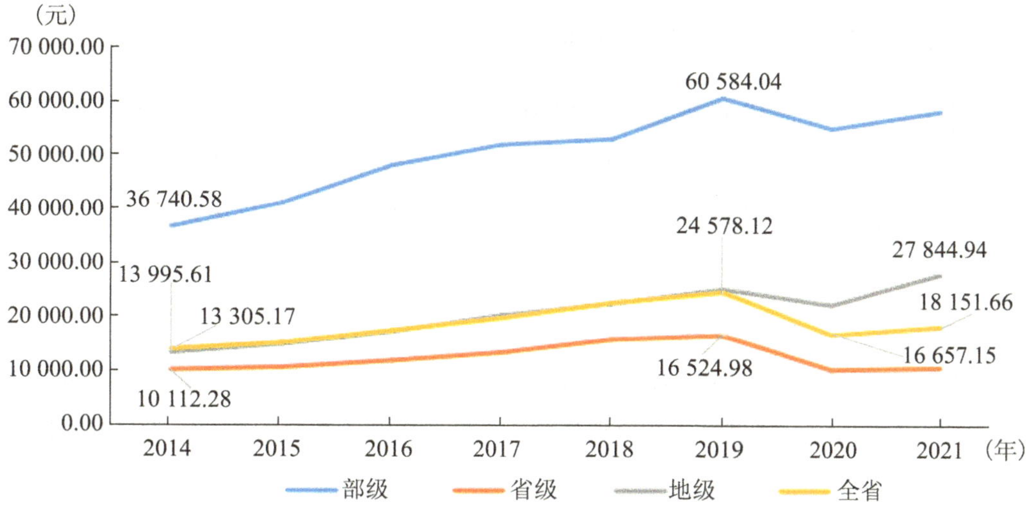

图 7－18　2020 年、2021 年广东省普通高校分层次教学与科研仪器设备生均值

从生均来看，2014—2019 年全省公办与民办高校教学与科研仪器设备生均值均呈现增长态势，2019—2020 年均呈现下降态势，2021 年公办与民办高校教学与科研仪器设备生均值①较上年均略有增长。民办普通高校教学与科研仪器设备生均值较上年增幅明显，但与公办普通高校相比仍有较大的差距。全省公办高校教学与科研仪器设备生均值在 2019 年达到峰值，为 24 595.98 元，2014 年数量最少，为 13 941.44 元，全省民办高校教学与科研仪器设备生均值在 2021 年达到峰值，为 6086.47 元，2014 年数量最少，为 4453.76 元，具体情况如图 7－19 所示。

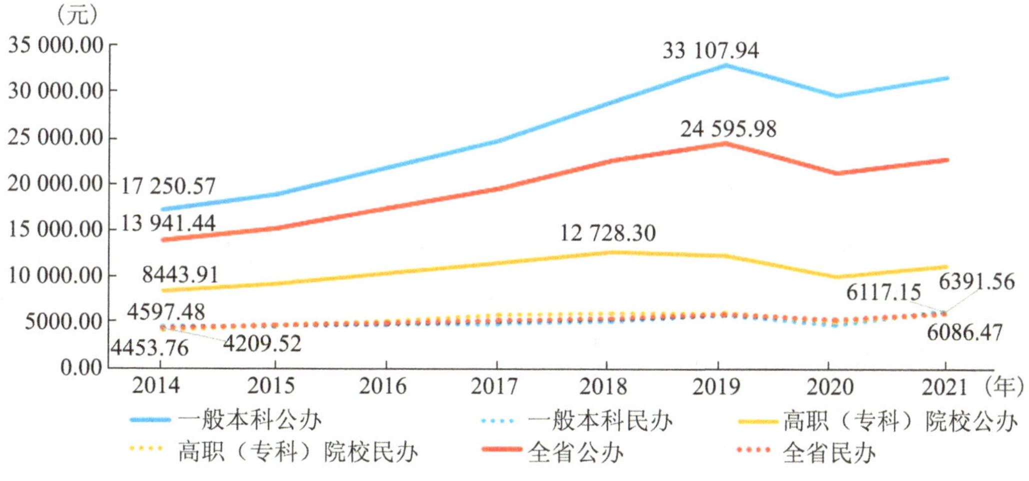

图 7－19　2014—2021 年广东省普通高校分办学性质教学与科研仪器设备生均值

① 普通高校“教学仪器设备值”中含非产权独立使用部分，指学校租借用一年以上的教学仪器设备，不含学校与其他单位共享的教学仪器设备。

四、民办高等教育事业发展的基本状况

高等教育普及化时代的到来，为我国民办高等教育的发展提供了新的契机。民办教育作为“教育事业发展的重要增长点和促进教育改革的重要力量”，要努力探索内涵式发展，提高办学质量，打造特色发展之路，在高等教育普及化阶段满足社会多样性的人才需求。

1. 民办高校数量变化情况

广东省2014—2021年民办高校变化的大致趋势是：大部分独立学院转设为民办本科并更名；而民办高职较为稳定，新增个别院校，个别院校升为本科层次或转为公办院校。

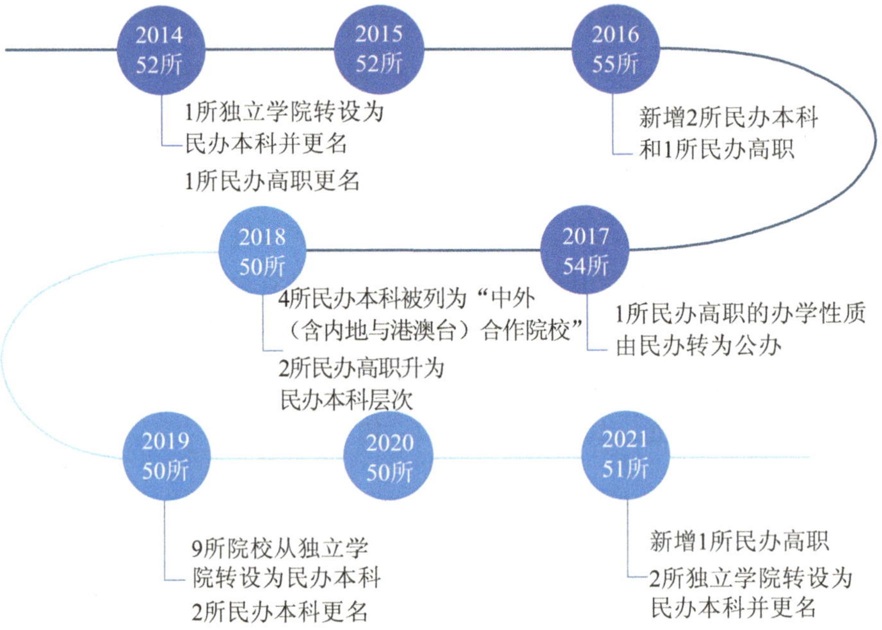

图7－20　2014—2021年广东民办高校大事记

如图7－20所示，2014—2021年广东省总计减少2所民办本科。2016年广东省新增2所民办本科，为广东以色列理工学院和深圳北理莫斯科大学，但这两所学校于2018年与北京师范大学－香港浸会大学联合国际学院、香港中文大学（深圳）一同被列为“中外（含内地与港澳台）合作院校”。2014—2021年共计12所独立学院转设为民办本科并更名。新增2所民办高职，为广东酒店管理职业技术学院和广东肇庆航空职业学院。1所高职由民办转为公办并更名为广东南华工商职业学院。2所民办高职升为本科层次并更名为广州科技职业技术大学和广东工商职业技术大学。

2. 民办高校在校学生数量变化情况

2014—2021年广东民办高校在校生数（不含成人教育和网络教育）变化情况如

图 7－21 所示。全省民办高校在校生人数（不含成人教育和网络教育）持续增加，从 2014 年的 58.03 万人，发展到 2021 年的 79.25 万人，增加了 21.22 万人，增长率在 0.41%～14.36%。2021 年民办高校在校生人数（不含成人教育和网络教育）占广东高等教育在校生总数的比例为 19.39%，较上年增长了 1.55%。

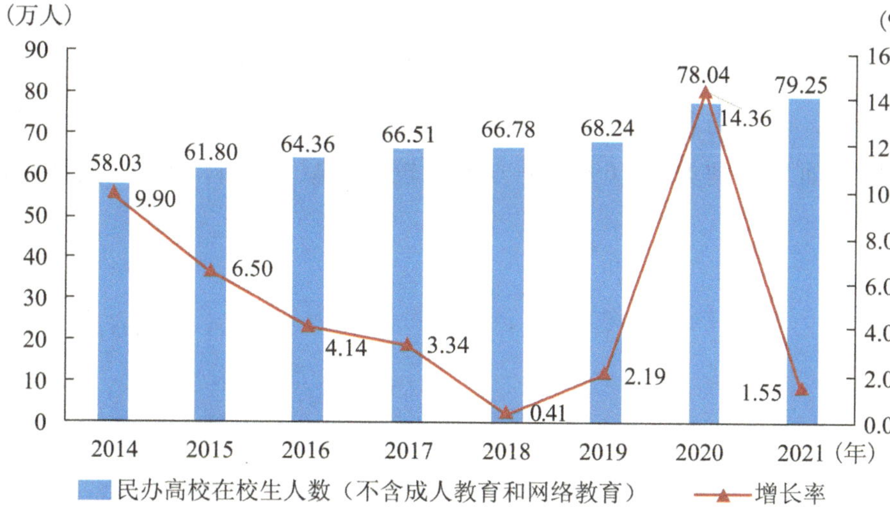

图 7－21　2014—2021 年广东民办高校在校生数（不含成人教育和网络教育）变化情况

3. 民办高校专任教师数量变化情况

2014 年以来，广东省民办高校的专任教师数量呈现逐年增长趋势，民办高校的师资力量正在稳步提升。其中，2018 年广东省民办高校数量下降，民办高校教师数增幅最小，较 2017 年仅增长了 0.99%。2021 年，全省民办高校的专任教师数量达到 3.53 万人，较上年增长了 3.52%。具体情况如图 7－22 所示。

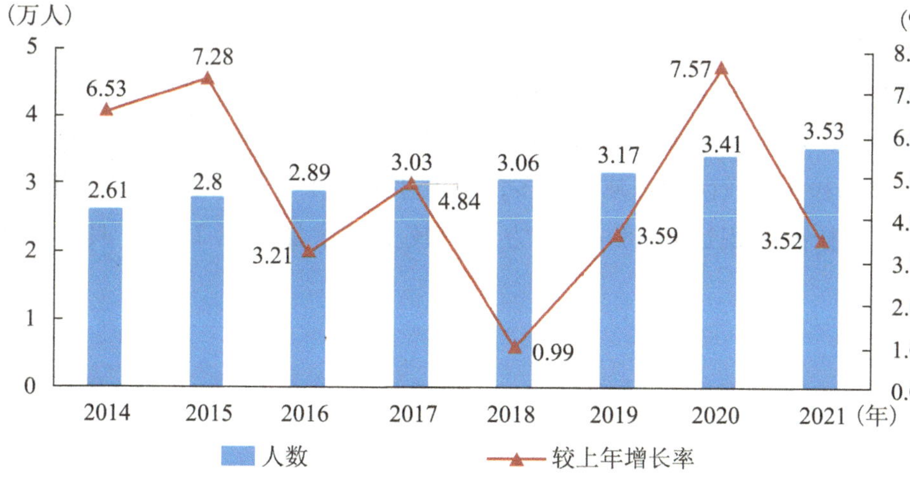

图 7－22　2014—2021 年广东民办高校教师数变化情况

4. 民办高校教学与行政用房面积变化情况

2014年以来，全省民办高校教学与行政用房面积呈现波动变化。其中，2017年广东省的民办高校教学与行政用房面积增加率最高，增幅达15.47%。2017年教育部等十四部门关于印发了《中央有关部门贯彻实施〈国务院关于鼓励社会力量兴办教育促进民办教育健康发展的若干意见〉任务分工方案》[①]的通知，该通知指出鼓励和吸引社会资金进入教育领域举办学校或者投入项目建设，由此民办教育投入增加，教学与行政用房面积大幅扩大。在2021年，全省民办高校的教学与行政用房面积达到1076.69万平方米，较上年减少了1.17%，具体情况如图7－23所示。

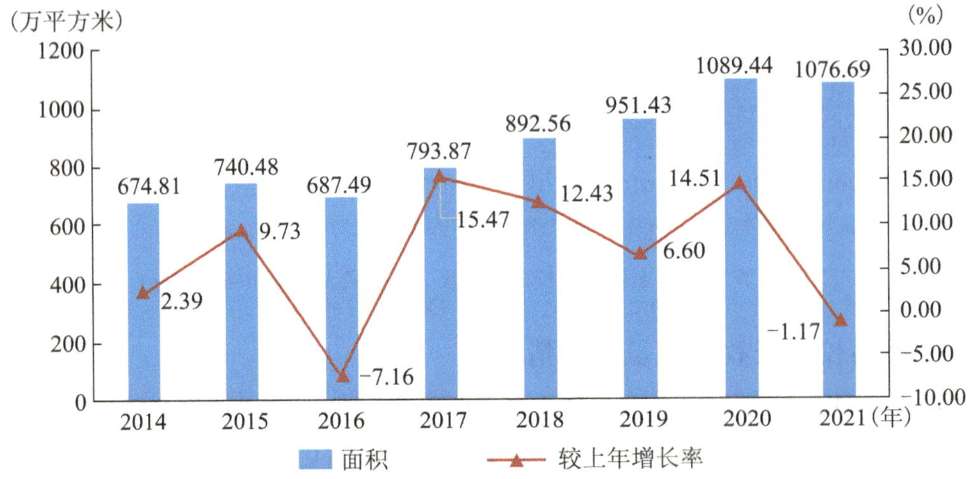

图7－23　2014—2021年广东民办高校教学与行政用房面积变化情况

5. 民办高校生均校园面积变化情况

2014年以来，全省生均民办高校教学与行政用房面积呈现波动变化。除了2015年、2017年、2019年和2020年生均面积较上年减少外，2014—2021年整体上呈现上升态势。其中，2018年广东省的民办高校生均校园面积增加率最高，增幅达3.10%，2020年民办高校生均校园面积减少最多，较上年减少了－11.39%。2021年，全省民办高校的生均校园面积达到48.44平方米，较上年增加了1.28%，具体情况如图7－24所示。

① 教育部等十四部门关于印发《中央有关部门贯彻实施〈国务院关于鼓励社会力量兴办教育促进民办教育健康发展的若干意见〉任务分工方案》的通知，[EB/OL]［2017－08－23］http：//www.moe.gov.cn/srcsite/A03/s3014/201709/t20170904_313118.html.

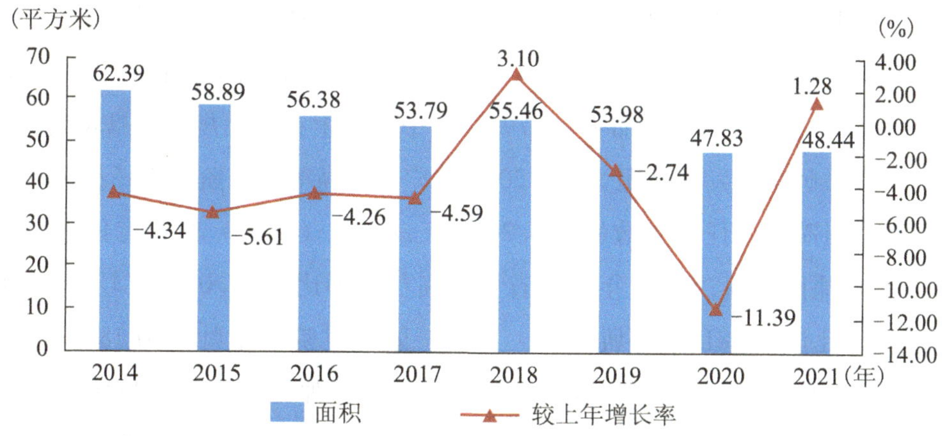

图 7-24　2014—2021 年广东民办高校生均校园面积变化情况

6. 民办高校生均校舍建筑面积变化情况

2014 年以来，全省民办高校生均校舍建筑面积呈现波动变化。除了 2015 年、2016 年、2018 年和 2020 年生均面积较上年减少外，2014—2021 年整体上呈上升态势。其中，2020 年广东省的民办高校生均校舍建筑面积较上年急剧减少，减少了 1.76 平方米，增长率也急剧下降，为 -7.10%。在 2021 年，全省民办高校的生均校舍建筑面积达到 24.97 平方米，较上年增加了 8.38%，具体情况如图 7-25 所示。

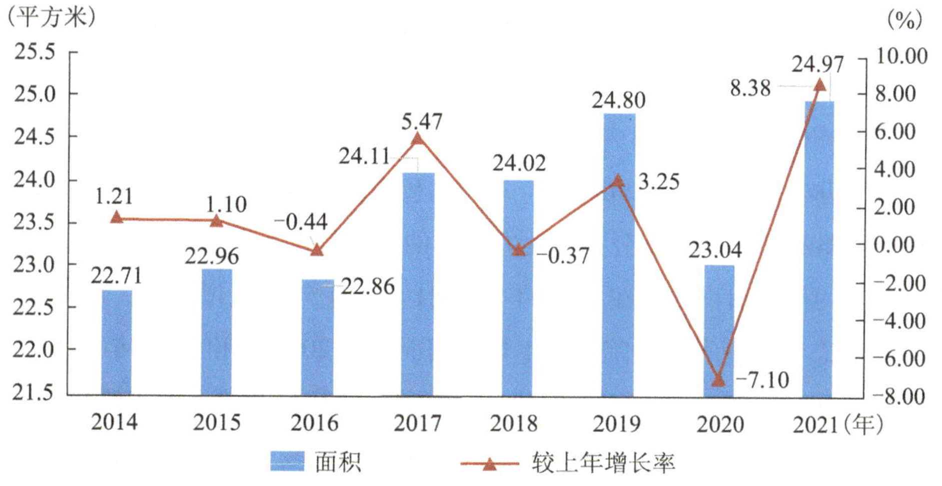

图 7-25　2014—2021 年广东民办高校生均校舍建筑面积变化情况

五、小结

高等教育普及程度方面，近年来，广东省高等教育毛入学率稳步提升。2021 年广东省高等教育毛入学率为 57.65%，比上年增长 4.24%。

高等教育规模发展与结构调整方面，2021 年广东省普通高校（不含成人教育和网络教育）共招收本专科751 886人，比上年下降18.02%；招收研究生64 355人，比上年增长7.64%。2021年普通高校（不包括成人教育和网络教育）在校生规模为2 713 663人，与上年相比，增加了6.37%，其中研究生在校生规模增幅较大。

高等教育教师队伍发展情况方面，2021年广东省高等教育阶段专任教师规模变化较小，一般本科院校专任教师数量约8.24万人，高职（专科）院校专任教师数量约4.65万人。生师比方面，2021年广东省普通高校生师比为21.07:1，较2020年全国普通高校生师比值23.81:1有所优化，其中一般本科院校生师比为18.62:1，高职（专科）院校生师比为25.41:1。高级专业技术职称教师比例方面，2021年广东省普通院校的中高级专业技术职称教师占比40.35%，其中一般本科院校中高级专业技术职称教师占比46.64%，高职（专科）院校中高级专业技术职称教师占比29.20%。在教师学历层次方面，2021年广东省普通高校专任教师中研究生学历教师占比78.39%，比例较上年增长1.03。“双师型”教师比例方面，2021年广东省高职（专科院校）的“双师型”教师比例由上年的60.34%上升至61.97%，距广东省人民政府办公厅关于印发《广东省职业教育“扩容、提质、强服务”三年行动计划（2019—2021年）》的通知中指出的，到2021年“双师型”教师占专业课教师的比例超过65%还有一定差距。高校专职辅导员队伍方面，2021年广东省普通高校共有专职辅导员11 895人，其中初级及以下职称的专职辅导员比例仍然占据首位，高达62.56%，同时全省普通高校中硕士、博士研究生学历的专职辅导员比例较上年有所扩大，分别增长0.70%和1.11%。

高等教育办学条件方面，2021年广东省高校占地总面积达到10 737.30万平方米，生均占地面积略有增加，全省公办与民办院校的生均校园面积均呈现波动态势，全省公办院校的生均校园面积除了在2016年和2021年较上年有所增加外，整体上2014—2021年呈下降态势。全省民办院校的生均校园面积在2018年和2021年较上年有所增加，但整体上2014—2021年呈下降态势。全省普通高校校舍建筑面积约为7346.83万平方米，2021年全省公办、民办高校校舍建筑生均面积较上年有所增加，各类别、各性质高校的校舍建筑面积均有不同幅度的增长，其中民办一般本科院校与公办高职（专科）院校生均校舍建筑面积增幅较大。全省普通高校教学与行政用房总面积总量增加，为4065.37万平方米，生均层面有所下降，全省生均教学与行政用房面积在2015年和2018年较上年有所上升，但整体上2014—2021年呈下降态势，其中2020年部级院校生均教学与行政用房面积较上年增长较多。全省普通高校图书总数为20 413.98万册，总体呈增长趋势，但生均图书数量略有下降，2014—2018年全省普通高校生均图书数呈上升态势，2018—2021 呈下降态势。2021 年部级院校生均图书量较上年有所增加，省级、地级院校生均图书量较上年有所减少。全省普通高校教学与科研仪器设备总值约为 546.06 亿元，生均仪器设备值略有增加，其中民办普通高校生均仪器设备值相较上年增幅明显，但与公办普通高校相比，仍有较大的差距。

民办高等教育事业发展情况方面，近八年民办高校变化的大致趋势是：大部分独立学院转设为民办本科并更名；而民办高职较为稳定，新增个别院校，个别院校升为本科层次或转为公办院校。全省民办高校在校生人数不断增加，2021 年，民办高校在校生人数（不含成人教育和网络教育）占广东高等教育在校生总数的比例为 19.39%。2014 年以来，广东省民办高校的专任教师数量呈现逐年增长趋势，民办高校的师资力量正在稳步提升，2021 年广东省民办高校专任教师数量继续增加，专任教师数量达到 3.53 万人，较上年增长了 3.53%。近八年来，民办高校生均校园面积总体呈现下降趋势，但教学与行政用房面积与生均校舍建筑面积呈现上升趋势。2021 年广东省民办高校教学与行政用房面积为 1076.69 万平方米，较上一年相比有所下降。全省民办高校的生均校园面积达到 48.44 平方米，较上年增加了 1.28%。全省民办高校的生均校舍建筑面积达到 24.97 平方米，较上年增加了 8.38%。